青少年成语典故读本

滕 浩 选编

当代世界出版社

图书在版编目（CIP）数据

青少年成语典故读本/滕浩选编．—北京：当代世界出版社，2015.1

（中国梦青少年读本）

ISBN 978-7-5090-0993-2

Ⅰ.①青… Ⅱ.①滕… Ⅲ.①汉语－成语－典故－青少年读物 Ⅳ.①H136.3-49

中国版本图书馆 CIP 数据核字（2014）第 239689 号

出版发行：	当代世界出版社
地　　址：	北京市复兴路4号（100860）
网　　址：	http：//www.worldpress.org.cn
编务电话：	（010）83907332
发行电话：	（010）83908455
	（010）83908409
	（010）83908377
	（010）83908423（邮购）
	（010）83908410（传真）
经　　销：	全国新华书店
印　　刷：	北京欣睿虹彩印刷有限公司
开　　本：	700毫米×960毫米　1/16
印　　张：	20
字　　数：	328千字
版　　次：	2015年1月第1版
印　　次：	2015年1月第1次
书　　号：	ISBN 978-7-5090-0993-2
定　　价：	24.80元

如发现印装质量问题，请与承印厂联系调换。
版权所有，翻印必究，未经许可，不得转载！

目　录

爱屋及乌 …………… (1)	不寒而栗 …………… (26)
按兵不动 …………… (2)	不贪为宝 …………… (27)
按图索骥 …………… (3)	不远千里 …………… (28)
暗度陈仓 …………… (4)	博而不精 …………… (29)
百步穿杨 …………… (6)	笔走龙蛇 …………… (30)
百川归海 …………… (7)	才高八斗 …………… (31)
百折不挠 …………… (8)	草菅人命 …………… (31)
班门弄斧 …………… (9)	草木皆兵 …………… (32)
半途而废 …………… (10)	沧海一粟 …………… (33)
抱薪救火 …………… (11)	沧海桑田 …………… (34)
杯弓蛇影 …………… (12)	藏污纳垢 …………… (35)
背水一战 …………… (13)	车水马龙 …………… (36)
必恭必敬 …………… (15)	车载斗量 …………… (38)
宾至如归 …………… (16)	乘风破浪 …………… (39)
鞭长莫及 …………… (17)	乘龙快婿 …………… (40)
病入膏肓 …………… (18)	乘人之危 …………… (41)
兵不血刃 …………… (19)	乘兴而来 …………… (42)
兵不厌诈 …………… (20)	程门立雪 …………… (43)
兵贵神速 …………… (21)	惩前毖后 …………… (44)
别开生面 …………… (22)	惩一儆百 …………… (45)
不堪回首 …………… (23)	宠辱不惊 …………… (46)
不学无术 …………… (24)	出奇制胜 …………… (47)
不遗余力 …………… (25)	出类拔萃 …………… (48)

出人头地	(49)	尔虞我诈	(81)
出尔反尔	(50)	废寝忘食	(82)
出言不逊	(51)	分道扬镳	(83)
初出茅庐	(52)	分庭抗礼	(84)
春风得意	(53)	奋不顾身	(86)
唇亡齿寒	(54)	风吹草动	(87)
摧枯拉朽	(55)	奉公守法	(88)
从善如流	(56)	负荆请罪	(89)
重蹈覆辙	(57)	覆水难收	(90)
打草惊蛇	(58)	赴汤蹈火	(91)
呆若木鸡	(59)	改过自新	(92)
大材小用	(60)	感激涕零	(93)
大公无私	(62)	刚愎自用	(94)
大逆不道	(63)	高山流水	(95)
大义灭亲	(64)	高屋建瓴	(96)
大器晚成	(65)	各得其所	(97)
当局者迷	(66)	功亏一篑	(98)
道听途说	(67)	功败垂成	(99)
倒行逆施	(68)	苟延残喘	(100)
得心应手	(69)	孤注一掷	(101)
得意忘形	(70)	刮目相看	(102)
滴水穿石	(71)	管中窥豹	(103)
颠倒黑白	(72)	管鲍之交	(104)
东窗事发	(73)	过河拆桥	(105)
东山再起	(74)	汗马功劳	(106)
东施效颦	(76)	汗流浃背	(107)
独当一面	(77)	沆瀣一气	(108)
杜渐防微	(78)	骇人听闻	(109)
对牛弹琴	(79)	好谋善断	(110)
多多益善	(80)	何足挂齿	(111)

鹤立鸡群	(112)	锦囊妙计	(141)
涸辙之鲋	(113)	近水楼台	(142)
鸿鹄之志	(114)	惊弓之鸟	(143)
后顾之忧	(115)	鞠躬尽瘁	(144)
后生可畏	(116)	居安思危	(145)
后起之秀	(117)	举案齐眉	(146)
狐假虎威	(117)	开诚布公	(147)
囫囵吞枣	(119)	开卷有益	(147)
怙恶不悛	(119)	开天辟地	(148)
悔过自新	(120)	克己奉公	(150)
悔之无及	(121)	刻舟求剑	(151)
讳莫如深	(122)	空前绝后	(152)
华而不实	(123)	空中楼阁	(153)
画龙点睛	(124)	口若悬河	(154)
画蛇添足	(125)	口蜜腹剑	(155)
画饼充饥	(126)	旷日持久	(156)
黄粱一梦	(127)	脍炙人口	(157)
机不可失	(128)	滥竽充数	(158)
鸡鸣狗盗	(129)	狼狈为奸	(159)
集思广益	(130)	劳而无功	(160)
家徒四壁	(131)	老当益壮	(161)
见利忘义	(132)	老马识途	(161)
见怪不怪	(133)	老生常谈	(162)
箭在弦上	(134)	李代桃僵	(163)
渐入佳境	(135)	励精图治	(164)
骄兵必败	(136)	厉兵秣马	(165)
矫枉过正	(137)	两败俱伤	(166)
狡兔三窟	(138)	量入为出	(167)
嗟来之食	(139)	量力而行	(168)
金石为开	(140)	乐不思蜀	(169)

临危不顾	(170)	扑朔迷离	(201)
连篇累牍	(171)	骑虎难下	(202)
流言蜚语	(172)	旗鼓相当	(203)
柳暗花明	(174)	杞人忧天	(204)
鹿死谁手	(174)	千金买骨	(205)
论功行赏	(175)	千万买邻	(206)
洛阳纸贵	(176)	前功尽弃	(207)
马首是瞻	(177)	前车之鉴	(208)
毛遂自荐	(178)	黔驴技穷	(209)
门庭若市	(179)	巧夺天工	(210)
门可罗雀	(180)	锲而不舍	(212)
每况愈下	(181)	倾城倾国	(212)
迷途知返	(182)	请君入瓮	(213)
名落孙山	(183)	罄竹难书	(215)
明珠暗投	(185)	趋炎附势	(216)
明察秋毫	(186)	曲突徙薪	(217)
磨杵成针	(187)	曲高和寡	(218)
墨守成规	(188)	群策群力	(219)
南柯一梦	(189)	人言可畏	(220)
南辕北辙	(190)	任人唯贤	(221)
囊萤映雪	(191)	如火如荼	(222)
弄巧成拙	(192)	如鱼得水	(224)
鸟尽弓藏	(193)	如坐针毡	(225)
呕心沥血	(194)	孺子可教	(226)
盘根错节	(195)	日暮途穷	(227)
抛砖引玉	(196)	三顾茅庐	(228)
披荆斩棘	(197)	三令五申	(229)
平易近人	(198)	三人成虎	(230)
破釜沉舟	(199)	塞翁失马	(231)
破镜重圆	(200)	声东击西	(233)

目　录

生灵涂炭 …………… (234)	先发制人 …………… (264)
生死存亡 …………… (235)	相敬如宾 …………… (265)
手不释卷 …………… (236)	萧规曹随 …………… (266)
视死如归 …………… (237)	小心翼翼 …………… (267)
司空见惯 …………… (238)	笑里藏刀 …………… (268)
死灰复燃 …………… (239)	心旷神怡 …………… (269)
四面楚歌 …………… (240)	信口雌黄 …………… (270)
贪得无厌 …………… (241)	胸有成竹 …………… (271)
谈笑自若 …………… (242)	休戚相关 …………… (272)
叹为观止 …………… (243)	削足适履 …………… (273)
螳臂当车 …………… (244)	雪中送炭 …………… (274)
螳螂捕蝉 …………… (245)	栩栩如生 …………… (274)
天衣无缝 …………… (246)	言过其实 …………… (275)
同仇敌忾 …………… (246)	掩耳盗铃 …………… (276)
投笔从戎 …………… (247)	偃旗息鼓 …………… (277)
推心置腹 …………… (248)	养虎遗患 …………… (278)
玩物丧志 …………… (249)	叶公好龙 …………… (279)
完璧归赵 …………… (250)	夜郎自大 …………… (280)
亡羊补牢 …………… (251)	夜以继日 …………… (281)
望梅止渴 …………… (252)	一鼓作气 …………… (282)
望洋兴叹 …………… (253)	一箭双雕 …………… (283)
危如累卵 …………… (254)	一鸣惊人 …………… (284)
围魏救赵 …………… (255)	一诺千金 …………… (285)
未雨绸缪 …………… (256)	一钱不值 …………… (286)
为虎作伥 …………… (258)	一窍不通 …………… (287)
闻鸡起舞 …………… (259)	一日千里 …………… (288)
刎颈之交 …………… (260)	一网打尽 …………… (289)
卧薪尝胆 …………… (261)	一字千金 …………… (290)
物以类聚 …………… (262)	颐指气使 …………… (291)
下笔成章 …………… (263)	以貌取人 …………… (292)

义无反顾 ……………… (293)	朝三暮四 ……………… (303)
因势利导 ……………… (294)	枕戈待旦 ……………… (304)
饮鸩止渴 ……………… (295)	直言不讳 ……………… (305)
有备无患 ……………… (296)	指鹿为马 ……………… (305)
愚公移山 ……………… (297)	纸上谈兵 ……………… (306)
欲盖弥彰 ……………… (298)	众志成城 ……………… (307)
约法三章 ……………… (299)	专横跋扈 ……………… (308)
运筹帷幄 ……………… (300)	自惭形秽 ……………… (309)
凿壁偷光 ……………… (301)	罪不容诛 ……………… (310)
昭然若揭 ……………… (302)	

爱屋及乌

《尚书·大传·大战》

原文 臣闻之也：爱人者，兼其屋上之乌。

释义 乌：乌鸦。因为喜爱那个人以至连栖息在他房屋上的乌鸦也喜爱上了。比喻因爱某人而连带地喜爱上与他有关的人或物。

商朝末年，纣王穷奢极欲，残暴无道，西方诸侯国的首领姬昌决心推翻商朝统治，积极练兵备战，准备东进，可惜他没有实现愿望就逝世了。姬昌死后，他儿子姬发继位称王，世称周武王。周武王在军师姜尚（太公）及弟弟姬旦（周公）、姬奭（shì，召公）的辅佐下，联合诸侯，出兵讨伐纣王。双方在牧野交兵。这时纣王已经失尽人心，军队纷纷倒戈，终于大败。商朝都城朝歌很快被周军攻克。纣王自焚，商朝灭亡。

纣王死后，武王心中并不安宁，感到天下还没有安定。他召见姜太公，问道：

"进了殷都，对旧王朝的士众应该怎么处置呢？"

"我听说过这样的话：如果喜爱那个人，就连同他屋上的乌鸦也喜爱；如果不喜欢那个人，就连带厌恶他家的墙壁篱笆。这意思很明白：杀尽全部敌对分子，一个也不留下。大王你看怎么样？"太公说。

武王认为不能这样。这时召公上前说：

"我听说过：有罪的，要杀；无罪的，让他们活。应当把有罪的人都杀死，不让他们留下残余力量。大王你看怎么样？"

武王认为也不行。这时周公上前说道：

"我看应当让各人都回到自己的家里，各自耕种自己的田地。"

"君王不偏爱自己旧时朋友和亲属，用仁政来感化普天下的人。"

武王听了非常高兴，心中豁然开朗，觉得天下可以从此安定了。

后来，武王就照周公说的办，天下果然很快安定下来，民心归附，西周也更强大了。

按兵不动

《吕氏春秋·恃君览》

原文 赵简子将袭卫，使史默往睹之。期以一月，六月而后返。赵简子曰："何其久也？"史默曰："……其佐多贤也。"赵简子按兵而不动。

释义 按：止，抑制；兵：军队。控制自己的军队，暂不行动。使军队暂不行动，等待时机。现也借指接受任务后不肯行动。

春秋时期，晋国赵简子准备袭击东方的卫国，临出兵前，他选派了一位亲信大夫史默去刺探卫国的军情。赵简子与他约定一个月为期，等他回来后就出兵攻卫。

史默走后，赵简子命令全军将士加紧练兵习武，积极做好战斗准备。可是一个月过去了，史默还没有回来。这时，有个谋士对赵简子说："史默过期不归，很可能已经遇害了。其实，卫国是个小国，经不住晋国的攻击，请元帅下令出兵吧！"

赵简子说："卫国敢于断然同我国绝交，一定作了充分的准备，我们决不可掉以轻心。史默一向思虑深远，他没有如期归来，一定是发生了什么变故。出兵的事，等他回来再说吧！"

时间一天天过去了，到了六个月后的某一天，史默终于带着大量的情报从卫国回来了。

原来，卫国国内发生了一些出乎意料的新情况：

过去，卫灵公重用谄媚进谗的小人弥子瑕，现在，他接受了大臣们的忠谏，罢免了弥子瑕，任命德高望重的贤臣蘧（qú）伯玉为宰相，赢得了民心；为了激起国人的同仇敌忾之心，卫灵公派人公开宣布说："晋国已经命令我国，凡有姐妹、女儿的人家，都要抽调一人去当人质。"消息传出后，卫国群情激愤，充满了对晋国的强烈仇恨。

不久前，孔子和他的弟子子贡到了卫国，受到卫灵公的盛情款待，子贡还被任命为宰相。这件事对于招徕贤才、安定民心、巩固卫国的统治起了重要作用。

史默报告了以上的情况后说:"卫国现在贤臣很多,民气旺盛,想用武力使它屈服,可能要付出很大的代价,请元帅三思而行啊!"赵简子听了,立即下令三年按兵不动,暂时放弃了袭击卫国的计划。

按图索骥

明·杨慎《艺林伐山》

原文 伯乐《相马经》有"隆颡蛈日,蹄如累曲"之语,其子执《马经》以求马,出现大蟾蜍,谓其父曰:"得一马,略与相同;但蹄不如累曲耳。"伯乐知其子之愚,但转怒为笑曰:"此马好跳,不堪御也。"所谓按图索骥也。

释义 按:按照;图:图像,指画有骏马的图样;索:寻找;骥:骏马,好马。比喻办事拘泥于教条,生搬硬套,脱离实际。也比喻按已有的线索去寻找,易于获得。

伯乐,姓孙名阳,春秋时期人。

他相马的本领可大了,绕着马走上一圈,就能根据马的长相判断出马的好坏。无论是饿得皮包骨头的良马,还是养得膘肥体壮的劣马,都骗不过他的眼睛。

伯乐年老的时候,根据自己多年积累的经验,写下一本书,叫《相马经》。他在这本书里,详细地介绍了千里马的形体特征:额头应当怎么样,眼睛应当怎么样,身架怎么样,蹄子怎么样,毛色怎么样……这些都写得详详细细。

他的儿子看了这本书,花了不少时间把千里马的额头、眼睛、身架、蹄子、毛色等特色背得滚瓜烂熟,准备出去"按图索骥",按照书上描绘的标准,去寻找千里马。

几天以后,他儿子高高兴兴地跑回来,连声说道:"我可找到千里马了!

我可找到千里马了!"伯乐要他说说找到的马究竟长得怎么样。他儿子说:"这匹千里马的长相和《相马经》上讲的差不多,就是蹄子有点毛病,不怎么像。"说完,从布袋里倒出一只大癞蛤蟆来。

伯乐被弄得哭笑不得,他知道儿子笨,也没责怪儿子,只是苦笑着说:"你找来的这匹'马'喜欢蹦跳,无法驾驭!"

暗度陈仓

《史记·高祖本纪》

原文 正月,项羽自立为西楚霸王,王梁、楚地九郡,都彭城。负约,更立沛公为汉王,王巴、蜀、汉中,都南郑……去辄烧绝栈道,以备诸侯盗兵袭之,亦示项羽无东意……八月,汉王用韩信之计,从故道还,袭雍王章邯,邯迎击汉陈仓,雍兵败,还走……

释义 度:过,越过;陈仓:地名,在今陕西省宝鸡市东。暗度陈仓,比喻明里做的与暗里想的和干的不是一码事,表面的是假的,暗里干的才是真的。

在项羽灭了秦以后,自己立为西楚霸王,并且分封各路起义将领到各地去做王。而先前与众王的约定——先攻入秦的都城咸阳的人做大王——也背弃了。这当然引起了刘邦的极大不满,因为咸阳是他攻破的,但是他慑于项羽的强大力量,不得不忍住不满,领兵进入汉中,烧了出入巴、蜀的栈道,将自己封闭在其中,称为汉王。后来刘邦得到大将韩信,在他的帮助下,终于有了出头的日子。

韩信被拜为大将后,随即升帐阅兵,他制定出军队法律数条,明示全军。大小将士们,因他兵权在握,也就只好勉强听他的了。韩信亲自监督操练,口里讲手上指画着,如何排列阵势,如何整齐步伐,如何两列军队互相救助,如何首尾呼应,如何的可合可分,如何的可常可变。种种兵法规制,就是刘邦手下的将士如樊哙、周勃、灌婴等也都不知道。众人见识了韩信操练兵后,才知道他的确有才学，不是寻常人可比的。于是众人都生出敬畏之心，严格遵守韩信号令。自他操练军队起，没有几日，已经是军容严整，军营壁垒一新了。刘邦这时已经有了与项羽相对抗的心思，又见韩信将军队容貌整治得如此齐整，于是让韩信前来商议大事。两人心意相通，于是决定于汉王元年八月的一个吉日，出师东征。当时出汉中的栈道已被烧毁，不能行走军队。汉王刘邦早已同张良定下了"明修栈道，暗度陈仓"的计策，这次又问韩信应该如何进兵。韩信说的方法与张良不谋而合。刘邦高兴地说道："真是英雄所见略同啊！"于是派了兵士几百人，装作去修建栈道，自己却同韩信率领三军将士，悄悄地从南郑出发，只留了丞相萧何守住汉中，征税收粮，接济军需。

这时正是秋天的八月，天高气爽，将士们也都想要往东回家乡，于是日夜兼程快速行军，从熟悉的道路和小路直奔陈仓。

雍王章邯，他原本奉了项羽的密嘱，堵住汉中，作为第一道门户，防止刘邦出汉中。章邯时常派兵巡察，就怕刘邦出击。不过他算差了一着，他总以为刘邦要想从东边出汉中，必须经过栈道，而栈道被烧毁还没有重修，不能通行，所以章邯安下心来，一点儿也不加防备。这天有探马来报，说汉兵已有数百人在修理栈道。章邯笑着说道："栈道那么长，烧毁的时候容易，再修筑却是非常难啊！就他们那么几百人，又当什么事？刘邦想要从东边进军，当时又何必烧掉栈道呢？真是笨得可以了！"又有人报告说，刘邦已经拜韩信为大将了。章邯不知道韩信是什么人，就又派人探听消息，派出去的人回来报说了消息。章邯听说韩信曾经钻人胯下，就又大笑说道："胯下小人，也配做大将么？刘邦原来这么糊涂，怪不得看他做事那么可笑。以前烧栈道，已是笨到家了；现今修栈道，又只派了几百人，我倒要看他到何年何月才能修完。"于是他更加轻视刘邦了，完全不把他放在心上。

到了八月中旬，忽然很急的消息传到，说是汉军已到了陈仓郡。章邯怀疑情报不准，对左右人说道：

"栈道还没修好，汉军从哪里出来？难道能插翅高飞么？"话虽然这样说，但也不得不再派人去打探明白。没过多久，就有陈仓的逃兵逃到商丘，报告说刘邦亲率大军，攻下了陈仓，杀死了守将。章邯这才有些惊慌起来，自己想："汉军既没经过栈道，他是怎么走的？难道另外有小路，可到陈仓？还是我亲自领兵，前去截击。"于是带领兵士数万，直奔陈仓。两军相遇，便即交战。汉军是心中积愤已深,就各自奋不顾身,勇猛地冲杀。章邯的兵士,却大多是秦朝军队投降的,是勉强归附的,怎肯为章邯拼死力,送了性命?所以没战多久,章邯的军队就溃败,四散奔逃。章邯只好收拾残军败走,奔往好田寺,汉军从后追杀,不肯罢休。后来章邯因为吃了败仗,走投无路只好拔剑自杀了。刘邦继续率大军进攻。驻守关中地区东部的司马欣和北部的董翳,也都相继投降。号称三秦的关中地区,就这样被刘邦全部占领了,为他日后称霸天下奠定了坚实的政治基础。

百步穿杨

《三国演义》

原文 （关羽）带箭回寨,方知黄忠有百步穿杨之能。
释义 百步之外射穿选定的杨树叶子。形容射箭或射击技术高超。

秦国的名将白起,领兵前去攻打魏国。有个名叫苏厉的谋士获悉后,赶紧去见周朝的国君,提醒他说:"如果魏国被秦军占领,您的处境就危险了。"

原来,这时周朝的国君名义上是天子,实际上对各诸侯国已没有管辖权。魏国如被秦国攻灭,秦国的势力将更强大,对周天子的威胁也更大。周天子问苏厉怎么办,苏厉建议周天子赶快派人去劝说白起停止进攻,并给白起讲一个故事。

苏厉介绍了一个应该向白起讲的故事:

楚国有个著名的射箭手,名叫养由基。此人年轻时就勇力过人,练成了一手好箭法。当时还有一个名叫潘虎的勇士,也擅长射箭。一天,两人在场地上比试射箭,许多人都围着观看。

靶子设在五十步外,那里撑起一块板,板上有一个红心。潘虎拉开强弓,一连三箭都正中红心,博得围观的人一片喝彩声。潘虎也洋洋得意地向养由基拱拱手,表示请他指教。

养由基环视一下四周,说:"射五十步外的红心,目标太近、太大了,还是射百步外的柳叶吧!"

说罢,他指着百步外的一棵杨柳树,叫人在树上选一片叶子,涂上红色作为靶子。接着,他拉开弓,"嗖"的一声射去,结果箭镞正好贯穿在这片杨柳叶的中心。

在场的人都惊呆了。潘虎自知没有这样高明的本领,但又不相信养由基箭箭都能射穿柳叶,便走到那棵杨柳树下,选择了三片杨柳叶,在上面用颜色编上号,请养由基按编号次序再射。

养由基走前几步,看清了编号,然后退到百步之外,拉开弓,"嗖"、"嗖"、"嗖"三箭,分别射中三片编上号的杨柳叶。这一来,喝彩声雷动,潘虎也口服心服。

就在一片喝彩声中,有个人在养由基身旁冷冷地说:

"嗯,有了百步穿杨的本领,才可以教他射箭了!"养由基听此人口气这么大,不禁生气地转过身去问道:"你准备怎样教我射箭?"

那人平静地说:"我并不是来教你怎样弯弓射箭,而是来提醒你该怎样保持射箭名声的。你是否想过,一旦你力气用尽,只要一箭不中,你那百发百中的名声就会受到影响。一个真正善于射箭的人,应当注意保持名声!"

养由基听了这番话,觉得很有道理,再三向他道谢。

周天子派去的人,就按照苏厉介绍的向白起讲了上面这个故事。白起听后,想到要保持自己百战百胜的名气,不能轻易出战,便借口有病,停止了向魏国的进攻。

这个故事还引申出另一条成语"百发百中"。

百川归海

《淮南子·汜论训》

原文 百川异源,而皆归于海。

释义 条条江河流入大海。表示众多的事物汇集一处。也用来比喻大势所趋,众望所归。

西汉的思想家、文学家刘安,是汉高祖刘邦的孙子,袭父封为淮南王。他爱好读书鼓琴,才思敏捷,曾召集懂天文、医学、历算、占卜等的宾客数千人,集体编写了一部数十万字的书《淮南鸿烈》,也称《淮南子》。

《淮南子》中有一篇《氾论训》,讲了人类社会发展的一些情况,它的基本观点是符合历史唯物主义的。文章中写道:"我们的祖先早先住在山洞里和水旁边,衣着非常简陋,生活十分艰苦。后来出了圣人,他们带领人们建造宫室,这样人们才从山洞里走出来,住进了可以躲避风雨寒暑的房子。圣人又教人们制造农具和兵器,用来耕作和捕杀猛兽,使人们的生活比过去有了保障。后来,圣人又制礼作乐,订出各种各样的规矩,使人们有了礼节和约束。由此可见,社会是不断发展的,人们不是老是用一个方式生活。所以对古时候的制度,如果不再适合使用,就应该废除;而对于现在的,如果适合使用,就应该发扬。以上的一切都说明,像千百条来自不同源头的江河,但最后都会归流入海一样,各人做的事不同,但都是为了求得更好地治理社会,过更美好的生活。"

百折不挠

《蔡中郎集·太尉桥玄碑》

原文 其性庄,疾华尚朴,有百折不挠、临大节而不可夺之风。

释义 无论遭受多少挫折都不动摇、不退缩、不屈服。形容意志坚强,品节刚毅,决不屈服退缩。

桥玄,字公祖,东汉睢阳(今河南商丘)人。他性情刚直,疾恶如仇,敢于同坏人坏事斗争。

桥玄年轻的时候,在本县当功曹。

有一次,豫州刺史周景来到睢阳。他向周景揭发了豫州"陈国相"羊昌的罪恶,请求周景派他去查办。

周景同意后,桥玄首先把羊昌的宾客全部抓起来,详细调查羊昌的罪行。

羊昌的靠山、当朝大将军梁冀知道这个消息，派人飞马传来檄文搭救羊昌。

周景也接到圣旨，要他召回桥玄。

桥玄退还檄文，更加抓紧办案，终于使羊昌受到惩罚。桥玄也由此出了名。

汉灵帝时，桥玄当上了尚书令，他掌握了太中大夫盖升仗着与灵帝有交情，在做南阳太守时大肆收受贿赂、搜括大量财富的事实，就向汉灵帝上奏，要求罢免盖升，抄没他搜括来的财产。汉灵帝不但不查办盖升，反而升了盖升的官。桥玄于是托病辞职，回了老家。

桥玄在京城任职的时候，有一次，他的十岁的小儿子在门口玩，突然有三个强盗劫持了孩子，冲到楼上，向桥玄勒索财物。消息传开，校尉阳球向河南府尹、洛阳县令奏请带兵包围了桥玄的家。阳球等怕动手时伤了孩子，不敢进攻，桥玄大声喝道：

"强盗无法无天，难道能为了我的孩子而放纵这些恶贼吗！"

他催促阳球等发动进攻，杀死了强盗，他的小儿子也因此丧生。

桥玄死时，家里没有什么遗产，殡葬也非常简单，他坚毅果断、勇往直前的精神，受到人们的赞扬。东汉著名文学家蔡邕在《太尉桥玄碑》中说："他的性情严肃，嫉恨奢华，崇尚俭朴，有百折不挠、在重大原则问题上决不改变自己意志的气概。"

班门弄斧

唐·柳宗元《王氏伯仲唱和诗序》

原文 操斧于班、郢之门，斯强颜耳。

释义 班：鲁班，即公输般，我国古代巧匠；郢：楚国郢都之巧匠。在鲁班面前耍弄斧头。比喻在行家面前卖弄本领，不自量力。也常作谦词。

鲁班，又名鲁般、公输般。春秋时代鲁国（今山东曲阜）人。传说是位能工巧匠，善于雕刻与建筑，技艺举世无双。人们一直把他看作是木匠的祖师爷。

有一次，明代诗人梅之焕来采石矶凭吊李白。采石矶是民间传说中著名唐代诗人李白晚年游览采石江时，见水中之月清澈透明，竟探身去捉，便坠江而殁的地方。由于李白在此留下过足迹，因此传说纷起，并留下了不少名胜，如李白墓、谪仙楼、捉月亭等等。采石矶也因此成了旅游胜地。

这天，梅之焕来到采石矶旁的李白墓，一看却心中大为不满，矶上、墓上，凡墓前可以写字的地方，都被人留有诗句。那些文章狗屁不通、却想冒充风雅的游人，竟在被称为"诗仙"的李白的墓上胡诌乱题，那些拙劣诗句的作者，又有什么脸在李白面前舞文弄墨呢？真是可笑之极！梅之焕心中越想越不是滋味，感慨之余，挥笔题了一首诗：

> 采石江边一堆土，
> 李白之名高千古；
> 来来往往一首诗，
> 鲁班门前弄大斧。

"班门弄斧"最早出现的雏形是柳宗元的"操斧于班、郢之门，斯强颜耳"。意即在鲁班门前操弄斧子，是厚着脸皮。（郢，是另一位古代的操斧能手。）讽刺那些不自量力，竟在行家面前卖弄本领的人。

梅之焕讥讽那些自以为会做诗的游人，是"鲁班门前弄大斧"。这句话被后人缩成"班门弄斧"。这样，"班门弄斧"的成语，就流传下来了。

半途而废

《礼记·中庸》

原文 君子遵道而行。半途而废，吾弗能已矣。

释义 指事情进行到一半，便放弃不做了。

东汉时，河南有个名叫乐羊子的男子，娶了一位通情达理的女子为妻，史书上称她为乐羊子妻。

一天，乐羊子在路边拾到一块别人遗失的金子，带回家交给妻子保存。

乐羊子以为妻子一定会很高兴，谁知妻子毫不动心。她对乐羊子说："我听说有志气的人不喝盗泉的水，正直的人不接受不敬的施舍。把别人遗失的金子据为己有，是很不好的行为啊！"

听了妻子的话，乐羊子惭愧得满脸通红，他急忙把那块金子送回原处，然后到很远的地方，拜求名师钻研学问去了。

一年后，乐羊子跑回家来。妻子很惊讶，问他："你求师读书才一年时间，怎么就回来了？"

乐羊子笑着说："时间长了，很想念你，所以回家看看，没有别的事情。"

妻子听罢，拿出一把剪子，把他拉到织布机旁，指着织布机上的绸布说："你看，这布的原料是蚕茧，用织布机一点一点地编织起来，日积月累才能织出一寸、一尺、一丈、一匹的绸子。如果我一剪子将它剪断了，就会前功尽弃。你读书也是这个道理，日积月累地刻苦学习，才能获得成功；如果半途而废，不就像剪断丝线一样，白白浪费了时间吗？"

妻子的话深深地打动了乐羊子的心。第二天一早，他便告别妻子出门去继续求学。他一连七年没有回家，终于修完了自己的学业。

抱薪救火

《史记·魏世家》

原文 苏代谓魏王曰："……且夫以地事秦，譬犹抱薪救火，薪不尽，火不灭。"

释义 薪：柴草。抱着柴草去救火。比喻用错误的方法去消除灾祸，反使灾祸扩大。

公元前274年，秦军又发动进攻，强占了魏国的四个城市，杀死了魏军四万人。第四年，更把魏国和韩国、赵国的军队，一起打得大败。被杀死的有十五万人。于是魏将段干子向安釐王建议,把魏国的南阳割让给秦国,以换取暂时的和平。

苏秦的弟弟苏代对安釐王说:"段干子要割让南阳给秦国,那是他想升官,秦国则是想得到土地。如今大王想让得到土地的人控制官印,想让升官的人控制土地,那么魏国的土地必将割完了事。如果用割让土地的办法去讨好秦国,求得短暂的和平,那就好比抱着柴火去救火,柴不烧完,火是不会熄灭的。"

魏安釐王听了苏代的话后,就说道:"先生说得很有道理,我也很想按先生的意见处理与秦国的关系,但是,现在一切都晚了,不能更改了。"

尽管苏代费了很多口舌,但魏安釐王执迷不悟,在错误的泥潭里越陷越深。最后,魏国的土地越来越少,终于被秦所灭。

杯弓蛇影

东汉·应劭《风俗通义》

原文 子之祖父郴为汲令,以夏至日诣见主簿杜宣,赐酒。时北壁上有悬赤弩,照于杯,形如蛇,宣畏恶之,然不敢不饮。其日便得胸腹痛切……后郴因事之至宣家窥视,问其变故,云:"畏此蛇,蛇入腹中。"郴还听事,思惟良久,顾见悬弩,必是也。则使门下支将铃下侍徐扶辇载宣,于故处设酒,杯中故复有蛇,因谓宣:"此壁上弩影耳,非有他怪。"宣遂解,甚夷怪,由是瘳(chōu)平。

释义 照映在酒杯中的弓影,被误认为是蛇。比喻疑神疑鬼,自己吓自己。

有一年夏天,县令应郴请主簿(协理文书事务的官员)杜宣来饮酒。酒席设在厅堂里,北墙上悬挂着一张红色的弓。由于光线折射,酒杯中映入了弓的影子。杜宣看了,以为是一条蛇在酒杯中蠕动,顿时冷汗涔涔。但县令是他的上司,又是特地请他来饮酒的,不敢不饮,所以硬着头皮喝了几口。

仆人再斟时，他借故推却，起身告辞走了。

回到家里，杜宣越来越疑心刚才饮下的是有蛇的酒，又感到随酒入口的蛇在肚中蠕动，觉得胸腹部疼痛异常，难以忍受，吃饭、喝水都非常困难。

家里人赶紧请大夫来诊治。但他服了许多药，病情还是不见好转。

过了几天，应郴有事到杜宣家中，问他怎么会闹病的，杜宣便讲了那天饮酒时酒杯中有蛇的事。应郴安慰他几句，就回家了。他坐在厅堂里反复回忆和思考，弄不明白杜宣酒杯里是怎么会有蛇的。

突然，北墙上的那张红色的弓引起了他的注意。他立即坐在那天杜宣坐的位置上，取来一杯酒，也放在原来的位置上。结果发现，酒杯中有弓的影子，不细细观看，确实像是一条蛇在蠕动。

应郴马上命人用马车把杜宣接来，让他坐在原位上，叫他仔细观看酒杯里的影子，并说：

"你说的杯中的蛇，不过是墙上那张弓的倒影罢了，没有其他什么怪东西，现在你可以放心了！"

杜宣弄清原委后，疑虑立即消失，病也很快痊愈了。

背水一战

《史记·淮阴侯列传》

原文 信乃使万人先行，出，背水陈（阵）。……军皆殊死战，不可败。

释义 背靠江河作战，没有退路。比喻决一死战。

公元前204年，汉王刘邦派大将军韩信和大将军张耳，率领军队去攻打赵国。赵王刘歇和赵军的统帅成安君陈余，率领着二十万战士和战马，集结在井陉口（现在的河北省井陉山上的井隆关）准备和汉王的军队战斗。

赵国一个谋士叫李左车，他向陈余献计说道："韩信是乘胜而来，非常凶猛，挡也挡不住。但是他们长途行军，粮食供应难以充足，而且井陉地方的山路又窄又难走，车马根本不好通过，汉军走不上一百里路，军队后面的粮草必然要落在后面，因此，我们可以派三万多将士从我们熟悉的小路截取他的粮草，让他们没吃的。再把沟挖得深些、城墙垒得高高的，守住城池，不与他们交战。这样一来，他们就前不得战，后不得退，最多用不了十天，我们就可以活捉韩信。"

陈余却听不进李左车的意见，他非常固执地说："我平时读过不少兵法，知道怎么打仗，不用你教。兵书上说道：如果兵力比敌人的兵力大十倍就可以包围它；如果自己的兵力比敌人大一倍，就可以和他单挑拼命。现在汉军虽然号称有几万人，其实也不过是几千人，况且他们远道而来，非常劳累，没有力气的。我们的兵力还超过汉军许多倍，难道这样还不能把他们消灭掉吗？如果今天我们躲开他们，不敢战斗，别人岂不会嘲笑我们，说我们胆小吗？"

韩信由情报得知陈余不用李左车的计谋，他十分高兴，就把兵马安排在离井陉口大约三十里的地方。

到了后半夜的时候，韩信派两千名轻骑兵，每人带着一面汉军的红色旗帜，从小路绕着走到赵军军营的侧后方，埋伏起来。韩信命令他们等待赵军全体出动，离开军营时，乘机攻占他们的大营，拔去赵军旗帜，全部插上汉军的红旗。韩信又派一万军队作为先锋部队，而且沿着河岸摆开队列准备打仗。陈余等人看见这个情景，十分高兴，都哈哈大笑，说道："韩信空有虚名，没有本事。背水作战，是打仗的人最怕的情况。不留退路，这是自己找死！"

等天亮后，韩信带领着后队兵马，打出他们的帅旗，向井陉口方向杀来。赵军立即迎战。双方军队打起来后，汉军假装败退，抛掉旗鼓，纷纷向河岸阵地退去。陈余不知是计，指挥赵军拼命追击，好像决不放过汉军的样子。

这时韩信事先埋伏的两千轻骑兵，见赵军全体离开军营，立即杀入赵营，拔掉赵军旗子，换上汉军的红旗，赵营便成为一片红色的海洋。

赵军追到汉军靠河边的阵地，汉军后退无路，个个拼命死战。赵军长时间不能获胜，开始灰心，情绪低落，忽然一回头，又发现自己的营垒全插上了汉军的红旗，军心顿时大乱，纷纷溃逃。汉军乘机前后夹攻，大破赵军，赵军死伤无数，陈余被杀，赵王刘歇被活捉。

必恭必敬

《诗经·小雅·小弁》

原文 维桑与梓,必恭敬止。靡瞻匪父,靡依匪母。不属于毛,不罹于里。天之生我,我辰安在?

释义 形容态度极为恭敬,后来也形容十分端庄和有礼貌。

公元前779年,褒国进献了一个姓姒的美女,叫褒姒。周幽王十分宠爱她。褒姒一向不爱笑,幽王用音乐歌舞、美味佳肴都不能让她笑。有人献计点燃报警的烽火台,召来各路诸侯兵马,使他们上当,让褒姒笑一笑,幽王欣然同意。他带褒姒到行宫游玩,晚上传令点燃烽火,各地诸侯见到烽火,以为有盗寇侵扰京城,纷纷率领兵马赶来相救。到了一看,只见幽王在喝酒取乐。幽王派人对他们说:

"没有什么盗寇,让你们辛苦了!"

诸侯受骗,匆匆地来,匆匆地去。褒姒看了不由大笑,幽王也很开心。

褒姒生了个儿子叫伯服,幽王废掉申后,立褒姒为王后;废掉申后生的太子宜臼,立伯服为太子。

宜臼遭到废黜,住在外祖父申侯家里。他对自己的命运和国家的前途,满怀忧愁,心中十分痛苦,写了一首题目叫作《小弁》的诗,抒发自己的心情。诗的第三节说:

"看见屋边的桑树和梓树,一定要必恭敬止。我尊敬的是自己的父亲,我依恋的是自己的母亲。谁人不是父母的骨肉,谁人不是父母所生?上天生了我,可我的好日子到何处找寻?"

由于幽王无道,诸侯纷纷叛离。公元前771年,宜臼的外祖父申侯联合犬戎的军队进攻镐京。幽王下令点燃烽火,但是诸侯受过骗,都不派救兵。犬戎的军队攻下镐京,杀了幽王,掳走了褒姒。

"必恭敬止"后来演化为"必恭必敬",也有写作"毕恭毕敬"的。

宾至如归

《左传·襄公三十一年》

原文 宾至如归,无宁灾患,不畏盗寇,而亦不患燥湿。

释义 宾:客人,来宾;至:到;归:回家。客人到了这里,就像回到了自己的家里一样。形容招待殷勤周到,客人感到满意。

子产,即公孙侨,是春秋时郑国的大夫,曾当过多年国相,执掌郑国政权。

公元前542年,子产奉郑简公之命出访晋国,带去许多礼物。当时,正遇上鲁襄公逝世,晋平公借口为鲁国国丧致哀,没有迎接郑国使者。子产就命令随行的人员,把晋国宾馆的围墙拆掉,然后赶进车马,安放物品。

晋平公得知这一消息,吃了一惊,派大夫士文伯到宾馆责问子产。士文伯说:

"我国是诸侯的盟主,来朝贡的诸侯官员很多。为了防止盗贼,保障来宾安全,特意修建了这所宾馆,筑起厚厚的围墙。现在你们把围墙拆了,其他诸侯来宾的安全怎么办呢?我国国君想知道你们拆围墙的意图是什么。"

子产回答说:

"我们郑国是小国,需要向大国进献贡品。这一次我们带了从本国搜罗来的财产前来朝会,偏偏遇上你们的国君没有空,既见不到,也不知道进见日期。我听说过去晋文公做盟主的时候,自己住的宫室是低小的,接待诸侯的宾馆却造得又高又大。宾客到达的时候,样样事情有人照应,能很快献上礼品。他和宾客休戚与共,你不懂的,他给予教导;你有困难,他给予帮助。宾客来到这里就像回到自己家里一样。

可是,现在晋国的宫室有好几里地面,而让诸侯宾客住的却是奴隶的屋子。门口进不去车子,接见又没有确切的日期。我们不能翻墙进去,如果不拆掉围墙,让这些礼物日晒夜露,就是我们的罪过了。如果让我们交了礼物,我们愿意修好围墙再回去。"

士文伯把情况报告了晋平公，平公感到惭愧，马上接见子产，隆重宴请，给了丰厚的回赠，并下令重新建造宾至如归馆。

鞭长莫及

《左传·宣公十五年》

原文 宋人使乐婴齐告急于晋。晋侯欲救之。伯宗曰："不可。古人有言曰：'虽鞭之长，不及马腹。'天方授楚，未可与争。虽晋之强，能违天乎。"

释义 鞭：马鞭子；莫：不；及：达到。鞭子虽然很长，但不应打在马肚子上。比喻力量达不到。

公元前594年，楚庄王派申舟出使齐国。出使路上要经过宋国，楚庄王仗着国力强盛，要申舟不向宋国提出借路的请求。申舟说：

"如果不请求借路，宋国人会杀我。"

"宋国要是杀了你，我就派兵攻打他们。"楚庄王说。

果然，不向宋国提出借路的做法激怒了宋国。宋国君臣认为这是对本国的莫大侮辱，就杀了申舟。楚庄王听到这个消息，气得暴跳如雷，立即发兵攻打宋国，一下子就把宋国的都城团团围住。

双方相持了几个月，楚军还是没有取胜。第二年春天，宋国派大夫乐婴齐到晋国去请求晋国派兵救援。晋景公想要发兵去救宋国，大夫伯宗说：

"大王，我们不能出兵。古人有话说：'鞭子虽然长，不能打到马肚子上。'现在楚国强盛，正受到上天保佑，我们不能和楚相争。晋国虽然强大，可是能违反天意吗？俗话说：'高高低低，都在心里。'江河湖泊中容纳有污泥浊水，山林草丛中暗藏有毒虫猛兽，洁白的美玉中隐藏有斑痕，晋国忍受一点耻辱，这也是很正常的事。您还是忍一忍吧。"

晋景公听了伯宗的话，停止发兵，改派大夫解扬去宋国，叫宋国不要投降，就说援兵已经出发，很快就要到了。

宋国人在城中极其艰苦地坚守了几个月，楚军攻打不下，最后同意宋国求和，并带走宋国大夫华元作为人质。"虽鞭之长，不及马腹"这句话，后来简缩为成语"鞭长莫及"，比喻力量达不到。

病入膏肓

《左传·成公十年》

原文 （景）公病重，求医于秦，秦伯使医缓为之。未至，公梦疾为二竖子，曰："彼良医也，惧伤我，焉逃之？"其一曰："肓之上，膏之下，若我何？"医至曰："……攻之不可，达之不及，药不至焉，不可为也。"

释义 膏肓：古代医学指心尖脂肪为膏，心脏和膈膜之间为肓，据说是药力达不到的地方。形容病情严重，无法治愈。多比喻事情恶化，无可挽救。

据说，春秋时晋景公生了病，几乎请遍了国内的医生都没有治好。秦桓公得到这个消息，就向晋国推荐了一位名叫缓的医生，让他去给晋景公治病。

缓立即从秦国出发。当他还在途中赶路时，晋景公做了一个十分奇怪的梦。他梦见两个小人对话。一个小人忧心忡忡地说："缓是本领高强的良医，咱们要赶快找个地方躲避一下才好呢！"另一个小人却若无其事地说："不要紧，我们只要躲进膏和肓的中间，他就一点办法也没有了！"

缓赶到晋国后，马上去见晋景公，他观察了晋景公的脸色，看了他的舌苔，又仔细地搭了脉，最后摇摇头说："这个病没法医了。病在肓的上面，膏的下面，膏肓之间是药力无法达到的（病入膏肓），因此，这个病没法医治了！"

晋景公听了缓的话，想起梦中的情景，叹了一口气说："你的诊断很对，你真是个了不起的良医啊！"说完，赠给缓一份贵重的礼物，派人送他回秦国去。

不久，晋景公果然病死了。

兵不血刃

《晋书·陶侃传》

原文 默在中原，数与石勒等战，贼畏其勇，陶侃讨之，兵不血刃而擒也，益畏侃。

释义 兵：兵器，指刀剑等；刃：刃锋，刀口。兵器上没有沾上血。形容没有经过作战就取得胜利。

陶侃是东晋著名的将领，他从小死去父亲，家境贫困，虽然才能过人，却一直得不到提拔。有一次，鄱阳名士范逵前来拜访他，家里没有东西招待客人，他的母亲就剪下自己的头发，让他去换了一点酒菜，才算没有在客人面前失礼。

不久，陶侃在范逵的推荐下，来到庐江郡，在太守张夔（kuí）手下做事。张夔很赏识他，推举他为孝廉。

公元305年，将军陈敏造反，派兵进攻武昌。荆州刺史刘弘决定任命陶侃为江夏太守，去迎击叛军。刘弘的部将挑拨说："陶侃和陈敏是同乡，您派他率兵去平乱，万一他有异心，荆州就完了。"陶侃知道后，就叫儿子和侄儿到荆州去做人质。谁知刘弘非常了解陶侃的为人，马上把陶侃的儿子、侄子送回武昌，并且加任陶侃为督护。陶侃很感动，为了报答刘弘的知遇之恩，他指挥将士取得了辉煌胜利。

后来，陶侃升迁为龙骧将军、武昌太守。他先后受朝廷派遣，南征北战，立下赫赫战功。

有一回，有个叫郭默的屯骑校尉，为了泄私愤，杀害了平南将军刘胤。陶侃知道后，立即上表请求讨伐郭默，丞相王导同意了。郭默听说陶侃来了，非常害怕，准备逃离江州（今江西九江），谁知陶侃已经兵临城下，把江州包围得水泄不通。叛将宋侯看到大势已去，便逮捕了郭默，开城投降。

由于陶侃治军有方，屡立战功，威名远扬，对巩固晋朝的统治起了重大的作用。晋成帝下诏拜他为大将军，同时授予他各种特殊的荣誉。陶侃非常谦虚，一再上表辞让。就在他临终前，他还给成帝写了最后一道表章，把皇上平日赏赐的物品全部奉还朝廷，同时对自己不能再为国尽忠效力，表示了深深的遗憾。陶侃死后，朝廷追赠他为大司马。

兵不厌诈

《韩非子·难一》

原文 繁礼君子，不厌忠信；战阵之间，不厌诈伪。君其诈之而已矣。

释义 不厌：不排斥，不以为非。用兵时为了取胜，可以采取欺诈的方式来迷惑敌人。

公元前633年，楚国攻打宋国，宋国向晋国求救。第二年春天，晋文公派兵攻占了楚国的盟国曹国和卫国，要他们与楚国绝交，才让他们复国。楚国被激怒了，撤掉对宋国的包围，来和晋国交战。两军在城濮（今山东鄄城西南）对阵。

晋文公重耳做公子时，受后母迫害，逃到楚国，受到楚成王的款待。楚成王问重耳以后如何报答，重耳说：

"美女、绸缎等等，您都有了，我能给您什么呢？假如托您的福我能回国执政，万一遇到两国发生战争，我就撤退三舍（一舍为三十里）。如果楚国还不能谅解，双方再交手。"

为了实现当年的诺言，晋文公下令撤退九十里。楚国大将子玉率领楚军紧逼不舍。

当时，楚国联合了陈、蔡等国，兵力强；晋国联合了齐、宋等国，兵力弱。应该怎样作战呢？晋文公的舅舅子犯说：

"我听到过这样的说法：对于注意礼仪的君子，应当多讲忠诚和信用，取得对方信任；在你死我活的战阵之间，不妨多用欺诈的手段迷惑对方。你可以采取欺骗敌军的办法。"

晋文公听从了子犯的策略，首先击溃由陈、蔡军队组成的楚军右翼，然后主力假装撤退，引诱楚军左翼追赶，再以伏兵夹击。楚军左翼大败，中军也被迫撤退。

这就是历史上著名的以弱胜强的城濮之战。晋国取胜后，与齐、鲁、宋、郑、蔡、莒、卫等国会盟，成为诸侯霸主。

兵贵神速

《三国志·魏志·郭嘉传》

原文　太祖将征袁尚……嘉言曰："兵贵神速。"
释义　用兵贵在行动特别迅速。

东汉末年，天下大乱，群雄四起。袁绍乘机扩大自己的实力，占据冀、青、幽、并（今山东、河北、山西等地区）四州，成为当时北方最大的割据势力。

公元200年，袁绍与曹操在官渡（今河南中牟东部）大战。曹操亲自率兵袭取乌巢，断绝了袁军粮草供应，袁绍战败退回冀州。不久，袁绍病死。袁绍幼子袁尚自立为冀州牧，长子袁谭不服，兄弟之间争权夺利大动干戈。公元203年，曹操出兵征讨袁谭、袁尚。袁氏兄弟迫于曹操大兵压境，暂时重归于好共同对敌。曹操看准袁氏兄弟的矛盾，不战而退兵。果然，曹兵刚刚撤离，袁谭、袁尚又同室操戈自相残杀起来。公元204年，袁谭夺取安平、渤海、河间等郡，袁尚被迫投奔次兄袁熙。公元205年，曹操再次进攻袁谭，攻破渤海郡城南皮，杀死袁谭。袁熙部将焦融、张南等乘机降曹，反攻袁氏兄弟，袁熙、袁尚无路可走，只好投奔北方的蹋顿单于。

当初，袁绍对蹋顿采用和亲政策加以笼络，因此，蹋顿不忘袁绍的恩惠，支持袁氏兄弟，经常派兵南下骚扰。

公元207年，曹操决定亲自领兵北征，消除边患。曹军人马、辎重太多，走了一个多月才到达河间的易城（今河北雄县西北）。谋士郭嘉对曹操说：

"兵贵神速，使敌人难以预料。如今长途奔袭，辎重太多，影响部队行动的速度，不如派轻兵昼夜兼程，出其不意发动进攻，这样才能取得胜利。"

曹操采纳郭嘉的建议，以袁绍旧将田畴为向导官，亲自率领数千精兵轻装北进。他们翻山越岭，直奔蹋顿的驻地柳城（今辽宁朝阳西南）。在距柳城一百多里的白狼山，曹军与蹋顿的几万名骑兵相遇。曹操见蹋顿的部队队形不整，下令曹军猛冲敌阵，先锋张辽指挥许褚、于禁、徐晃分四路下山，奋力攻杀，蹋顿军大败，蹋顿被杀。袁熙、袁尚得到消息，逃奔辽东投公孙康，不久便被公孙康杀掉。于是北方三郡都归了曹操。

别开生面

唐·杜甫《丹青引赠曹将军霸》

原文 凌烟功臣少颜色，将军下笔开生面。

释义 比喻另外开创新的局面或形式。

曹霸是唐代著名的画家，特别擅长画人物和马匹。他的名声很大，长安城里的达官贵人们都争着出高价收藏他的作品，就连居住在深宫里的玄宗皇帝也知道他的名字，经常把他召进宫，让他当着皇帝的面挥笔作画。

长安城里的太极宫中，有一座著名的凌烟阁。凌烟阁四壁挂着二十四幅唐朝开国功臣的肖像。这些肖像是唐初大画家阎立本的作品，一幅幅惟妙惟肖、栩栩如生，当年曾轰动了长安。如今，七十多年过去了，凌烟阁中的功臣像大部分已经剥落，色泽暗淡模糊，失去了原有的光彩。有一天玄宗想起了曹霸，就派人召他进宫，让他把全部功臣的肖像重新画一遍。

曹霸来到凌烟阁上，他仔细研究了大量史料和传说，进行了认真的艺术构思，然后全神贯注地开始创作。几天后，二十四幅功臣肖像就全部画好了，其中画得最生动逼真的是褒国公段志宏、鄂国公尉迟敬德。这两位功臣都是著名的武将，曹霸把他们画得神采飞扬、英姿飒爽，似乎头发须眉都在耸动，好像正要冲上阵去与敌人厮杀。唐玄宗非常满意，给了曹霸很多赏赐，并且封他当左武卫将军。

后来，曹霸因为一件小事没有办好，被削职为民，离开了长安。"安史之乱"爆发后，为了躲避战乱，曹霸流落到成都，靠给过路的行人画像，维持极其艰难的生活。

这时，著名的大诗人杜甫也避乱来到成都，住在城郊浣花溪畔的草堂里。有一天，杜甫在朋友家中看到曹霸的《九马图》，就进城去四处寻访他，终于在街头见到了曹霸。杜甫十分同情他的不幸遭遇，就写了一首《丹青引》送给他。杜甫在诗中高度评价了曹霸的艺术成就，称颂他："凌烟功臣少颜色，将军下笔开生面（别开生面）。"

不堪回首

李煜词《虞美人》

原文 春花秋月何时了，往事知多少。小楼昨夜又东风，故国不堪回首月明中。

释义 不堪：不能忍受；回首：回头，指对往事的回忆。不能忍受对往事的回顾或回忆。

公元960年，宋太祖赵匡胤（yìn）发动兵变，从后周手中夺取了政权，建立了宋朝。宋朝的军队讨平周围的割据政权后，又包围了位于长江中下游的南唐王朝。

当时的南唐皇帝李煜（yù），只会弹琴下棋，吟诗作画，根本不管国家大事。他从小长在深宫，住的是凤阁龙楼，吃的是山珍海味，过着极其奢侈的生活。李煜的妻子大周后娥皇，不但容貌美丽，而且精通音律，很有文才，可是李煜还不满足，经常和娥皇的妹妹小周后在一起，整天陶醉在春花秋月、歌舞声色当中，完全把国家兴亡和安危抛在脑后。宋朝的军队已经打到金陵城下了，昏庸透顶的李煜还躲在后宫同和尚道士们讲经说法。直到有一天出外巡城，看到城外到处都是宋军的旗帜，这才如梦初醒，下令抵抗，但已经为时太晚。宋军很快就消灭了南唐军队，攻破了金陵。

宋军俘虏了李煜，将他押送到开封。赵匡胤在明德楼召见了李煜，封给他一个屈辱的称号：违命侯。从此，李煜就以亡国之君的身份，被安置在开封城里，苦熬余生。

一个初春的夜晚，月光如水，东风拂面，李煜独自坐在小楼上，遥望着远在江南的故国，整夜都没有睡好。第二天，他把自己痛苦悔恨的心情，记录在一首著名的《虞美人》词里，其中有这样两句："小楼昨夜又东风，故国不堪回首月明中。"

后来，李煜的这首词和另外一些思念故国的作品，传到赵匡胤的弟弟宋太宗赵匡义（赵光义）耳中。赵匡义是个生性猜忌刻薄的人，他不肯宽容李煜，派人送去药酒将李煜毒死了。

不学无术

《汉书·霍光传》

原文 然光不学亡（亡通无）术，暗于大理。

释义 学：学问，学识；术：技能，本领。指没有学问，没有技能（或本领）。

寇准三十几岁即被宋真宗封为宰相，他为人正直，敢作敢为，为此得罪了不少私心利己的大臣。投降派首领王钦若屡进谗言，排斥打击，寇准终于被降职到陕州做地方官。

寇准有个朋友叫张咏，在成都任太守时听说寇准做了宰相，对他的朋友说："寇准这个人是天下奇才，可惜他的知识少了些，做宰相有点不够用。"

张咏在成都任满，要回京城听候另行任命。他路经陕州，知道寇准被降职到这里，顺路来看望寇准。寇准见多年好友来访，分外高兴，立即盛筵款待。他们边喝酒，边畅叙别后的情怀及朝中政事。天色已晚，张咏起身告辞。寇准依依不舍，握住张咏的手说："你我是多年的朋友，这次分别，谁知道何年何月才能重逢，难道你对我没什么要嘱咐的吗？"

张咏看看寇准，低下头想了好一会儿才说："《霍光传》不可不读，以你的聪敏，读后定有所悟。"

张咏说完，二人互道"珍重"，然后分手。

寇准回到寓所，想起张咏的临别赠言，觉得有些疑惑不解。寇准想："霍光是汉武帝最信任的大臣。汉武帝死后，霍光辅佐刚刚八岁的刘弗陵当皇帝，他虽然总揽朝政，但尽心尽力。刘弗陵死后，霍光又立昌邑王为皇帝。昌邑王当了皇帝以后，荒淫无度，整天饮酒，不理朝政，胡作非为，朝野上下惶恐不安。霍光为了刘汉江山不因此倾覆，不得已到皇家的宗庙发誓，废掉昌邑王，立刘询为宣帝，为汉家社稷立下大功。纵观霍光的生平，有大功而无大过，是历史上的名臣。而自己与霍光毫无相似之处，那么《霍光传》对我能有什么启迪呢？"寇准思来想去，认为重读一次《霍光传》，必有所启发。当他读到《霍光传》史臣的总结性评论时，书中有"不学亡术，暗于大理"这句话，他恍然大悟，知道张咏是劝他多读史书，提高处理朝廷大政的水平。

寇准专心致志，发奋读书，终成一代名相。

"不学亡术"后来多说成"不学无术"。

不遗余力

《史记·平原君虞卿列传》

原文 王曰："秦不遗余力矣，必且欲破赵军。"

释义 遗：留下，保留；余力：剩余的力量。不留下剩余的力量。指竭尽全力，毫无保留地使出全部力量。

公元前260年，秦王派大将白起，在赵国的长平一举击败了由赵括率领的四十万赵军。秦王乘机要挟赵王，要赵国割让六座城池给秦国，作为讲和的条件。

赵王连忙召来大将楼昌和上卿虞卿商量对策，说：

"长平一战,我们吃了败仗,我想带领全部人马与秦军决一死战,你们看怎样?"

"这样做没用,还是派亲信使臣去讲和为好。"楼昌说。

虞卿不同意楼昌的主张,问赵王说:

"大王,这次秦国究竟是想消灭我们赵国军队呢,还是打一打就回去?"

赵王说:

"秦国这次出动了全部军事力量,不遗余力地来攻打我们,当然是打算消灭我们军队的。"

"那么,我们应该带着贵重的礼物到楚国、魏国去。他们贪图财物,一定会接待我们。这样,秦国以为我们在实行'合纵'的策略,就会恐慌,就会同我们讲和。"

可是赵王不听虞卿的劝告,还是派了使者去秦国求和。

虞卿听说此事,就对赵王说:

"这次求和肯定不会成功,因为秦王和相国范雎一定要把赵国求和的事情宣扬开来,让各国都知道。楚国和魏国以为赵、秦讲和了,就不再会来援助赵国。秦国看到无人来救赵,那么也就不再需要与赵国讲和了。"

果然不出虞卿所料,赵国求和不但没有成功,都城邯郸又被秦军围困。最后,赵王只得亲自去秦国,订立了对赵国十分不利的和约,遭到天下人的耻笑。

不寒而栗

《史记·酷吏列传》

原文 是日皆报杀四百余人,其后郡中不寒而栗,猾民佐吏为治。

释义 栗:打颤,发抖。本意是天不冷而发抖。形容非常恐惧。

西汉武帝的时候,有个名叫义纵的人。他姐姐义姁是个医生。她因医好了皇太后的病,皇太后很宠爱她,义纵也因此得到汉武帝的任用。他先在上党郡一个县中任县令，后又升为长安县令。他在任职期间，能够依法办事，不讲情面，也不怕得罪有权有势的人，当地的治安有了很大的改变。汉武帝认为他很有才干，就调任他为河内郡都尉，后又升为南阳太守。

当时，南阳城里居住着一个管理关税的都尉名叫宁成。这人很残暴，利用手中的权力横行霸道，百姓们都很害怕他，甚至连进关、出关的官员都不敢得罪他。人们都说，让宁成做官，好比是把一群羊交给狼管。宁成听说义纵要来南阳任太守，有些不安。等义纵上任那天，宁成带领全家老小恭恭敬敬地站在路边迎接义纵。义纵知道宁成这样做的目的，对他不理不睬。一上任，义纵就派人调查宁成的家族，凡是查到有罪的，就统统杀掉，最后，宁成也被判了罪。这一来，当地有名的富豪孔氏、暴氏因为也有劣迹，吓得逃离了南阳。

后来，汉武帝又调义纵任定襄（在今内蒙古）太守。那时，这个地区的治安很混乱。义纵一到定襄，就将监狱中二百多个重罪轻判的犯人重新判处死刑，同时将二百多个私自来监狱探望这些犯人的家属抓了起来，说他们想要为犯人开脱罪行，也一起判处死刑。那天，一下子就杀了四百多人。尽管那天天气不冷，然而，住在这个地区的人们听到这个消息都吓得不寒而栗。

不贪为宝

《左传·襄公十五年》

原文　我以不贪为宝，尔以玉为宝，若以与我，皆丧宝也。

释义　以不贪为贵、崇高，表示廉洁奉公。

春秋时，宋国有个人在山上开凿石料的时候，发现了一块宝玉。他非常高兴，便兜着它回家，请一个玉工来加以鉴别，玉工仔细看了后，赞不绝口地说：

"这块玉好极了，没有一点毛病，是个宝贝啊。不过你得小心，别在人家面前露眼，让人家把它偷了去！"

其实，这人请玉工来家已经引起了邻居的注意。原来，平时极少有人上他家，这回玉工突然来，有人便不时进来张望。宋人心里不安，怕有个闪失空欢喜一场，便把宝玉秘密藏好。

尽管如此，他还是担心宝玉会被盗走。如果把它卖掉，又怕不知它的真正价值，给别人占了便宜。他考虑来考虑去，最后决定把它赠送给一个有身份的人，这样多少还能留下些人情。过了几天，他见没人发现，便带了宝玉悄悄地前往都城。

到了都城，他去见掌管工程的大臣子罕，献上了宝玉。子罕不解地问："你把如此贵重的宝物送给我，大概是要我帮你办什么事吧？不过，我是从来不接受别人赠送的礼物的。"

宋人慌忙摇头说："我没什么事要您帮我办。据玉工鉴定，这块宝玉是稀有之物，所以我要献给您。"

子罕再次拒绝说："我决不能收下这宝玉。因为如果收下了，你和我都丧失了宝。"

宋人听不懂子罕这话的意思，只是呆呆地望着他，只听子罕继续说道："我以'不贪'为宝，而你以玉为宝。你把玉给了我，当然丧失了宝；但我收下了你的玉，也就丧失了'不贪'这个宝。这样，双方都丧失了宝。"

宋人见子罕说了这通不收宝玉的道理，也无可奈何，只得如实告道："小民留下宝玉不得安宁，所以特地到都城来献给您"。

子罕沉思了一会儿，叫宋人暂时留下。接着，他命一位玉工为这块宝玉雕琢，后又把雕琢好的宝玉送到市场上去卖掉，把钱交给宋人，然后派人护送他回家。

不远千里

《孟子·梁惠王上》

原文 孟子见梁惠王。王曰："叟！不远千里而来，亦将有以利吾国乎？"
释义 不以千里为远。比喻不畏路途遥远。

梁惠王见了孟子，热情地说："先生，您不以千里为远来到我们魏国，一定是给我的国家带来利益了吧？"

孟子回答说："大王您何必一开口就讲利？有仁义就行了。如果君王说怎样有利于我的国家，大夫说怎样有利于我的封地，士和老百姓说怎样有利于自身，这样上上下下都追逐私利，那么就危险了。"接着孟子说道："在能出动一万辆兵车的国家，谋杀他们国君的，必定是能出动一千辆兵车的大夫之家；在能出动一千辆兵车的二等国家，谋杀他们国君的，必定是能出动一百辆兵车的大夫之家。大国的大夫能从万辆兵车的国家中获得兵车千辆，二等国家的大夫能从千辆兵车的国家中获得兵车百辆。这些大夫的产业不能说不多了，但是，他们永远不会满足。所以您不能再宣扬私利了。"

梁惠王听了很受触动，焦急地问："那先生以为该怎么办呢？"孟子说："从来没有讲仁义的人会遗弃他的双亲，也没有讲仁义的人会不尊重他的君主。所以，大王，您只要讲仁义就够了，何必再讲利呢？"

博而不精

《后汉书·马融传》

原文 贾君精而不博，郑君博而不精，即精即博，吾何加焉？

释义 比喻知识广博而不精深。

东汉著名的经学家郑兴，以研究《左氏春秋》著称于世。他的儿子郑众，十二岁时就跟父亲学习这部经学著作。后来，郑众还学习了《周易》、《毛诗》、《周礼》等经学著作，使他学识渊博，几乎无所不晓，在上层社会很有名气。

郑众当官后，在公务之余给一些年轻人讲解《毛诗》、《周礼》等经学著作，并且花很大的精力为《左氏春秋》作注。后来，终于完成了《左氏春秋》的注释工作。这部书流传后，和另一位经学家贾逵所注的《左氏春秋》齐名，都受到学者们的好评。当时，最著名的经学家是马融。他注过《周易》、《尚书》、《毛诗》、《三礼》、《论语》、《孝经》，使古文经学达到成熟的境地，因此，弟子多达千人。马融除了为经书作注外，又兼注《老子》、《淮南子》。他讲课时坐在高堂上，挂着纱帐，前面让学生坐着听课，后面列一班女乐演奏音乐，很有特点。

马融研究了《左传》后，也准备注一部《左氏春秋》。他仔细阅读了贾逵和郑众的注本后评价说："贾逵的注本精深而不广博，郑众的注本广博而不精深。要是既精深又广博，那我怎能超过他们？"马融觉得，这两个注本各有各的长处，合起来就弥补了各自的不足之处，便决定不再给《左氏春秋》作注了。

笔走龙蛇

《李太白集·草书歌行》

原文 时时只见龙蛇走，左盘右蹙如惊电。

释义 笔一挥动就能呈现出龙蛇舞动的神态。比喻书法笔势矫健生动。

唐朝时，有一年秋天，秘书监贺知章在府上宴请宾客，不少名人墨客会聚一堂，高朋满座，热闹非凡。正在酣饮之间，来了一位少年僧人。

贺知章说："他是玄奘法师的弟子怀素，出家不戒酒，写得一笔好草书。在他老家长沙和湖南七郡的知名人家，家家都挂有他书写的条幅。"酒过三巡，贺知章向来宾敬酒致谢说："嘉会良辰，少不得赋诗助兴，有请谪仙李翰林作诗以记盛会如何？"

李白并不推辞，只是说："诗意因兴而起，酒兴有了，但还不够，请怀素师当众挥毫以助诗兴。"

书童抬出几箱书写用的麻笺、素绢，书案上摆出数方上好的宣州石砚，书童几人轮番注水研墨。怀素放下酒杯，飘然起立，堂上顿时一片寂静。但见少年僧人援笔蘸墨，凝神注视纸绢片刻，突然运气挥毫，臂转腕旋，写完一张又一张，不多久，满地尽是灵气飞动的草书。几箱麻笺素绢顷刻用完。

怀素掷笔返座时，李白《草书歌行》亦已写就，当众吟道："少年上人号怀素，草书天下称独步……吾师醉后倚绳床……起来向壁不停手，一行数字大如斗，恍恍如闻神鬼惊，时时只见龙蛇走……"

贺知章最后总结评论说："上人书写，左盘右旋，确实笔走龙蛇啊！好字，好诗！"博得大家一阵喝彩。

才高八斗

宋·无名氏《释常谈·八斗之才》

原文 文章多，谓之八斗之才。谢灵运尝曰："天下才有一石，曹子建独占八斗，我得一斗，今天下共分一斗。"

释义 才：才能，多指文才；斗，十升为一斗。形容人的文才极高。

南朝宋国有谢灵运，是我国古代著名的山水诗作家。他的诗大都描写会稽、永嘉、庐山等地的山水名胜，刻画自然景物，开创了文学史上的山水诗一派。

他写的诗艺术性很强，尤其注意形式美，很受文人雅士的喜爱。诗篇一传出来，人们就争相抄录，流传很广。宋文帝很赏识他的文学才能，特地将他召回京都任职，并把他的诗作和书法称为"二宝"，常常要他边侍宴边写诗作文。

一直自命不凡的谢灵运受到这种礼遇后，更加狂妄自大。有一次，他一边喝酒一边自夸道：

"魏晋以来，天下的文学之才共有一石（一种容量单位，一石等于十斗），其中曹子建（即曹植）独占八斗，我得一斗，天下其他的人共分一斗。"

草菅人命

《汉书·贾谊传》

原文 视其杀人，若艾草菅然。

释义 本义是说把人命看得如茅草般卑微。比喻随便残杀人。

贾谊，洛阳人，是汉文帝时的一个著名文人。他自小聪慧好学，极有才华；被文帝召为博士，后又担任过太中大夫的官职。但因为被人嫉忌，后谪为长沙王傅（老师）。政治上的不得志，使他以屈原自喻，写下了著名的《吊屈原赋》等文章。后来，汉文帝把他召回宫中，要他担任梁王刘揖的太傅。梁王是汉文帝最宠爱的儿子，文帝指望他将来能继承皇位，所以要他多读些书，希望贾谊好好教导他。贾谊就此发了一通议论，他说：

"辅导皇子，教他读书固然重要，但更重要的，是教他怎样做一个正直的人。假使像秦朝末年赵高教导秦二世胡亥那样，传授给胡亥的是严刑酷狱，所学的不是杀头割鼻子，就是满门抄斩。所以，胡亥一当上皇帝，就乱杀人，看待杀人，就好像看待割茅草一样，不当一回事。这难道只是胡亥的本性生来就坏吗？他所以这样，是教导他的人没有引导他走上正道，这才是根本原因所在。"

后来，贾谊到梁国上任担任太傅，悉心辅导梁王。可是梁王不慎骑马摔死，贾谊自伤没有尽到太傅的责任，因此终日郁郁不乐，常常哭泣，一年多后，就死了，死时才三十三岁。

可是，贾谊这段精彩的论述就此留传了下来。"草菅人命"作为一句成语，也被人们用来形容反动统治阶级杀人的凶残狠毒。

草木皆兵

《晋书·苻坚载记》

原文 坚与苻融登城而望王师，见部阵齐整，将士精锐；又北望八公山上草木皆类人形，顾谓融曰："此亦勍（qíng）敌也，何谓少乎！"怃然有惧色。

释义 草木：野草和树木；皆：全，都；兵：士兵，军队。把山上的野草和树木都当成了敌兵。形容惊慌时疑神疑鬼。

公元383年，基本上统一了北方的前秦皇帝苻坚，率领九十万兵马，南下攻伐东晋。东晋王朝任命谢石为大将，谢玄为先锋，率领八万精兵迎战。

秦军前锋苻融攻占寿阳（今安徽寿县）后，苻坚亲自率领八千名骑兵抵达这座城池。他听信苻融的判断，认为晋兵不堪一击，只要他的后续大军一到，一定可大获全胜。于是，他派一个名叫朱序的人去向谢石劝降。

朱序原是东晋官员，他见到谢石后，报告了秦军的布防情况，并建议晋军在前秦后续大军未到达之前袭击洛涧（今安徽淮南东洛河）。谢石听从他的建议，出兵偷袭秦营，结果大胜。晋兵乘胜向寿阳进军。

苻坚得知洛涧兵败，晋兵正向寿阳而来，大惊失色，马上和苻融登上寿阳城头，亲自观察淝水对岸晋军动静。当时正是隆冬时节，又是阴天，远远望去，淝水上空灰蒙蒙的一片。仔细看去，那里桅杆林立，战船密布，晋兵持刀执戟，阵容甚为齐整。他不禁暗暗称赞晋兵布防有序，训练有素。

接着，苻坚又向北望去。那里横着八公山，山上有八座连绵起伏的峰峦，地势非常险要。晋兵的大本营便驻扎在八公山下。随着一阵西北风呼啸而过，山上晃动的草木，就像无数士兵在运动。苻坚顿时面如土色，惊恐地回过头来对苻融说：

"晋兵是一支劲敌，怎么能说它是弱兵呢？"

不久，苻坚中谢玄的计，下令将军队稍向后退，让晋兵渡过淝水决战。结果，秦兵在后退时自相践踏，溃不成军，大败北归。

沧海一粟

宋·苏轼《前赤壁赋》

原文 寄蜉蝣于天地，渺沧海一粟；哀吾生之须臾，羡长江之无穷。

释义 大海中的一颗谷粒。比喻非常渺小，微不足道。

北宋有个文人，也是个政治家苏东坡，因反对王安石新法，被贬至小城黄州。到黄州后，他曾两次同好朋友驾着小船游览黄州赤壁，并两次挥笔写下《赤壁赋》，前一篇叫《前赤壁赋》。赋中写道："客人说道：'月儿亮星儿少，乌鸦鹊儿南飞了'，这不是曹操的诗吗？往西看夏口，往东望武昌，山川连绵，树林绿葱葱，这不是曹操被周瑜围困时的景象吗？那时他破荆州，往下克江陵，顺江而下，船只连起来有千里，旗帜遮住了天空，喝酒望江水。把握着大刀写诗，真是当时大英雄，那今天他在哪儿呢？我与您和鱼虫为伴，和鹿儿为友，驾这小船，举酒杯互相劝酒。像天地中一个小虫，如同沧沧大海中一粒谷子，唉！生命是多么短暂，宇宙多么无穷啊！和神仙一样玩吧，和明月做伴吧，可这是梦啊，只好在秋风中这样哀伤了。"（方其破荆州，下江陵，顺流而东也，舳舻千里，旌旗蔽日，酾酒临江，横槊赋诗，固一世之雄也，而今安在哉？况吾与子，侣鱼虾而友麋鹿，驾一叶之扁舟，举匏尊以相属。寄蜉蝣于天地，渺沧海之一粟，哀吾生之须臾，羡宇宙之无穷。挟飞仙以遨游，抱明月而长终，知不可乎骤得托。）在这篇赋里，他先写月夜泛舟的情景，接写和同伴的辩论。苏东坡的同伴吊古伤今，慨叹人生短促。说道："曹操曾是不可一世的英雄，可现在在哪？还不是一样死去。一个人生在世上，就像蜉蝣那样短暂即逝，就像茫茫大海中的一粒谷子那样渺小而微不足道。"

苏东坡并不同意同伴的这种消极悲观态度。在后来的文章中，他指出，江水总是不断地流去，月亮也是有缺又有圆，它们始终都并没有消失。万物和人类一样是永存的，不必悲观。古代哲人正因知道每个人的生命终有尽头，所以在有生之年才奋发进取，不断努力，这就是人生的道理啊。

沧海桑田

晋·葛洪《神仙传·王远》

原文 麻姑与王远饮蔡经家，麻姑自说云："接待以来，已见东海三为桑田。"

释义 沧海：大海；桑田：植桑树的农田。大海变成桑田，桑田变成大海。形容世事变化很大。也比喻事情变化极大。

传说从前有两个仙人：王远和麻姑。一次，他们相约到蔡经家去饮酒。

到了约定的那天，王远在一批乘坐麒麟的吹鼓手侍从的簇拥下，坐在五条龙拉的车上，前往蔡经家。只见他戴着远游的帽子，挂着彩色的绶带，佩着虎头形的箭袋，显得威风凛凛。

王远一行降落在蔡经家的庭院里后，簇拥他的那些人一会儿就都不见了。接着，王远和蔡家的成员互相致意，然后独自坐在那里等候麻姑的到来。

王远等了好久还不见麻姑到来，便朝空中招了招手，吩咐使者去请她。蔡经家的人谁也不知道麻姑是天上哪位仙女，便翘首以待。

过了一会儿，使者在空中向王远禀报说："麻姑命我先向您致意，她说她已有五百多年没有见到先生了。此刻，她正奉命巡视蓬莱仙岛，稍待片刻，就会来和先生见面的。"

王远微微点头，耐心地等着。没多久，麻姑果真从空中降落下来了，她的随从人员只是王远的一半。蔡经家的人这才见到，麻姑看上去似人间十八九岁的漂亮姑娘。她蓄着垂到腰间的秀发，衣服不知是什么质料制的，上面绣着美丽的花纹，光彩耀目，肤色白嫩，眼睛黑亮。

麻姑和王远互相行过礼后，王远就吩咐开宴。席上的用具全是金和玉制成的，珍贵而又精巧；里面盛放的菜肴，大多是奇花异果，香气扑鼻。所有这些，也是蔡经家的人从未见到过的。

席间，麻姑对王远说："自从得了道接受天命以来，我已经亲眼见到东海三次变成桑田。刚才到蓬莱，又看到海水比前一时期浅了一半，难道它又要变成陆地了吗？"

王远叹息道："是啊，圣人们都说，大海的水在下降，不久，那里又将扬起尘土了。"

宴酒完毕，只见天边飘来两片白云，他们各自驾着车，踩上云朵，飘然而去。

藏污纳垢

《左传·宣公十五年》

原文 川泽纳污，山薮藏疾。

释义 原比喻国君应有容人之量。现比喻包庇、纵容坏人坏事。

春秋时期，南方的楚国很强大，国君楚庄王是春秋五个霸主之一。

公元前594年，楚庄王派申舟去访问齐国。在途中他们要经过宋国，楚庄王自以为国力强盛，告诉申舟不要跟宋国招呼，只把宋国当做楚国边境的一个小县城好了。

申舟以前曾得罪过宋国，所以害怕自己出事，他把自己的儿子引见给楚庄王后才出发。结果申舟在宋国被杀。楚庄王得到消息后甩着袖子，勃然大怒。

当年九月，楚王发兵攻打宋国。

当时的另外一个国家晋国也是大国，经常和楚国对立。于是宋国派乐婴齐到晋国求救。晋景公想马上出兵救宋。晋国的大臣伯宗极有城府，他让晋景公冷静思考，又给景公分析了形势，认为楚国正是最强大的时候，受着上天的照顾，晋国尚不足以与之抗衡。况且宋国离晋国很远，想援救也来不及，还是暂且忍耐，把这份耻辱放在心里记住，以后再报也不迟。

他举例子说道："河流湖泊可以容纳污泥浊水，山林草野可以暗藏毒虫恶兽，美玉也可以隐匿斑痕，国君一定也要学会忍受耻辱，这是世事的常理。您千万不能意气用事啊！"

晋景公觉得有理，听从了伯宗的建议，停止向楚国发兵。

后来宋国还是依靠自己的努力和楚国订立了和约，退掉了楚兵。

车水马龙

《后汉书·马后纪》

原文 车如流水，马如游龙。

释义 车子像江河的流水，马像游动的长龙。形容车马来往不绝，十分热闹繁华。

东汉名将马援的小女儿马氏，由于父母早亡，年纪很小时就操办家中的事情，把家务料理得井然有序，亲朋们都称赞她是个能干的人。

十三岁那年，马氏被选进宫内。她先是侍候汉光武帝的皇后，很受宠爱。光武帝去世后，太子刘庄即位，就是汉明帝，马氏被封为贵人。由于她一直没有生育，便收养了贾氏的一个儿子，取名为刘炟。公元60年，由于皇太后对她非常宠爱，她被立为明帝的皇后。

马氏当了皇后，生活还是非常俭朴。她常穿粗布衣服，裙子也不镶边。一些嫔妃朝见她时，还以为她穿了特别好的料子制成的衣服，走到近前，才知道是极普通的衣料，从此对她更尊敬了。

马皇后知书识礼，时常认真地阅读《春秋》、《楚辞》等著作。有一次，明帝故意把大臣的奏章给她看，并问她应如何处理，她看后当场提出中肯的意见。但她并不因此而干预朝政，此后再也不主动去谈论朝廷的事。

明帝死后，刘炟即位，这就是汉章帝。马皇后被尊为皇太后。不久，章帝根据一些大臣的建议，打算对皇太后的弟兄封爵。马太后遵照已去世的光武帝有关后妃家族不得封侯的规定，明确地反对这样做，因此这件事没有办。

第二年夏天，发生了大旱灾。一些大臣又上奏说，今年所以大旱，是因为去年不封外戚的缘故。他们再次要求分封马氏舅父。

马太后还是不同意，并且为此专门发了诏书，诏书上说：

"凡是提出要对外戚封爵的人，都是想献媚于我，都是要从中取得好处。天大旱跟封爵有什么关系？要记住前朝的教训，宠贵外戚会招来倾覆的大祸。先帝不让外戚担任重要的职务，防备的就是这个。今天，怎能再让马氏走老路呢？"

诏书接着说：

"马家的舅父，个个都很富贵。我身为太后，还是食不求甘，穿着俭朴，左右宫妃也尽量俭朴。我这样做的目的，是为下边做个样子，让外亲见了好反省自己。可是，他们不反躬自责，反而笑话我太俭省。前几天我路过娘家住地濯龙园的门前，见外面到舅舅家拜候、请安的，车子像流水那样不停地驶来驶去，马匹往来不绝，好像一条游龙，招摇得很。他们家的佣人，穿得整整齐齐，衣服绿色，领和袖雪白；看看我们的车上，比他们差远了。我当时竭力控制自己，没有责备他们。他们只知道自己享乐，根本不为国家忧愁，我怎么能同意给他们加官晋爵呢？"

车载斗量

《三国志·吴书·孙权传》裴松之注引《吴书》

原文 咨曰:"聪明特达者八九十人,如臣之比,车载斗量,不可胜数。"

释义 载:装载。用车装,用斗量。形容数量极多。

三国时,蜀主刘备称帝,出兵伐吴。吴主孙权派中大夫赵咨出使魏国,向魏文帝曹丕求援。

曹丕轻视东吴,接见赵咨时态度傲慢地问道:"吴王是什么样的国君?吴国怕不怕我们魏国?"

赵咨听了这种带有侮辱性的问话,心中很气愤。他作为吴国的使者,当然不能有失国家的尊严,便很有分寸地回答道:

"吴王是位有雄才大略的人,重用鲁肃证明了他的聪慧,选拔吕蒙证明了他的明智,俘庞于禁而不杀证明了他的仁义,取荆州而兵不血刃证明了他的睿智,据三州虎视四方证明了他的雄才大略,向陛下称臣证明了他很懂得策略。至于说到怕不怕,尽管大国有征伐的武力,小国也自有抵御的良策,何况我们吴国有雄兵百万,据江汉天险,何必怕人家?"

一席从容的对答,使曹丕十分叹服,不得不改用比较恭敬的口气问:

"像先生这样有才能的人,东吴有多少?"

赵咨答道:

"聪明而有突出才能的,不下八九十人,像我这样的,那简直是用车装,用斗量,数也数不清!"

听到如此得体的外交辞令,魏国朝廷上下都对赵咨肃然起敬。曹丕也连声称赞赵咨说:

"使于四方,不辱君命,先生当之无愧。"

赵咨回到东吴,孙权嘉奖他不辱使命,封他为骑都尉,对他更加赏识重用。

乘风破浪

《宋书·宗悫传》

原文 愿乘长风，破万里浪。

释义 乘着长风，冲破巨浪，勇往直前无阻碍。比喻人胸怀大志，气概豪迈。又作"长风破浪"。

唐朝大诗人李白有一首题为《行路难》的诗，其中有这样两句："长风破浪会有时，直挂云帆济沧海。"据史书记载，诗中的"长风破浪"出自一位名叫宗悫（què）的少年之口。

宗悫是南北朝时宋国人，他从小就有远大的抱负。当时，天下太平，没有战争，人们都以读书为本求取功名，宗悫偏偏爱好武艺，整天骑马射箭，使枪弄棍。他的叔父宗炳担心宗悫难以继承祖业，有一次问他说："像你这样不务正业，将来长大了干什么呀？"宗悫豪迈地回答说："愿乘长风破万里浪（乘风破浪）！"

宗悫十四岁时，他的哥哥办喜事。当夜，十几个强盗前来抢劫。宗悫拿起平时练武用的大刀，一个箭步冲了出去，和强盗厮打起来。他一脚踢倒一个强盗，又举起大刀，把另一个强盗劈倒，吓得强盗们狼狈逃窜。

这件事传到江夏王那里，江夏王很赞赏宗悫的胆量，派人把宗悫找来，让他在自己手下当了一名军官。

有一次，宗悫带着队伍去讨伐林邑王。敌军出动了一支用大象装备起来的队伍，大象的皮很厚，普通的刀剑不容易砍伤它。怎么办呢？宗悫灵机一动，想出一条妙计，他说："狮子是百兽之王，用它来对付大象一定有效。"于是，他叫士兵们扎了一些摇头摆尾的假狮子，装在战车上，由士兵推着冲向敌阵。这一招真灵，大象看见"狮子"来了，果然吓得四处奔逃。宗悫指挥宋军乘机进攻，大获全胜。

宗悫智勇双全，屡立战功，被封为左卫将军。

乘龙快婿

汉·刘向《列仙传》

原文 萧史者，秦穆公时人也，喜吹箫，能致白孔雀于庭。穆公有女字弄玉，好之。……公遂以女妻焉。……一旦皆随凤凰飞去。

释义 "乘龙"或"乘龙快婿"，美称别人的女婿。比喻才貌双全的称心女婿。

春秋时期，秦穆公有一个女儿弄玉，生得花容月貌，好像仙女一般。她爱好音乐，擅长吹笙，秦穆公十分疼爱她，一心想给她找一个如意郎君。

有一天夜里，弄玉梦见一位英俊男子骑着彩凤，吹着玉箫，来到她绣楼前的阳台上。那男子温柔地对弄玉说："我是太华山上的主管人，玉帝特叫我前来与你成婚，时间定在八月十五中秋节那一天。"说罢，他又拿出玉箫吹起来，曲调美妙极了，弄玉听得如痴如醉。

第二天一起身，弄玉就把自己做的梦告诉了秦穆公。秦穆公很高兴，立刻派人到太华山去，果然找到了那个骑彩凤吹玉箫的男子。他说他叫萧史。

萧史被带到秦穆公那儿，穆公见了，十分满意，就叫他吹箫。那乐曲如仙乐一般，听了不由得产生飘飘欲仙的感觉。这天正好是中秋节，弄玉和萧史就成了婚。婚后，他们生活得非常和美、幸福。

一晃半年过去了，一天夜晚，萧史和弄玉正在阳台上吹奏箫、笙，忽然飞来一条赤龙，停在萧史身旁。接着，又飞来一只彩凤，栖在弄玉身边。萧史见状，便对弄玉说："我本是天上神仙，因为与你有姻缘，才来同你婚配的。但我不能长留人间，必须回天上去了。"弄玉不忍心与丈夫分手，夫妻就一起去向秦穆公告别。秦穆公舍不得女儿和女婿离去，但无奈天意难违，也只好放行了。

于是，萧史乘着赤龙，弄玉乘着彩凤，双双腾空而去。

乘人之危

《后汉书·盖勋传》

原文 谋事杀良,非忠也;乘人之危,非仁也。

释义 乘:利用。趁别人危难的时候,去打击或侵害。

东汉时,盖勋因为人正直,很有才干,被举为孝廉,当上了郡太守的主要属官——长史。盖勋所在的郡属凉州刺史梁鹄管辖,而梁鹄又是盖勋的朋友。

当时,受凉州刺史管辖的武威太守横行霸道,干尽了坏事,老百姓对他恨之入骨,又敢怒不敢言。

梁鹄的属官苏正和却不畏强霸,敢于碰硬,依法查办武威太守的罪行。

不料,梁鹄生怕追查武威太守的罪行会涉及高层权贵,连罪自己,焦虑不安。他甚至想杀了苏正和灭口,但又吃不准这样做是否妥当,于是打算去找好友盖勋商量究竟该怎么办。

也正巧,盖勋与苏正和是一对冤家。有人向他透露刺史将要和他商量如何处置苏正和,并且建议他乘此机会,劝刺史杀了苏正和,来个公报私仇。

盖勋听了,断然拒绝。他说:

"为个人的私事杀害良臣,是不忠的表现;趁别人危难的时候去害人家,是不仁的行为。"

之后,梁鹄果然来与他商议处置苏正和的事。

盖勋打比方规劝梁鹄说:"喂养鹰鸢,要使它凶猛,这样才能为您捕获猎物。如今它已经很凶猛了,您却想把它杀掉。既然如此,养它又有什么用呢?"

乘兴而来

《晋书·王徽之传》

原文　（王徽之）尝居山阴，夜雪初霁……忽忆戴逵，逵时在剡(shàn)，便夜乘小船诣之，经宿方至，造门不前而反。人问其故，徽之曰："本乘兴而行，兴尽而反，何必见安道邪！"

释义　乘：趁着；兴：兴致，高兴。趁着当时的高兴来的。现多指高高兴兴地来到，不一定含有"一时高兴"的意思。

王徽之是东晋大书法家王羲之的儿子。他为人清高孤傲，不肯与世俗同流合污。传说他在朝廷做官时，从不认真处理政务，整天蓬头垢面，衣衫不整，到处游山玩水。有一次，车骑将军桓冲问他在哪个衙门办事，王徽之想了半天，也没有想清楚，含含糊糊地回答说："好像是在管马的官署吧！"

王徽之很喜欢种竹。有一回他到别人家借住，刚住下来，就让人在庭前屋后到处种上竹子。人家问他说："你不在这里长期生活，何必要自找麻烦呢？"他认真地回答说："我宁可三日无肉，不可一日无竹呀！"

后来，王徽之弃官回家，过起隐居的生活。有一天傍晚，天空飘起鹅毛大雪，半夜时雪停天晴。王徽之一觉醒来，推开窗户一看，只见万里晴空上高挂着一轮明月，清冷的月光与皑皑白雪交相辉映，显得更加幽静。王徽之顿时诗兴大发，让家人摆下酒菜，一边欣赏月色，一边吟起诗来。正在高兴的时候，他突然想起了住在剡溪的好友戴安道，就让人连夜驾起小船，乘着兴致去看望他。戴安道与王徽之性情相似，他弹得一手好琴，朝廷的权贵武陵王曾派人召他去弹琴，他当着来人的面将琴摔碎了，说："戴安道不做王门的优伶！"他与王徽之经常来往，感情非常深厚。

王徽之坐在船上，欣赏着月光下的秀丽风光，想象着与老友会面时弹琴吹箫、吟诗起舞的欢快情景，兴致更加高涨了。但是，第二天拂晓快要到达剡溪时，他的兴致又渐渐低落下去。小船到了戴安道家门前，王徽之无心登岸，吩咐仆人掉转船头。仆人莫名其妙，只好遵命。

后来，有人问王徽之，既然去看戴安道，为什么到了他家门前又折转回来？王徽之笑着说："我本是乘兴而来，兴尽而返，何必非要去见戴安道一面呢！"

程门立雪

《宋史·杨时传》

原文 一日见颐，颐偶瞑坐，时与游酢侍立不去。颐既觉，则门外雪深一尺矣。

释义 比喻尊敬老师，诚恳求学。

杨时从小就聪明，长大后成为宋朝著名的哲学家、教育学家。他在神宗年间考取了进士，到宋徽宗时，他已官至右谏议大夫兼国子监祭酒。

程颢和程颐弟兄俩，是北宋的理学大师和教育家。杨时考取进士后，因淡泊名利，几次都放弃了朝廷授予的官职。他来到了河南颖昌，为了在理学方面能有更深的发展，他拜程颢为师，在程颢处得到了很多教益。

杨时在学成归家时，程颢望着他渐渐远去的背影说道："我的全部理学思想都让他带到南方去了！"

在杨时归家后的第四年，程颢因病去世了，杨时在听到这个噩耗后，便在自己的家中设了灵位拜祭，并把这个消息写信告诉了他的同学。

杨时在年近四十时，又到洛阳拜见了程颐。

那天，杨时换上了整洁的衣服和游酢直奔程颐的家中。当时，天上正在下着鹅毛大雪，他们刚到程府，就看到程老先生正在坐着打瞌睡。杨时和游酢因为不想打扰程老先生，所以就恭恭敬敬地站在门外静候，雪越下越大，但他俩为了不打扰程颐，纹丝不动。

等到程颐醒来时，门外的积雪已一尺多深了，他们俩已成了雪人。

因此，杨时去世时有人以"卓彼文靖公（杨时的谥号），早立程门雪"来纪念他。

惩前毖后

《诗经·周颂·小毖》

原文 予其惩而毖后患。

释义 惩：处罚。毖：小心谨慎。要从以前的错误中吸取教训，谨慎从事，不致再犯类似错误。

周王朝的开国君主周武王登基时间不长就去世了。他的儿子周成王继位。由于成王年龄太小，由武王弟弟周公姬旦协助处理国家大事。

对此，武王的另外两个弟弟管叔、蔡叔很为不满。他们到处造谣，诬蔑周公助理成王是想伺机废除成王，夺取王位。

周公是个待人忠心诚实、豁达大度的人，听了这些谣言后，为了不招惹是非，便离开京都，住到外地去避嫌。

成王年小不懂事，还真的以为周公要抢权，便也不加挽留，让他去了外地。

管叔和蔡叔见周公离开了成王，便暗中勾结殷纣王的儿子武庚，一起发动叛乱，企图篡夺王位。

周成王得到密告，急忙召集大臣商议，可谁也拿不出办法来。成王急得在宫中团团转，不知如何才好。

一个大臣见了，说：

"这事只有周公才有办法处理！"成王听了，眼前一亮，是啊！应该快去把周公请回来。

周公来了，成王马上命令周公带兵东征，讨伐叛贼。

经过三年的艰苦征战，叛乱终于被周公平息了。接着，周公又忠心耿耿地替成王料理了几年的国家大事，一直到成王长大成人后，便把政权交还给他，让他自理朝政。

正式接管朝政这一天，成王前往宗庙典祭祖先。在祭祀仪式上，成王对着他的文武大臣讲了话。

他回顾了以往的历史教训,并说:

"我一定要从以前所受的惩戒中汲取教训,小心谨慎地办事,以免再遭祸害。"

惩一儆百

《汉文·尹翁归传》

原文 其有所取也,以一警百,吏民皆服,恐惧改行自新。

释义 儆:警戒。用以比喻处罚一人以警戒众人。也作"杀一儆百"、"惩一警百"。

尹翁归是汉代平阳(今山西临汾西南)人,他精通法律,年轻时做过监狱的小官。他还喜欢武艺,剑术十分高强,在平阳很有名气。

当时,在朝中执政的大将军霍光,原籍也是平阳。霍氏家奴仗着主子的势力,经常在平阳市场上胡作非为,地方官员害怕霍光,谁也不敢过问。尹翁归当上平阳市场的主管后,他不畏权贵,严厉惩办了几个捣乱的坏蛋,使得霍氏家奴不敢再横行霸道。

有一次,河东太守田延年到平阳视察,召见平阳的地方官员。他让有文才的站到东边,会武艺的站到西边,以便根据各人的特长,分别给予录用。当时,大家都按他的吩咐,站到东西两边,只有尹翁归一人站在中间,他对田延年说:"我尹翁归文武兼备,随你录用。"田延年很惊奇,通过一番交谈,觉得他确实是个人才,就调他去担任自己的下属。尹翁归到职后,敢于揭发奸邪,处理案件精明干练,政绩十分显著。

后来,尹翁归被提拔为东海太守。东海的治安秩序不佳,地方上有许多大大小小的豪强,其中有个叫许仲孙的,更是作恶多端,老百姓对他恨之入骨。但他的势力很大,结帮成派,历任太守都不敢惹他,有的还同他勾结起来。许仲孙更加有恃无恐,肆无忌惮。尹翁归到达东海后,运用惩罚一人、警戒众人(惩一儆百)的办法,采取果断措施,首先逮捕了许仲孙,并在人烟稠密、热闹繁华的市场上公开处决了许仲孙。这一措施引起了强烈的震动，当地的大小豪强胆战心惊，纷纷收敛恶迹，改过自新，东海的治安秩序很快就平稳安定下来。

宠辱不惊

宋·欧阳修等《新唐书·卢承庆传》

原文 宠辱不惊，考中上。其能著人善类此。

释义 对得宠或受辱都不动心、不惊讶。形容人有修养，能把得失置之度外。

卢承庆是唐朝初年的人，读书很多，又很有才能，深受唐太宗的喜爱。

有一次，卢承庆奉命考察各地方官吏政治业绩。某官吏因漕运的船只失事而受到牵连，卢承庆将其成绩评定为中下等。这个小官知道后并不因这件事而恼恨，就像这事不曾发生过一样。卢承庆又经过调查发现罪责不在这个小官，失事原因是人的力量所不能挽回的，便重新把那个官员定为中中等，那人得知后却也没有表示出很高兴的样子。卢承庆因此非常赏识他，对别人说道：

"他能宠辱不惊，真是个上等的人才。"

于是又把考察的结论改为中上等，并号召其他官吏都能学习他。

卢承庆在很小的时候承袭祖先的爵位，长大成人后又受到太宗的信任，官越做越大，升至吏部侍郎兼检校兵部侍郎，还当过雍州别驾、尚书左丞等官。但在唐高宗时却触犯了刑罚被贬为简州司马。在显庆四年被免罪，重新又官至刑部尚书。

他的一生大起大落，命运很坎坷，却能宠辱不惊，这种难能可贵的精神是与他的俭朴作风和平淡如水的心境修养分不开的。

卢承庆临终前告诫他的儿子说："人的生死是一定的，好比有早晨也有黑夜。我死后，丧事从简，不要讲究什么排场，坟别筑得太高，你也千万别劳民伤财。"

出奇制胜

《孙子·势篇》

原文 凡战者，以正合，以奇胜。

释义 用奇计战胜敌人。形容智慧高超，能用对方或别人想不到的奇策来解决眼前的危难，取得胜利。

在战国时期，齐国大将田单，是一个足智多谋的将军。田单开始的时候只不过是临淄城的一个小官员，并不为人所知。公元前284年，燕国的乐毅将军领兵征伐齐国。齐王逃到莒城，燕军长驱直入，十分勇猛，攻下齐国七十余城。

这时田单也遭难了，他领着族人往安平逃跑，他下令将车子的长轴砍下多余的一块，在轴头边包上铁片。不久，安平城又被燕军攻破，齐国百姓争先恐后地出城逃亡。许多人被挤死踩死了。许多车子相撞，折断车轴，使得车毁人亡，致使很多人当了燕军的俘虏。田单的车子因为事先包上了铁片，车轴完好无损，安全地跑到另外一个城即墨。即墨城内的守军看见田单很聪明，都同意推举他做即墨的长官。

不久以后，燕昭王死了，惠王当了皇帝。田单使用反间计，离间惠王和乐毅个人的感情。他派人到燕国去散布谣言说道："乐毅从心里想独霸齐国，所以他不攻打即墨城，他其实是在等待时机想谋反。"燕惠王信以为真，马上免去乐毅的官职，用另一个人骑劫代替他。乐毅离开燕军之后，战士们十分难受。田单又派人混入燕军内散布谣言说道："齐兵最怕被割鼻子，如果你们在进攻时，把割下鼻子的齐兵俘虏摆在军队面前，即墨城一定可以攻破。"骑劫将军信以为真。

结果，齐军守城将士看见投降的齐兵被燕军割下了鼻子，惨不忍睹，他们变得非常气愤，更加死守城池，生怕落到燕军手中也遭到刑罚。接着，燕军又中了田单的计谋，在即墨城外掘开齐人的坟地，烧掉了齐人祖先的尸骨。

结果又引起齐军强烈的愤怒,战士们纷纷要求出城去消灭燕军。

田单见士气已鼓足,就开始准备反攻。他先叫来城内所有商人,让他们拿着金银暗中送到燕军将领手上,教他们说谎道:"即墨守军就要投降了,现在我们请你们入城后别杀我们的妻室。"燕军将领们又信以为真,就放松了警惕。经过这些准备,田单把城内一千头老牛集中起来,还给它们披上布,在布上画成各样的五彩龙纹,又在牛角上绑上了兵刃,在尾巴上绑上草把,草上浇油,然后把草点着火,从城门赶出去。牛后面跟随五千精兵,紧紧地杀入燕营。老牛尾巴着了火,就拼命往前奔跑,火把的火光照亮牛身上的龙纹,吓得燕军惊慌失措,还没见到田单的士兵就都逃跑了。

燕兵被老牛撞死的,被齐兵砍死的,多得数都数不清。田单又在城头上擂起战鼓,顿时喊杀声震天动地,骑劫将军也被齐军杀死,燕军惨败。田单乘胜出兵追击,趁机收复齐国失地。

《史记》中称赞田单道:"先出兵可以阻挡敌人,出奇兵可以攻其不备。兵不厌诈,善战的人往往会出奇无穷、机智多变,使敌人不可预测。虽然开始时显得软弱,敌人不加戒备,可到了应该进攻时,却变得像逃脱的兔子一样急速,使敌人来不及阻挡。这说的正是田单将军哪!"

出类拔萃

《孟子·公孙丑上》

原文 圣人之于民,亦类也。出于其类,拔乎其萃。自生民以来,未有盛于孔子也。

释义 形容品德、才能超出一般人。

孟子名轲,字子舆,邹国(今山东邹县东南)人,是孔子的弟子子思的学生。孟子是战国时期的大思想家、教育家。他继承了孔子的儒家学说,他非常崇拜孔子,在他的心目中,孔子是个超人的天才,是个圣人。

有一天,孟子的学生公孙丑问孟子:

"老师,你已经是一位圣人了吗?"

孟子说:

"连孔夫子都不敢称自己为圣人,我又算得了什么呢?"

公孙丑列举了几个以贤德著称的人问孟子,他们是否和孔子一样。孟子回答说:

"自有人类以来,没有人比得上孔子的。"

公孙丑接着又问:

"那么,他们和孔子有什么不同呢?"

孟子借用了孔子的学生有若的一句话说:

"麒麟和走兽,凤凰和飞鸟,泰山和小土堆,河海和小水洼,它们都是同类,但前者又都远远超越了它的同类,圣人和老百姓也是同类,都是人,但圣人是远远地超出那一类的。自有人类以来,没有人比孔子更伟大了。"

出人头地

《宋史·苏轼传》

原文 苏轼后以书见修,修语梅圣俞曰:"吾当避此人,出人头地。"

释义 形容超过一般人,高人一等。

苏轼,字子瞻。他十岁时,父亲苏洵出门游学,由母亲程氏教他读书。苏轼二十岁时,学得博古通今,便赴京去参加科举考试。

当时,主考官是翰林学士欧阳修。欧阳修对当前文坛崇尚诡怪奇涩的文风很是反感,一律不加录取。当他看到一篇《刑赏忠厚论》时,十分高兴,便准备取为第一。由于考卷上考生的名字是封住的,欧阳修以为这文章是他的学生曾巩写的,为了避嫌,便只取为第二名。

《刑赏忠厚论》其实是苏轼写的。苏轼在考试中显现了他卓越的才学,以后又在殿试中得中。苏轼对主考官欧阳修很是佩服,以后又送了几篇自己的文章请欧阳修指点。

欧阳修得知《刑赏忠厚论》不是他的弟子曾巩写的，而是初出茅庐的苏轼所写，心里觉得有点对不住苏轼，竟让他屈居第二。再看到苏轼以后送来的文章，篇篇才华横溢，更是赞叹不已。于是写信给当时声望颇高的梅尧臣说：

"苏轼的文章实在是好，我应当让路，使他高出我一头。"当时听说此事的人都不以为然，以为欧阳修夸大了苏轼的才华，等后来他们看了苏轼的文章才信服了。

苏轼得到欧阳修等文坛名流的指点，文章越来越好，后来果然出人头地，和欧阳修等人被后人并称为"唐宋八大家"。

出尔反尔

《孟子·梁惠王下》

原文 曾子曰："戒之，戒之，出乎尔者，反乎尔者也。"

释义 尔：你；反：同"返"，返回。原指你怎样对待别人，别人也就会怎样对待你。现多指反复无常，言行前后自相矛盾。

战国时期，有一次儒家大师孟轲（即孟子）路过邹国。邹国与鲁国刚刚发生过一场战斗，邹国失败了。这场战斗中，邹国战死了三十三个地方官吏，因为在战争的危急时刻，下面的百姓不肯派人保护他们。邹穆公为这件事很是烦恼。他见孟子来了，就向孟子请教，对这件事到底应当怎么办？

孟子沉思片刻之后，就坦率地对邹穆公说道：

"孔子的弟子曾子曾经说过：'你千万记住呀，你怎样对待别人，将来别人也会怎样回报你。'还记得有一年邹国闹灾荒的情景吧，邹国的人民吃不上饭，饿死的、病死的老人和孩子不计其数，他们的尸体抛弃在山沟荒坡，也无人掩埋；年轻力壮的小伙子四处逃荒，无家可归……当时国君和大夫们又干了什么呢？他们的粮仓中堆满了粮食，他们的仓库中放满了财物、珍宝……对百姓的灾难却不闻不问，谁都不把下面的灾情向国君报告，国君也不去察访民情，也不关心人民的疾苦。然而到了发生战争的时候，他们却将百姓赶到前线去，叫百姓拼杀送死……您想一想吧，同样的道理，今天您的士卒、百姓怎么能服您呢？这次很不幸发生的事件，是百姓他们得到了报复的机会而做出来的举动。您即使责怪他们、惩罚他们也都是无济于事的。"

邹穆公非常忧郁地问："那么应该如何改变这种现象，让以后不再发生这种可悲的事件呢？"

孟子告诉他说道："只有一个办法呀，那就是您从现在起在邹国实行仁政，改变您以前对人民的态度，还要关心他们，让他们无忧无虑地过日子。这样一来，人民自然会爱护他们的地方官，哪怕是战争时期也会心甘情愿地为君主去拼死作战……"

邹穆公对孟子的话很赞赏，打定主意按孟子的话去做，在邹国开始实行仁德之政，使邹国慢慢富强起来。

出言不逊

《三国志·魏书·张郃（hé）传》

原文 太祖果破琼等，绍军溃。图惭，又更谮郃曰："郃快军败，出言不逊。"郃惧，乃归太祖。

释义 逊：谦虚，谦恭。形容说话傲慢无礼。

张郃，原是三国时袁绍手下的一员战将。

袁绍有一次与曹操在官渡（今河南省中牟东北）大战。袁绍派大将淳于琼督运粮草，囤积在乌巢。曹操于是赶往乌巢袭击淳于琼。

张郃劝谏袁绍说："曹操兵士虽然比我军少，但都是精兵，万一淳于琼守不住乌巢，就糟了，我以为应该派重兵支援乌巢。"

袁绍的另一名大将郭图说："张郃说的不是好计策。我看应该先袭击曹操的大本营，这样，曹操一定会回去救援，乌巢之围便不救自解了。"

张郃听了，不同意郭图的意见，说：

"曹操兵营易守难攻，不可能很快攻下。如果淳于琼被擒，我们断了粮草，就输定了。"

袁绍觉得自己的兵力远胜于曹操，于是采取郭图的方案，只派遣小部队救援淳于琼，而用重兵攻打曹操的大本营。曹操防守严密，袁绍无法将曹操的大本营攻破。

曹操袭击乌巢成功，用大火烧了袁绍屯在乌巢的粮草，这一来，袁绍的军心动摇，不战自败。

郭图知道这次失败是由于自己的计策不当造成的，便采取恶人先告状的办法，向袁绍诬告说：

"张郃对吃了败仗竟然幸灾乐祸，说话也很傲慢无礼。"

张郃知道后，生怕袁绍迁怒于他，于是投奔曹操。他对曹操说："郭图对袁绍说我幸灾乐祸，出言不逊，我只能来投奔您了。"

曹操说："你来投奔我，就像韩信投奔刘邦一样正确。"

后来，张郃成为曹操手下一名得力的战将，立下了不少战功。

初出茅庐

《三国演义》

原文　博望相持用火攻，指挥如意笑谈中，直须惊破曹公胆，初出茅庐第一功。

释义　茅庐：草屋。原指新露头角。后多比喻初次历事，缺乏经验。

公元207年，曹操派大将夏侯惇（dūn）率领十万大兵，杀奔新野。这时刘备仅有数千人马，形势十分危急。

刘备召集关羽、张飞等部将共商对策，张飞发牢骚说："哥哥为什么不让军师去退敌呢？"原来，刘备为了争夺天下，曾三顾茅庐拜访隐居在南阳的诸葛亮，请他做了自己的军师。刘备怕关羽、张飞不服诸葛亮调度，就把宝剑和帅印都交给了诸葛亮。

诸葛亮有了指挥作战的军权，便召集众将前来听令。他命令关羽、张飞各带一千人马,埋伏到博望城左右的山谷里,望见南面火起,立即出兵截杀,烧毁曹军粮草。命令关平、刘封领五百人,准备好放火器具,在博望坡后等候,曹军一到,立即放火。命令赵云前去诱敌,只许败不许胜。请刘备亲自带领一支人马,驻扎在博望坡下,望见曹军就丢弃营盘退走,等到火起后,再回军冲杀。众将不知其中奥妙,勉强接令行动。

夏侯惇带领大兵扑向博望,正遇赵云引兵前来。夏侯惇亲自出阵,赵云假装败走。夏侯惇领兵追赶,追到博望坡前,突然一声炮响,刘备领兵杀来。夏侯惇哈哈大笑,对众将说:"这就是他们的伏兵,有什么可怕的!我今晚不打到新野决不收兵!"说罢与刘备交战,刘备虚晃一枪,便与赵云一起退去。夏侯惇继续催军追赶。

夜半时分,曹军追到一条狭窄的小路上,只见路边树木茂密,芦苇丛生。曹将于禁提醒夏侯惇防备火攻,夏侯惇猛然惊醒,传令赶快撤退。话音刚落,背后喊声震天,火光四起,道路两旁的芦苇立刻燃烧起来,风助火威,火仗风势,烧得曹军焦头烂额,哭爹叫娘,曹兵自相践踏,死伤不计其数。赵云乘机回兵冲杀,夏侯惇冒着烟火狼狈逃窜。关羽、张飞率领伏兵拦住去路,两面夹攻,直杀得曹军尸横遍野,血流成河。

第二天,众将纷纷回营告捷,关羽、张飞十分叹服军师的神机妙算,说:"诸葛亮真是了不起的英杰啊!"

明朝小说家罗贯中写完这个故事后,赞扬诸葛亮初出茅庐就立下第一功!

春风得意

唐·孟郊《孟东野诗集·登科后》

原文 春风得意马蹄疾,一日看尽长安花。

释义 春风:适宜于草木生长的和风。形容人快乐得意的神情。

孟郊是唐代大诗人,一生写了许多首流传千古的佳篇。可是,孟郊的一生却很坎坷。

孟郊年轻时隐居在河南嵩山。他生性孤僻、耿直，因此，很少有人与他合得来，只有大文学家韩愈和他一见如故。韩愈对孟郊的诗文很推崇，也尽力扶持他，希望他能取得功名，涉足官场。可是孟郊的运气一直不好，屡试不中，一直没有摆脱贫困的处境。

　　孟郊在仕途中始终不如意，到了四十一岁那年，他曾两次上京城长安应考进士，但都落了榜。第三次又去长安应考，才中了进士。那时他已差不多到五十岁了，因为多年不得志，如今忽然考中了进士，他高兴地作了一首《登科后》的绝句，表达他当时愉快的心情。诗中写道："昔日龌龊不足夸，今朝放荡思无涯，春风得意马蹄疾，一日看尽长安花。"意思是说："从前那穷困潦倒的岁月不值得夸耀，今天我心胸突然开朗起来，我趁着春风高兴地骑着马，一天就把长安的美景、鲜花看个够，这是多么愉快的事呀！"

唇亡齿寒

《左传·僖公五年》

原文　谚所谓"辅车相依，唇亡齿寒"者，其虞、虢之谓也。

释义　嘴唇没有了，牙齿就会感到寒冷。唇齿相互依存。比喻彼此关系密切，相互依赖。

　　春秋时，晋国的邻近有虢、虞两个小国。

　　晋国想举兵攻打虢国，但要打虢国，晋国大军必须经过虞国。

　　晋献公于是用美玉和名马作礼物，送给虞国国君虞公，请求借道让晋军攻打虢国。

　　虞国大夫宫之奇劝谏虞公不要答应，但虞公贪图美玉和名马，还是答应让晋献公借道。

　　宫之奇劝谏虞公说：

　　"虢国是虞国的依靠呀！虢国和虞国两国就好像嘴唇和牙齿一样，嘴唇没有了，牙齿岂能自保？一旦晋国灭掉虢国，虞国一定会跟着被灭亡。这'唇亡齿寒'的道理，您怎么就不明白？请您千万不要借道让晋军征伐虢国。"

虞公不听谏劝。

宫之奇见无法说服虞公，只得带着全家老小，逃到了曹国。

这样，晋献公在虞公的"帮助下"，轻而易举地灭掉了虢国。

晋军得胜归来，借口整顿兵马，驻扎在虞国，然后发动突然袭击，一下子又灭掉了虞国。

目光短浅的虞公只看见眼前的利益，看不出虢国的存亡与虞国有密切的联系，使自己成了晋国的俘虏。

摧枯拉朽

《晋书·甘卓传》

原文 逆流之众，势不身救，将军之举武昌，若摧枯拉朽，何所顾虑乎！

释义 摧：摧折，毁坏；枯：枯草；拉：折断；朽：朽木。摧毁枯草，折断朽木。比喻腐朽势力很容易迅速被打垮。

公元318年，琅琊王司马睿在王导、王敦兄弟的支持和拥护下，建立东晋王朝。王敦也因此而升任大将军、荆州牧。后来，由于晋元帝司马睿抑制王氏势力，王敦便暗地里图谋起兵反叛朝廷。

王敦在武昌起兵出发前，劝说安南将军、梁州刺史甘卓一起举兵东下，甘卓答应了。但到出发那天，王敦已登上战船，甘卓却没有到，只是派了一名参军来到武昌，劝说王敦不要反叛朝廷。王敦听了非常吃惊，说："甘将军没有明白我上次和他谈的意思。我只是去消除皇上周围的坏人，没有他意。如果事情成功，我一定高封甘将军，请你转告甘将军。"

参军回禀甘卓后，甘卓仍然拿不定主意。这时也有谋士向他献计，不妨答应王敦一起举兵，待他东下后再讨伐他。但甘卓怕将来说不清楚，还是不同意。

当时，湘州刺史司马承坚决反对王敦反叛朝廷。他得知王敦举兵东下，便派主簿邓骞前往襄阳，希望甘卓忠于朝廷，讨伐王敦。甘卓的参军李梁劝甘卓伺机而动，不要草率行事。如果王敦取胜，他必将重用甘卓；如果王敦不胜，朝廷必将重用甘卓，让他起兵平定叛乱。这样，无论哪一方取胜甘卓都不会吃亏，因此不能轻易举兵出战。

邓骞反驳李梁说，甘卓这样做是脚踩两只船，必然会招来祸患。其实，王敦的兵马不过万余，守卫武昌的不足五千，甘卓的军队超过王敦一倍，如果进军武昌，一定能取得胜利。最后他对甘卓说："甘将军如果发兵攻打武昌，就好像摧毁干枯的草和朽烂的树木那样容易，不必有什么顾虑。"（将军之举武昌，若摧枯拉朽，何所顾虑乎！）

尽管如此，甘卓仍然犹豫不决拿不定主意。王敦挥军东下，见甘卓不来响应，又派参军乐道融去襄阳，再次劝说甘卓起兵。乐道融是反对王敦叛乱的，所以他劝甘卓起兵讨伐王敦。甘卓这才下了决心，写檄文声讨王敦罪状，同时调兵遣将讨伐王敦。

王敦得知甘卓率军前来讨伐，非常害怕，又派甘卓的侄儿、参军甘卬请求甘卓回师襄阳。而都尉秦康劝说甘卓忠于朝廷，一举消灭王敦。但是甘卓优柔寡断，不听秦康劝告，竟然回师襄阳。后来，襄阳太守周虑等人与王敦勾结，将甘卓暗害。甘卓本来可以轻而易举地战胜王敦，结果因为动摇不定，反而被王敦暗算。

从善如流

《左传·成公八年》

原文 晋侵沈，获沈子揖，初从知、范、韩也。君子曰："从善如流，宜哉！"

释义 从善：听从善言；如流：像流水一样，指迅速、顺畅。采纳高明的建议，接受善意的规劝，像流水那样畅快、自然。形容很快乐于接受别人的好意见。

公元前585年，强大的楚国进攻郑国。郑军不敌，向晋国求救。晋景公派栾书率军前去救援。栾书的军队进入郑国境内后，很快与楚军相遇。楚军见晋军来势凶猛，就退兵回国了。

栾书不想就此收兵,便去攻打与楚国结盟的蔡国。蔡国是个小国,赶紧派使者向楚国求救。

楚国本来顾虑与晋国交战,现在蔡国来求救,只好答应。于是,派公子申和公子成各带领自己所属的军队前去救援。

退去的楚军忽然又来了,该怎样对付它?大将赵同和赵括向主帅栾书请战,栾书同意他们的请求。正当两位大将准备领兵去战来援蔡的楚军时,栾书的部下知庄子、范文子、韩献子阻止说:"楚军退了又来,一定很难对付。我们去打,如果取胜,只不过是打败楚国两个县的军队,不能以此为荣;而如果失败,那就耻辱极了,还不如收兵回国的好。"

栾书听了,觉得他们三人说得有理,准备收兵回国。军中有不少人本想与楚军打一仗,见栾书这样决定,不以为然地说:"圣人因为与多数人有同样的想法,所以办事就能成功。您何不照多数人的想法办事呢?您是主帅,辅佐您的有十一个人,只有三个人不主张打,可见想打的人占多数。您为什么不按多数人的想法行事呢?"

栾书回答说:"正确的意见才能代表大多数。知庄子他们三位是晋国的贤人,他们所提的意见正确,能代表大多数人,我采纳他们的意见不是很好吗?"

于是,栾书下令退兵回国。

过了两年,栾书率兵攻伐了蔡国以后,本想再去攻打楚国。但是这一回,知庄子、范文子、韩献子等人分析了当时的具体情况后,建议栾书暂停打楚国,而去侵袭沈国。栾书觉得他们的建议很好,便去侵袭沈国,结果取得了胜利。

由于栾书能正确地听取部下的意见,当时人们就称赞他说:"栾书听从好的、正确的意见,像流水向下那样,迅速而又自然。"

重蹈覆辙

《后汉书·窦武传》

原文 今不虑前事之失,复循覆车之轨,臣恐二世之难,必将复及,赵高之变,不朝则夕。

释义 蹈：踏；辙：车轮辗过的痕迹。比喻不能从失败中吸取教训而重犯过去的错误。

东汉初，外戚专权，使皇帝的地位大大降低。皇帝为了打击外戚的势力，只能依靠身边的宦官。公元159年，汉桓帝与宦官单超等人合谋，将长期专揽朝政的外戚大将军梁冀一伙诛灭。但是，这些宦官和外戚一样，很快发展成政治集团，权力越来越大。他们广树党羽，把持朝政，残酷搜刮人民。这样，东汉便由外戚专权变为宦官专权，从而激起人民的强烈反抗，也引起世家豪族以及一些文人的不满。

在这种形势下，司隶校尉李膺等与太学生首领郭泰等结交，反对宦官专权。公元166年，宦官诬告李膺等结党诽谤朝廷，将他们逮捕下狱，受到株连的有数百人，称他们为"党人"。

桓帝皇后的父亲窦武，对宦官专权非常不满。他给桓帝上了一道奏章，痛斥宦官祸国殃民，为李膺等申冤。窦武在奏章中写道："今天再不吸取过去宦官专权祸国的教训，再走翻车的老路，恐怕秦二世覆灭的灾难会重新出现，像赵高发动的那种事变，不是早上就是晚上就会出现。"这样，桓帝才释放了李膺等人，但将他们终身禁锢，不许做官。

打草惊蛇

唐·段成式《酉阳杂俎》

原文 汝虽打草，吾已惊蛇。

释义 原指事情相关，惩罚甲，而使乙有所警惕。后比喻事机不密，轻举妄动，而使他人有所戒备。

南唐，五代时十国之一。王鲁，南唐当涂县令。王鲁本来就行为不检，营私舞弊之事时有发生。当上当涂县令后，他利用手中的权势，更是贪赃枉法，假公济私，搜刮了不少钱财。而衙门中大大小小、上上下下的官吏，见县令如此,也都心照不宣,互相勾结,串通一气,收受贿赂,对百姓敲诈勒索,无恶不作。百姓见了,个个摇头叹气,怨声载道。

后来,有人写了一份状子,告王鲁的主簿(相当于现在的秘书职务)贪污受贿。王鲁接过状子,打开一看,却不免心中打起了寒颤。因为状子上写的那些主簿的罪行,都是证据确凿的事实,和他所干的坏事大同小异,有些就是在他包庇纵容下干出来的。更可怕的是,其中不少罪行和他有牵连。王鲁有些害怕,但又感到十分幸运,因为状子落在他的手中,要是落在别人手上,他不仅罪行暴露,而且县令这个官位也保不住。他越想越为自己庆幸,随手就在案卷上批了八个字:

"汝虽打草,吾已惊蛇。"

这八个字的意思就是说,你们虽然打的是草,可是我这条藏在草中的蛇,却已受惊而有所警惕、戒备了。

呆若木鸡

《庄子·达生》

原文 鸡虽有鸣者,已无变矣,望之似木鸡矣。其德全矣,异鸡无敢应者,反走矣。

释义 呆得像木头鸡一样。形容呆头呆脑的样子。也比喻因惊恐而发楞的样子。

春秋时期,齐鲁之地流行着一种斗鸡的娱乐活动。上至国王,下至百姓,对斗鸡都表示出极大的兴趣,每年都要举行全国性的斗鸡比赛。得胜的鸡立刻身价百倍,而鸡的主人,也觉得很光荣。

要使鸡善斗,不仅要选优良的品种,还要有高手驯练。有位名叫纪渻子的人,是驯练斗鸡的行家,齐王听说后,就请他来为自己驯鸡。齐王很关心驯鸡的进展情况,过几天就来看看。十天以后,他见鸡昂首挺胸,一副好斗的模样,就问:"这鸡驯得差不多了吧?"纪渻子说:"鸡的性情骄矜,高昂着头，瞧不起别人，这还不行啊！"

又过了十天，齐王忍不住又来问："这回斗鸡驯练好了吧？"纪渻子回答说："不行啊，别的鸡走动或叫唤，它还受到影响，这样不算成功。"

一个月过去了，纪渻子还一点动静也没有，齐王很着急，每天都往驯鸡的地方跑。纪渻子知道齐王的意思，就主动对他说："这鸡还没完全驯好。它的意气过于强盛，心神过于激动，眼睛看东西太急切。还得驯练一些日子，要驯得它沉得住气。"

纪渻子一直把斗鸡驯练了四十天，才告诉齐王，鸡驯好了，可以参加比赛了。他把那只鸡放在鸡群里，要齐王仔细观察，并说："你看这鸡，既不骄矜，心神又安定，别的鸡叫唤挑衅，它也不害怕，看上去好像一只木头做的鸡（呆若木鸡），不惊不动，别的鸡看到它都吓跑了，谁也不敢同它斗。这只鸡去参加比赛，保证天下无敌！"

齐王听了纪渻子的话，非常高兴。

大材小用

宋·陆游《送辛幼安殿撰造朝》

原文 大材小用古所叹，管仲、萧何实流亚。
释义 指人才使用不当，以致造成屈才或浪费。

南宋著名爱国词人辛弃疾，在童年时父亲就去世了，由祖父抚养成人。

辛弃疾曾拜当时著名的田园诗人刘瞻为师，他和党怀英两人是刘瞻最得意的学生。

有一次，刘瞻问他们两人道："孔子曾经要学生谈各人的志向，我也问问你们将来准备干什么？"

党怀英回答说："读书为了做官，为了取得功名，光宗耀祖。我一定要到朝廷里去做大官；如果做不了官，就回家隐居，学老师的样子写田园诗。"

刘瞻听了很高兴，连连称好，认为他的志向很高洁。

辛弃疾却回答说："我不想做官，我要用词写尽天下的赋，用剑杀尽天下的贼！"

刘瞻听了大吃一惊，要辛弃疾以后不要再说这样荒唐的话。

此后，辛、党两人的生活道路截然不同：辛弃疾英勇地投身到抗金的民族战场上去，以爱国词人著称于世；而党怀英则混迹于金人统治集团，为金人作了一些帮闲乃至帮凶的工作。

金人南侵后，辛弃疾组织了两千多人的队伍在故乡起义。后来，又率领队伍投奔济南府农民耿京组织的起义军。

不久，起义军接受朝廷任命，与朝廷的军队配合作战，打击南侵的金军。

但由于投降派的排挤和打击，辛弃疾后来曾长期闲居在江西上饶一带。1203年春，才被任命为绍兴府知府兼浙江东路安抚使。这一年，辛弃疾已经六十四岁了。

绍兴西郊有一处地方叫三山，当时著名的爱国诗人陆游就在那里闲居。陆游比辛弃疾大十五岁，当时快八十岁了，他的爱国诗句早已为辛弃疾所敬仰。因此辛弃疾到任不久，就去拜访了这位前辈。两人一起议论国家大事，相见恨晚。陆游听了辛弃疾对形势的分析和统一全国的设想，觉得他是一个很有才能的人，希望他在事业上取得成功。

次年春天，宋宁宗降下圣旨，要辛弃疾到京城临安去，征询他对北伐金国的意见。辛弃疾把这件事告诉陆游，陆游觉得这是辛弃疾施展自己才能的好机会，为他感到高兴。

为了鼓励辛弃疾发挥自己的才能，陆游特地写了一首长诗赠给他。诗中写道，辛弃疾是古代大政治家、军事家管仲、萧何一流的人物，现在当浙江东路安抚使，实在是把大的材料用在小处；鼓励他为恢复中原而努力，千万不要因为受到排挤不得志而介意。

六十七岁那年，这位始终被大材小用的爱国英雄，终于在忧愤中去世。

大公无私

《吕氏春秋·去私》

原文 善哉,祁黄羊之论也,外举不避仇,内举不避子,祁黄羊可谓公矣。

释义 比喻一心为公,毫无私心。

晋平公在位时,一次,南阳县缺少县令,于是平公问大夫祁黄羊,谁担任这个职务合适。

祁黄羊回答说:"解狐可以。"

平公听了很惊讶,说:"解狐不正是你的仇人吗?你怎么推荐仇人呢?"

祁黄羊答道:"您是问我谁担任县令这一职务合适,而没有问我谁是我的仇人。"

于是平公派解狐前去任职。

果然不出祈黄羊所料,解狐任职后,为民众做了许多实事、好事,受到南阳民众的热烈拥护。

又有一回,朝廷需要增加一位军中尉,于是平公又请祁黄羊推荐。

祁黄羊说:"祁午合适。"

平公不禁问道:"祁午是你的儿子,难道你就不怕别人说闲话吗?"

祁黄羊坦然作答:"您是要我推荐担任军中尉的合适人选,而没有问我儿子是谁?"

平公接受了这个建议,派祁午担任军中尉的职务。

结果,祁午不负所望,干得也非常出色。

孔子听了这两件事,感慨道:

"太好了!祁黄羊推荐人才,对外不排斥仇人,对内又不回避亲生儿子,真是大公无私啊!"

大逆不道

《汉书·高帝纪》

原文 汉王数羽曰:"夫为人臣杀其主,杀其已降,为政不平,主约不信,天下所不容,大逆不道,罪十也。"

释义 原指犯上作乱,背叛封建礼教的言行。现泛指叛逆而不合于正道。

秦朝灭亡后,刘邦和项羽争夺天下。项羽勇武过人,兵强马壮,一心要和刘邦比个高低。一次项羽率领的楚军和刘邦的汉军在广武城相遇了。项羽仗着自己武艺高强,想和刘邦单独较量,就在阵前向刘邦喊话:"刘邦听着,我二人纷争,扰得天下百姓不得安宁,今天咱们两人在阵前比试一下,谁赢谁就得天下!"

刘邦知道自己在武艺上不是项羽的对手,自然不肯应战,就回答说:"你不配向我挑战,你已经是个十恶不赦理该诛杀的罪人。第一,你违背了我们的约定,我先攻下关中,按约应封我为关中王,你却自己称王;第二,你杀死卿大夫,自己称霸;第三,你违抗怀王命令,擅自带兵入关;第四,你烧毁秦宫,掘开秦皇坟墓,搜刮财物;第五,你杀死已投降的秦王子婴;第六,你活埋二十万秦国百姓;第七,你封王封地,赶走原主,弄得天下不宁;第八,你占有了彭城,夺取韩国之地,又强占梁国和楚国的大片土地;第九,你阴谋杀害义帝怀王;第十,你作为臣子却杀死君主,为天下所不容,大逆不道。你犯下如此十条大罪,我兴仁义之兵来诛讨你这个贱贼,你还有何面目来向我挑战啊!"

项羽听了刘邦数落自己的罪状,气得脸色铁青,大吼一声:"看箭!"拉开劲弓,一支箭"嗖"地直向刘邦飞来。刘邦躲避不及,被一箭射中胸口,一个踉跄,跌倒在地。汉军将士赶紧一拥而上,抬起刘邦就退回广武城中,紧闭城门,任凭楚军叫骂,再也不敢应战了。

大义灭亲

《左传·隐公四年》

原文 碏石，纯臣也，恶州吁而厚与焉。大义灭亲，其是之谓乎？

释义 大义：正义；亲：原指儿子，现泛指亲属。为了维护正义，对违反国家、人民利益的亲人不徇私情，使之受国法制裁。

春秋时，卫桓公有个异母兄弟，名叫州吁。他们的父亲卫庄公在位时，对州吁过分溺爱，养成他骄横无理的习气。大夫石碏多次劝说，庄公不理。不久，庄公去世，由桓公继位。州吁时时准备谋杀桓公，夺取君位。他结识了石碏的儿子石厚。石厚本不是好人，专门给他出坏主意。

州吁终于找到一个机会，把卫桓公杀了。州吁自立为国君，封石厚为上大夫。两人非常得意，可是卫国的老百姓都不服他们，诸侯也瞧不起他们，说他们一伙是谋杀国君、虐待百姓的乱党。他们"众叛亲离"，哪里能办国家大事呢！

石厚对州吁说："我父亲一向受到群众敬爱，我们请教请教他吧！"州吁就叫石厚去找石碏。石碏说："这种大事，如果得到周天子支持，那就不管国内国外，谁也不敢反对了。你们要见周天子，先去找陈桓公，他很得周天子的信任。如能得到他帮忙，总会有办法的。"

两人便带着礼物到陈国去，想通过陈桓公去见周天子。可是他们不知道，这时，石碏已赶快写了一封信给陈桓公。信中说："我们卫国是个小国，我的年纪老了，不中用了。州吁、石厚这两个人，是杀害我国国君的罪人，无论如何请帮我除掉他们。"这样州吁和石厚一到陈国，就被逮捕。卫国派了执行官去陈国，把州吁处死。

当时，卫国的大臣们认为：石厚是石碏的儿子，应该从宽处理，杀了首恶也就算了。可是石碏坚决不同意。他说，州吁干的许多坏事，都是石厚主谋。便派家臣去陈国，把石厚杀死。

大器晚成

《老子》

原文 大器晚成,大音希声,大象无形。

释义 原指大的材料需要长时间加工才能做成器具。后来形容能担当大事或做出大事业的人要经过长期的锻炼。也比喻年纪较大了才成名、成才。

东汉末年,有个名叫崔琰的人,从小就喜欢练武艺,剑法很好。他性格豪爽,特别喜欢交朋友。可是,一些很有才华的人却不愿与他交往,认为他不学无术,除了舞刀弄棒,学问上一窍不通。一次,他去拜访一个很有学问的人,主人却不肯让他进门,只让管家出来告诉他说:"主人正在潜心读书,无暇闲谈,壮士请改日再来。"崔琰知道人家是嫌他没知识,不愿见他,感到无比羞愧。他暗自下了决心,一定要好好读书,成为一个能文能武的人。

从此,崔琰虚心拜师求学,闭门一心读书。由于他刻苦努力,学问逐渐增多起来。当时独霸北方的袁绍听说了他的事情,就把他招在自己身边,为自己出谋划策。

袁绍手下的兵士非常横暴,常成群结伙到老百姓家抢夺钱财,甚至掘开坟墓搜寻陪葬的珠宝,把尸骨到处乱抛。崔琰知道后,对袁绍说:"得民心者得天下。我听说主公的士兵到处抢人钱财,掘人坟墓,弄得怨声载道。如此下去,老百姓都要起来反对主公了。"袁绍认为他说得对,立即下令严禁抢劫,并封崔琰为骑都尉。

官渡之战,曹操利用计谋,以二万兵马打败袁绍十万精兵,从此袁绍一蹶不振,终于被曹操消灭。曹操久闻崔琰有才干,多次劝崔琰归顺自己。崔琰见曹操真诚待己,就同意了。

在曹营中,崔琰出了不少主意,很受曹操器重。有一次,曹操和他商量,想立小儿子曹植为太子。崔琰说:"自古以来,都是立长子为太子。您立曹植,曹丕心里不服,大臣们也不服,这就种下了祸根。纵观古今,因为废长子立次子引起的骨肉相残还少吗？请主公三思而行！"其实曹植还是崔琰的侄女婿。尽管是亲属也不偏袒，曹操十分佩服崔琰的公正。

　　崔琰有个堂弟叫崔林。这崔林年轻时一事无成，亲友们都看不起他，可是崔琰却很器重他，常对人说："才能大的人需要长时间才能成器（大器晚成），崔林将来一定会成器的。"后来，崔林果然当上了大官。

当局者迷

《旧唐书·元得冲传》

原文　当局称迷，傍观见审。
释义　比喻身当其事者反而糊涂，不及旁观的人看得清楚。

　　唐朝的大臣魏光上书唐玄宗，要求把唐初名相魏征整理修订过的《类礼》（即《礼记》）列为经书，也就是作为儒家的经典著作。玄宗当即表示同意，并命元澹等仔细校阅一下，再加上注解。

　　不料，右丞相张说对此提出不同看法。他说，现在的《礼记》，是西汉戴圣编纂的本子，使用到现在近千年，再说东汉的郑玄也已加了注解，已经成为经书，有什么必要改用魏征整理修订的本子呢？玄宗觉得他说得也有道理，便改变了主意。但是元澹认为，本子应该改换一下。为此，他写了一篇题为《释疑》的文章表明自己的观点。

　　《释疑》是采用主客对话的形式写成的。先是客人问："《礼记》这部经典著作，戴圣编纂、郑玄加注的本子与魏征修订的本子相比，究竟哪个好？"

　　主人回答说："戴圣编纂的本子从西汉起到现在经过了许多人的修订、注解，互相矛盾之处很多，魏征正是考虑到这些因素而重新整理，谁会想到那些墨守成规的人会反对！"

　　客人听后点点头，说："是啊，就像下棋一样，下的人反倒糊涂，旁观者却看得很清楚。"

道听途说

《论语·阳货》

原文 "道听而涂(途)说,德之弃也。"

释义 道:道路;途:道路。在道路上听到的传说。比喻没有根据的言论。又作"道听涂说"。

孔子曾经说过:"从道路上听来了一些没有根据的话,就在道路上不负责任地传播,这从道德作风来说是要不得的。"

战国时期,艾子从楚国回到齐国。刚进都城,便遇到爱说空话的毛空。毛空极其神秘地告诉艾子,说有家人家的一只鸭子,一次生了一百个蛋。

艾子不信,说:"不会有这样的事吧!"

毛空说:"那可能是两只鸭子。"

艾子摇摇头:"这也不可能。"

毛空又改口说:"那么大概是三只鸭子生的。"艾子还是不信。

"那也可能是四只、八只、十只。"毛空就是不愿意减少已说出的鸭蛋的数目,艾子当然无法相信。

过了一会儿,毛空又对艾子说:"上个月,天上掉下一块肉来,有三十丈长,十丈宽。"

艾子又不信,毛空急忙改口说:"那么是二十丈长。"艾子还是不信。

毛空说:"那就算十丈吧!"

艾子实在忍不住了,再也不愿意听毛空瞎吹了,便反问道:

"世界上哪有十丈长,十丈宽的肉?还会从天上掉下来?是你亲眼所见吗?刚才你说的鸭子是哪一家的?现在你说的大肉又掉在什么地方?"

毛空被问得答不出话来,只好支支吾吾地说:

"那都是在路上听人家说的。"

艾子听后,笑了。他转身对站在身后的学生们说:"你们可不要像他那样的'道听途说'啊!"

倒行逆施

《史记·伍子胥列传》

原文 吾日暮途远。吾故倒行而逆施之。

释义 做出违背常理的事。用来指责人做事不按常理,任意胡作非为。现多指所作所为违背社会正义和时代进步的方向。

春秋末期,楚国伍子胥的父亲和哥哥都被楚平王无辜杀害。伍子胥历尽艰险,才逃到吴国,帮助阖闾刺杀了吴王,夺取了王位。接着,他又帮助吴王整军经武,使吴国的国势日益强盛。在此基础上,他协助吴王征伐楚国,不久攻下楚都,楚昭王逃往随国(今湖南随县南)。

伍子胥帮助吴王攻楚的目的,是为了替自己的父兄报仇。现在郢都被攻下,可以付诸行动了。他首先向吴王建议,拆毁楚国的宗庙。大将孙武反对这样做,但吴王贪图楚国的地盘,一心想把楚国灭了,因此接受了伍子胥的建议。

接着,伍子胥请求吴王让他去挖楚平王的坟,以解他心头之恨。吴王说:"你帮了我不少的忙,这种小事你就瞧着办吧。"

但是,伍子胥未能马上找到楚平王的坟。后来在一个石工的指引下才知道了坟的确切地点。可是挖开坟、打开棺材一看,里面只有楚平王的衣冠。伍子胥大失所望。那石工又指点说,这上面的坟是假的,下面的才是真的坟。再挖开一看,果然有楚平王的尸体。

伍子胥一见楚平王的尸体,就满腔怒火,抄起鞭子,一气打了三百下,最后再把头颅砍下来,才解了心头之恨。

伍子胥的好友申包胥知道这件事后,派人送了一封信给伍子胥,指责他这样做太残忍了。伍子胥叫来人回话给申包胥说:

"忠和孝不能两全，我好比一个走远路的人，天快黑了，可是路途还很遥远，我已弄得没有办法了，所以才故意干出这种倒行逆施的举动。"

这个"倒行逆施"的人物，最后的命运也很悲惨。他因反对吴王夫差宽容越王勾践，并且要求夫差停止攻伐齐国，遭到夫差冷遇，渐渐被疏远，最后被逼得自杀。

得心应手

《庄子·天道》

原文 斫轮，徐则甘而不固，疾则苦而不入。不徐不疾，得之于手而应于心，口不能言，有数存焉于其间。

释义 心里怎么想，手里就怎么做。形容技艺纯熟，运用自如。

相传在春秋时代的齐国，一天，齐桓公正在堂上读书，琅琅的书声不断地传下堂来。蹲在那里忙于制作车轮的工匠轮扁听得有点烦心，就撂下手中的锥子和凿子，走上来问道：

"请问您读的是什么书？"

桓公见他冒冒失失的样子，心里感到不大痛快，但还是回答他说：

"我读的都是圣人的书。"

"那圣人还在吗？"

"当然早已死了。"

"哦，人已经死了，那么您所读的，都是古人遗留下来的糟粕啰！"

桓公听他这样唐突自己，不由勃然变了脸色，说：

"寡人在这里读书，你一个工匠怎么可以随便议论？我问你：为什么古人遗留下来的话都是糟粕？今天你讲得出道理便罢，要是讲不出道理，我就立即把你处死！"

轮扁举起手来摸了一下胡子，不慌不忙地说道：

"大王息怒。我不过是根据自己制作车轮的手艺谈一点粗浅的想法罢了。

譬如用斧子削木做榫头，削得小了一点，放进卯眼就会松滑而不牢固；削得大了一点，就会滞涩而装不进去。必须不大不小，不宽不紧，才能互相吻合，牢不可动。这种技术，得心应手，口里说不出来，但自有奥妙存在其间。我不能用话语传授给儿子，儿子也无法继承我，所以我到了七十岁还在靠制作车轮混口饭吃。古代圣人的学问中那些精妙独到的东西是无法用话语来传授给予别人的，必然随着他们的死去而消失，那么您现在所读的，不是古人无用的糟粕又是什么呢？"

桓公听了，感到轮扁讲得也有一定道理，就没治他的唐突之罪。

得意忘形

《晋书·阮籍传》

原文 嗜酒能啸，善弹琴。当其得意，忽忘形骸。

释义 因高兴而物我两忘。形容因高兴过度而失去常态。也指浅薄的人稍稍得志，便高兴得难以控制自己。

阮籍是魏晋交替时期著名的诗人。他幼年丧父，家境困苦，但他人穷志不穷，潜心学习，发愤苦读，终于榜上有名，学有所成。阮籍在政治上本来有济世之志，他对执政的司马氏集团怀有不满，但是又不敢明白表示自己的主张，只得采取不涉及是非、明哲保身的态度，或者闭门读书，或者登山临水，或者酣醉不醒，或者缄口不言。他写的《咏怀诗》八十二首是很著名的。在诗中，他用迂回曲折的语言来表达忧国和避世的心情。他的好朋友嵇康，是当时有名的文学家，对统治者也抱着轻蔑和厌恶的态度。他们两人特别亲密。但是，对嵇康的哥哥嵇喜，阮籍是很不欢迎的。

传说，阮籍的"青白眼"很厉害，正视时，黑眼多；斜视时，则白眼多。阮籍对待不受欢迎的人，就用白眼看他。《晋书·阮籍传》说：阮籍母亲死时，嵇喜去吊丧，阮籍就是给的白眼；随后嵇康带着酒和琴来慰问，阮籍就换上青眼。由于有这个故事，后来就产生了"垂青"、"青目"、"青照"等语，意思是请求或感谢别人瞧得起自己。同时，形容轻视就叫白眼，例如"白眼对人"或"遭人白眼"。

阮籍的好朋友，除了嵇康之外，还有山涛、向秀、刘伶、王戎及自己的侄子阮咸，一共七人，经常聚在一起。他们曾聚在山阳（今河南修武）竹林之下，闲谈、狂饮、作诗、弹琴，高兴时就纵声大笑，不高兴时就痛哭一阵。人称"竹林七贤"。

在七人当中，阮籍大约是最疯疯癫癫、哭笑无常的。但阮籍不论在什么时候，即使在喝得醉醺醺的时候，都始终保持着一种良好的风度。因此《晋书》上说他"当其得意，忽忘形骸"。

就是说阮籍在得意的时候，也能控制住自己，不会放荡不羁。

滴水穿石

宋·罗大经《鹤林玉露》

原文 乖崖援笔判曰："一日一钱，千日千钱，绳锯木断，水滴石穿。"

释义 滴下的水，时间长了可以把石头穿透。比喻坚持不懈，集细微的力量也能成就难能的功劳。

宋朝时，有个叫张乖崖的人，在崇阳县担任县令。当时，崇阳社会风气很差，盗窃成风，甚至县衙的钱库也经常发生钱、物失窃的事件。张乖崖决心要抓住一个机会，好好刹一刹这股歪风。

有一天，他终于找到了一个机会。这天，他在衙门周围巡行，忽然一个管理县衙钱库的小吏，慌慌张张地从钱库中走出来。张乖崖急忙把库吏喊住，问：

"喂！你这么慌慌张张干什么？"

"没什么。"那库吏回答道。

张乖崖联想到钱库经常失窃，判断库吏可能监守自盗，便让随从对库吏进行搜查。结果，在库吏的头巾里搜到一枚铜钱。

张乖崖把库吏押回大堂审讯，问他一共从钱库偷了多少钱。

库吏不承认另外偷过钱，张乖崖便下令拷打。

库吏不服，怒冲冲地乱叫：

"偷了一枚铜钱有什么了不起，你竟然这样拷打我？你也只能打我罢了，难道你还能杀我？"

张乖崖看到库吏竟敢这样顶撞自己，不由十分震怒，他毫不犹豫地拿起朱笔，宣判说：

"一日一钱，千日千钱，绳锯木断，水滴石穿。"

意思是说，一日偷盗一枚铜钱，一千日就偷了一千枚铜钱。用绳子不停地锯木头，木头就会被锯断；水滴不停地滴，能把石头滴穿。

判决完毕，张乖崖吩咐衙役把库吏押向刑场，斩首示众。

颠倒黑白

屈原《九章·怀沙》

原文　变白以为黑兮，倒上以为下。

释义　比喻歪曲事实，混淆是非。

屈原是战国时期一位伟大的诗人。他出身于楚国的贵族之家，年轻时聪明好学，见闻广博，擅长辞令，无论在政治、外交或文学等方面，都有着突出的才能和造诣，因此深得楚怀王的信赖，曾被任命为左徒，负责起草法令和接待诸侯宾客等工作。

屈原所处的地位和取得的成就，使他在楚国的声望日益提高。但是，由于他对内主张改革弊政，对外采取联齐抗秦的策略，触犯了贵族内部腐朽势力的利益，引起了他们的忌恨。因此，他们的代表人物上官大夫靳尚和令尹子兰便互相勾结，不断向楚怀王进谗，恶意中伤和诬陷屈原。久而久之，怀王就对屈原渐渐疏远起来。

公元前313年，秦惠文王派张仪出使到楚国，对怀王说，只要楚国同齐国绝交,秦国愿将商於一带六百里土地割让给楚国。屈原认为这是一场骗局,极力劝谏怀王不要上当,但昏庸的怀王不但不听,而且把忠心为国的屈原放逐到汉水以北。

等到楚、齐绝交以后,秦国立即变卦赖账,说割让的土地不是六百里而是六里。怀王怨恨秦国食言,重新召回屈原,并出兵攻打秦国,结果遭到惨重失败。后来,秦王又主动要求讲和,并约怀王到秦国相会。怀王中计前往,进入武关后便遭到扣押,被幽禁了三年,终于病死在秦国。

怀王的儿子顷襄王即位以后,更加糊涂昏庸,对靳尚和子兰言听计从,进一步屈服于秦国的压力。不久又听信谗言,把屈原流放到更遥远的湘水地区。公元前278年,秦将白起率军攻破郢都,烧毁楚国先王的陵墓,使无数百姓背井离乡,四出逃亡。屈原在湘水闻讯后,感到无限的哀痛,但他自己负屈含冤,报国无门,只能把满腔的忠诚和悲愤,抒发在回环起伏、激越奔放的诗篇中。在著名的《九章·怀沙》里,他写下了这样两句诗:"变白以为黑兮,倒上以为下。"对那些肆意颠倒黑白、葬送楚国的奸佞小人,作了愤怒的鞭挞和控诉。

不久,屈原写下了最后一篇绝命诗《惜往日》,便纵身跳进滚滚的汨罗江,自沉而死。

东窗事发

明·田汝成《西湖游览志余·佞幸盘荒》

原文 秦桧之欲杀岳飞也,于东窗下与妻王氏谋之。……桧殁,未几,子熹亦死。王氏设醮,方士伏章见熹荷铁枷,问:"太师何在?"曰:"在酆都。"方士如其言而往,桧与万俟卨(mò qí xiè)俱荷铁枷,备受诸苦。桧曰:"可烦传语夫人,东窗事发矣!"(殁:死;醮:祭礼;荷:背着;万俟:复姓)。

释义 比喻阴谋或罪行败露,行将受到惩罚。

秦桧是南宋时臭名昭著的奸臣。他老奸巨猾,心狠手辣,谁要是和他有不同意见,他就捏造一个罪名,将其轻则逮捕下狱,重则杀头处死。被他陷害的忠臣良将不知有多少。抗金英雄岳飞就是被他用"莫须有"的罪名害死的。

南宋时期,宋王朝渐渐衰落。北方的金兀术趁机向中原大举进攻,侵占了宋朝不少地盘。在这民族危难的时刻,岳飞率领岳家军对金兵进行了顽强的抵抗。岳飞英勇善战,打了好几个胜仗,有一次差点活捉金兀术。可是秦桧却不同意抵抗金兵,而主张议和。他抓住宋高宗懦弱胆小、优柔寡断的弱点,竭力宣扬议和的好处。宋高宗同意了,可是许多大臣和将领都不同意,岳飞就多次上书,要求罢议和抗金兵。秦桧要想议和,就要把岳飞除掉。可是岳飞在老百姓中威望很高,手中又有兵权,怎样才能把他除掉呢?

这天,秦桧坐在东窗下,正为无法除掉岳飞发愁。夫人王氏走进来,对他说:"这有何难,你找几个罪名安在岳飞头上不就行了。"秦桧说:"罪名不难找,难找的是告发岳飞的人,这个人一定要是岳飞的部下才能使天下信服。"王氏想了想,说:"我听说岳飞手下的都统制王贵,在一次战斗中胆小怕死,岳飞要将他斩首示众,后经众将求情岳飞才免他一死。他肯定怀恨在心,你何不让他告发呢?"秦桧一听,不禁大喜,称赞道:"还是夫人高见。"两人又将陷害岳飞的各个细节密谋一番。

秦桧派人找到王贵,要他诬告岳飞"谋反"。王贵不愿意。秦桧一伙就严刑拷打他,并以杀他全家相威胁,王贵只好屈从了。

秦桧终于把岳飞杀了。

后来,秦桧也病死了。他死后七日,王氏请来道士为他做道场,超度他的亡灵。道士恨秦桧杀死了忠良,就装模作样做了一会儿法事,然后对王氏说,他看见秦桧正在地狱里受苦,阎王小鬼正在拷问他。道士说:"秦大人对我说,'麻烦你告诉我的夫人,东窗事发了。'"

东山再起

《晋书·谢安传》

原文 征西大将军桓温请为司马,将发新亭,朝士咸送,中丞高崧戏之曰:"卿累违朝旨,高卧东山,诸人每相与言,安石不肯出,将如苍生何!苍生今亦将如卿何!"安甚有愧色。

释义 隐退者重新出仕。又比喻失势后重新得势。

谢安是东晋时著名的宰相。据说,他小时候就很聪明,才学过人,而且擅长书法,写得一手好字。

谢安虽很有才学,但无意于做官。起先,他在司徒府里做著作郎,没多久便以有病为理由辞官回归故乡会稽。后来,扬州刺史庚冰慕名来找他,请他到扬州做事,他不愿。庚冰几次派人来催逼,他不得已,只好赴任。但只过了一个多月,他就找了个借口回来了。不久,吏部尚书范汪举荐他为吏部郎,他坚决拒绝了。

谢安隐居在会稽的东山,与当时的名士王羲之、高阳、许询等交往甚密。他们一起游山玩水,写诗作文,很是悠闲。他常坐在山中的石窟中,面对着峡谷大川,悠然叹道:"我这样的生活离古代的隐士伯夷又有多远呢?"

这时,谢安的弟弟谢万当了西中郎将,很受朝廷重用,但他的名气还是没有谢安大。人们都认为谢安是治国平天下、辅佐君王的大才。谢安的妻子见谢万当了官后,家门富贵,而谢安却安于平淡的生活,就对他说:"大丈夫不求功名,不求富贵,还求什么呢?"谢安仍不为所动。

不久,谢万被罢官了,谢安为了挽回谢家日趋衰微的地位和名声,开始萌发仕进之意。这时,他已四十多岁了。恰好征西大将军桓温请他出任司马一职,他就接受了。

在他要上任的那天,许多朝廷命官都来为他送行。有个叫高崧的官员和他开玩笑说:"你过去多次违背朝廷旨意,不肯出来做官,高卧东山,悠闲得很。今天你到底出来了(东山再起)。"谢安听了,感到很羞愧。

谢安后来一直当到宰相,在前秦与东晋的著名的淝水之战中,他指挥有方,以少胜多,打了大胜仗。

东施效颦

《庄子·天运》

原文 故西施病心而颦其里,其里之丑人见而美之,归亦捧心而颦其里。其里之富人见之,坚闭门而不出;贫人见之,挈妻子而弃之走。彼知颦美,而不知颦之所以美。

释义 东施:越国的丑女,代指丑妇;效:效仿;颦:皱眉的样子。比喻仿效不成,结果适得其反。

传说春秋时越国有个绝色的美女名叫西施,她生在山清水秀的苎萝山下浣江边。也许是青山绿水的灵气孕育了她,这西施出落得如花似玉:不高不矮的个头,不胖不瘦的身材;肤如凝脂,比七月里的莲藕还嫩;唇如涂胭,比三月里桃花还艳。尤其是那双又黑又亮、黑珍珠般的眼睛,顾盼生辉,仿佛会说话。西施不光人长得美,品行也很好,既勤劳又善良,识大体顾大局。据说,当年越国被吴国打败后,越王勾践被抓到吴王宫里给吴王当差。为了复兴自己的国家,西施自愿来到吴王身边,以自己的美貌迷住了吴王,使他整天沉湎于饮酒作乐之中,不再过问国家大事。后来越国终于打败了吴国,雪了耻,报了仇。

在西施还没到吴王宫里之前,家乡的父老乡亲们就很喜欢她。每当她在街上走,人们都要放下手里正在干的活儿欣赏她;锄地的拄着锄头站着;挑担的扶着扁担站着;姑娘媳妇手捏着缝针忘了往衣料里扎,羡慕地望着她;老奶奶老爷爷看见她要啧啧称赞一声:"真美啊!"一次,西施的心口疼的毛病犯了,她用手按住胸口,紧皱着眉头,慢慢往家走。人们见了,都说西施皱眉的样子也很好看。

离西施家不远,有个长得很丑的姑娘名叫东施。这东施长得又矮又胖,皮肤又黑又粗,暴牙凸眼塌鼻梁。可她却一天到晚涂脂抹粉、扭扭捏捏,人又懒,嘴又馋,乡亲们都很讨厌她。东施见大家总夸西施长得美,很羡慕,就想学西施的样子。看见西施捂着胸口、皱着眉头，从街上走过，她也做出眉头紧皱、一副病苦的表情（东施效颦），以为这样就美了。谁知，大家看到她那矫揉造作的丑样，更加厌恶她。

独当一面

《史记·留侯世家》

原文 良进曰："……而汉王之将独韩信可属大事，当一面，即欲捐之，捐之此三人，则楚可破也。"

释义 当：担当，负责。说明能独立担当或处理一个方面的工作，指有经验有工作能力。

秦王朝灭亡后，刘邦和项羽争夺天下。项羽是楚国名将的后代，既拥有重兵，又勇猛过人；而刘邦原来只是个小小的里长，起兵后也没多少人马，实力比项羽小得多。但他却最终得了天下，当了皇帝。这当中，谋士张良起了不小的作用。

有一次，刘邦率领大军向东进攻项羽，出发时，他派人送信给淮阴侯韩信、建成侯彭越，要他们各自领兵来和他会合，齐力攻楚。谁知他攻下彭城，进军固陵后，韩信和彭越的兵马还是迟迟不来。项羽见刘邦援兵不至，立即组织反击，汉军大败。刘邦带兵仓促撤退，逃到下邑。刘邦打了败仗，很是恼怒，他跳下马来，向张良道："谁能助我打败项羽，我宁愿把函谷关以东的地方送给他。你看谁能立此大功？"

张良想了一下说："九江王黥布，是楚国的猛将，他和项羽有矛盾，我们可以利用他。彭越和齐王田荣正在梁地起兵反对项羽，这两个可以赶快派人联系。至于汉王您的部下，只有韩信可以把大事托付给他，让他独当一面。您如果要把关东的地方送给替您立功的人，那么分给这三个人最合适了。您只要派人去告诉他们分封土地之事，他们马上就会出兵来助您攻楚的。"

刘邦听信了张良的意见，立即派人去联络黥布和彭越，许以封地；又许愿破楚后封韩信为齐王，让他领兵抄袭项羽的后路。黥布、彭越和韩信很快出兵，把项羽围困在垓下（今安徽灵璧东南），终于大败楚军。项羽突围逃到乌江边，自觉无脸去见家乡父老，自杀而死。

杜渐防微

《后汉书·丁鸿传》

原文 若敕政责躬，杜渐防萌，则凶妖消灭，害除福凑矣。

释义 杜：堵住；渐：指事物的开端。在祸害或坏事刚冒头、尚未扩大的时候，就加以杜绝、防止，即把隐患消除在开端、萌芽状态中。也叫作"防微杜渐"。

丁鸿，东汉时人。自幼聪明好学，对经书很有研究。其父死后，父亲的爵位按当时的世袭传统应由作为长子的他继承，但他却上书朝廷要把爵位让给他弟弟，他自己外出躲了起来。后来，朝廷不允，他在外被人发现，经反复劝说，才回到家中，接受了皇帝的敕封。

到了和帝刘肇继位时，刘肇因年幼无能，大权由窦太后执掌。当时，窦太后的哥哥窦宪官居大将军，职位非常显要，他拉帮结伙，把窦家兄弟纷纷安排到了重要的职位上，相互勾结，为非作歹，朝廷实际上成了窦家天下。丁鸿见了很着急。他利用那年发生日蚀，古代人认为是不祥之兆的机会，劝说皇帝趁窦家兄弟权势还不大的时候，及早制止，以防患于未然。他上奏皇帝说：

"皇上如果亲自负责治理国家，发现坏事的苗头，就及时地制止它、杜绝它。这样，凶险就可以避免，祸害就可以消除。"

他还进一步举例说：

"岩石的破坏，是因为涓涓细水的侵蚀；能遮蔽阳光的树木，是由嫩绿的幼苗长成。事情在开始的时候容易制止，等发展壮大了，就难以除掉了。"

丁鸿的话，正合和帝的心意，和帝本来就有大权旁落的感觉。于是，他罢免了窦宪的官职。窦宪被迫自杀。

对牛弹琴

《弘明集》

原文 昔公明仪为牛弹清角之操,伏食如故。非牛不闻,不合其耳也。

释义 比喻对愚蠢的人讲深刻的道理。现在也用来讥笑说话的人不看对象,无的放矢。

古代有个音乐家,名叫公明仪。他的琴弹得非常出色。每当他坐在自家窗口弹奏时,行人常常驻足聆听,邻居们也都从窗口探出头来,听得如醉如痴。他弹到欢快的地方,大家都面带笑容;弹到悲伤的地方,大家都跟着落泪。见大家都喜欢听自己弹琴,公明仪越弹越有劲。

一次,公明仪携琴出外游玩。他来到郊外,只见满目是青山绿水,蓝天上飘着悠悠白云,远处传来牧童悠扬的笛声,身旁的大树上小鸟在尽情欢唱。大自然真美啊!公明仪情不自禁地放下琴,弹了起来。弹着弹着,他觉得没意思了,因为没人欣赏。他四下里一看,见不远处有头牛正在吃草,很高兴,心想:"我就弹给牛听吧!"

于是,他就坐在牛的旁边,轻舒十指,缓缓地弹了起来。弹了一会儿,他抬头看看牛,见它只管低头吃草,仿佛没听见似的。公明仪以为他刚才弹的曲子还不够动听,又换了首更感人的,弹得也更加认真。可是牛仍然无动于衷。公明仪不甘心,弹了一首又一首,直弹得手软筋麻。看着那头只对鲜嫩的草感兴趣的牛,他叹了口气,终于明白了:对蠢牛弹琴,不过是白费劲罢了!

他懊丧地站了起来,打算回去了。谁知,他收拾琴的时候,无意间碰到了一根琴弦,发出了一声响,有点像小牛"哞哞"的叫声。那牛听到响声,停止了吃草,抬起头四面看看,见并没有什么,摇了摇尾巴,兴趣又回到青草上去了。公明仪见了,自嘲道:"不是牛蠢,是我自己蠢,弹琴不看对象。对于牛来说,同类的叫声就是最好的音乐,高雅的乐曲它又怎么能听懂呢!"

多多益善

《史记·淮阴侯列传》

原文 上问曰:"如我,能将几何?"信曰:"陛下不过能将十万。"上曰:"于君何如?"曰:"臣多多而益善耳。"上笑曰:"多多益善,何为为我擒?"信曰:"陛下不能将兵,而善将将,此乃信之所以为陛下擒也。且陛下所谓天授,非人力也。"

释义 益:更加;善:好。原意指统率士兵越多越好,现泛指越多越好。

在楚汉相争最关键的时候,韩信是个举足轻重的人物,他投向哪边,哪边就能得天下。刘邦为了稳住韩信,封他为齐王。

刘邦当了皇帝后,对握有重兵的韩信一直放心不下,终于找了一个借口,解除了韩信的兵权,改封他为楚王,大大削弱了他的势力。就这样,刘邦还是不放心,正好有人密报,说韩信对削去兵权一事心怀不满,打算谋反。刘邦听了密报,决定逮捕韩信。可是韩信尚有部分兵力,而且又很会打仗。于是刘邦就采用了谋士陈平的计策:假借约请众诸侯共游云梦泽的名义,把韩信骗来,趁他不备逮捕他。

韩信接到刘邦邀请他共游云梦泽的信后,非常着急。他一眼就看穿了刘邦的计谋,不想去见刘邦,可又不敢不去。正进退两难之际,有人向韩信建议说:"皇帝之所以要抓你,是因为项羽的旧部下钟离昧和你是老朋友,现在钟离昧正住在你家里。你若提了钟离昧的头去见皇帝,大概他就不会怪罪你了。"走投无路的韩信接受了这个建议,把钟离昧杀了。

可是,牺牲了朋友并没使韩信躲过厄运。刘邦一见到他,就把他抓了起来,带回了洛阳。

不过,韩信的功劳大,名气也大,刘邦怕杀了他,引起老将们的不安和反感。所以,到了洛阳后,刘邦就宣布大赦,赦免了韩信,把他降为"淮阴侯"。

有一次,刘邦和韩信在一起谈用兵之道。刘邦问韩信:"依你看,像我这样的人能带多少人马?"韩信答道:"陛下带十万人马差不多。"刘邦再问:"那么你呢?"韩信不客气地说:"我当然是多多益善啦!"刘邦狡黠地一笑,道:"你既然如此善于带兵,怎么被我逮住了呢?"韩信被问住了,沉吟半晌才说:"您虽然带兵的能力不如我,可是您有管将的能力啊。况且,您的成功是老天给的,并不是人力所能及的呀!"

尔虞我诈

《左传·宣公十五年》

原文 我无尔诈,尔无我虞。

释义 尔:你;虞:欺骗。你欺骗我,我诈骗你。指互相猜疑,互相玩弄欺骗手段。

春秋中期,楚国在中原称霸,楚庄王根本不把邻近的小国放在眼里。有一次,他派大夫申舟出使齐国,指示他经过宋国的时候,不必要向它借路。申舟估计到这样一来,必定会触怒宋国,说不定因此而被杀死。但庄王坚持要他这样做,并向他保证,如果他被宋国杀死,自己将出兵讨伐宋国,为他报仇。申舟没有办法,只好将儿子申犀托付给庄王,然后出发。

不出申舟所料,他经过宋国时因没有借路而被抓住。宋国的执政大夫华元了解情况后,对庄王如此无礼非常气愤,对宋文公说:"经过我们宋国而不通知我们,这是把宋国当作属国看待。当属国等于亡国。如果杀掉楚国使者,楚国来讨伐我们,也不过是亡国。与其如此,倒不如把楚使杀掉!"

宋文公同意华元的看法,下令将申舟杀了。

消息传到楚国,庄王听到后气得鞋子来不及穿,宝剑也没时间挂,就下令讨伐宋国。

但是,宋国虽然是个小国,要攻灭它也并不容易。庄王从公元前595年秋出兵,一直围攻到次年夏天,还是没有把宋国的都城打下来。庄王的锐气大大低落,决定解围回国。

申舟的儿子申犀得知后，在庄王马前叩头说："我父亲当时明知要死，可是不敢违抗您的命令。现在，您倒丢开从前说的话了。"

庄王听了，无法回答。这时，在边上为庄王驾车的大夫申叔时献计道："可以在这里让士兵盖房舍、种田，装作要长期留下。这样，宋国就会因害怕而投降。"

庄王采纳了申叔时的计策并加以实施。宋国人见了果然害怕。

华元鼓励守城军民宁愿战死、饿死，也决不投降。

一天深夜，华元悄悄地混进楚军营地，潜入到楚军主帅子反的营帐里，并登上他的卧榻，把他叫起来说：

"我们君王叫我把宋国现在的困苦状况告诉您：粮草早已吃光，大家已经交换死去的孩子当饭吃。柴草也早已烧光了，大家已用拆散的尸骨当柴烧。虽然如此，但你们想以此来压我们订立丧权辱国的城下之盟，那么我们宁肯灭亡也不会接受。如果你们能退兵三十里，那么您怎么盼咐，我就怎么办！"

子反听了这番话很害怕，当场先和华元私下约定，然后再禀告庄王。庄王本来就想撤军，听了自然同意。

第二天，庄王下令楚军退兵三十里。于是，宋国同楚国恢复了和平。华元到楚营中去订立了盟约，并作为人质到楚国去。盟约上写着："我不欺骗你，你也不欺骗我！"

废寝忘食

《论语·述而》

原文 叶公问孔子于子路，子路不对。子曰："女奚不曰，其为人也，发愤忘食，乐以忘忧，不知老之将至云尔？"

释义 意思是对某一件事专心，以致睡觉吃饭都顾不上了。形容工作和学习专心努力。

孔子，名丘，字仲尼，春秋末期的思想家、政治家和教育家，是儒家的创始人。

孔子年老时,开始周游列国。在他六十四岁那年,来到了楚国的叶邑(今河南叶县附近)。

叶县大夫沈诸梁,热情接待了孔子。沈诸梁人称叶公,他只听说过孔子是个有名的思想家、政治家,教出了许多优秀的学生,对孔子本人并不十分了解,于是向孔子的学生子路打听孔子的为人。

子路虽然跟随孔子多年,但一时却不知怎么回答,就没有作声。

以后,孔子知道了这事,就对子路说:

"你为什么不回答他'孔子的为人呀,努力学习而不厌倦,甚至于忘记了吃饭,乐于授业传道,而从不担忧受贫受苦,自强不息,甚至忘记了自己的年纪'这样的话呢?"

孔子的话,显示出他由于有远大的理想,所以生活得非常充实。

分道扬镳

《北史·魏诸宗室·河间公齐传》

原文 子志……与御史中尉争路,俱入见,而陈得失,……高祖曰:"洛阳,我之丰沛,自应分路扬镳。自今以后,可分路而行。"

释义 比喻各奔前程,各干各的事。

在南北朝的时候,北魏有一个名叫元齐的人,他很有才能,屡建功勋。皇帝非常敬重他,封他为河间公。

元齐有一个儿子叫元志。他聪慧过人,饱读诗书,是一个有才华但又骄傲的年轻人。孝文帝很赏识他,任命他为洛阳令。

不久以后,孝文帝采纳了御史中尉李彪的建议,从山西平城(今山西大同市东)搬迁到洛阳建都。这样一来,洛阳令成了"京兆尹"。

在洛阳,元志仗着自己的才能,对朝廷中某些学问不高的达官贵族,往往表示轻视。

有一次，元志出外游玩，正巧李彪的马车从对面飞快地驶来。照理，元志官职比李彪小，应该给李彪让路，但他一向看不起李彪，偏不让路。李彪见他这样目中无人，当众责问元志：

"我是御史中尉，官职比你大多了，你为什么不给我让路？"

元志并不买李彪的账，说：

"我是洛阳的地方官，你在我眼中，不过是一个洛阳的住户，哪里有地方官给住户让路的道理呢？"

他们两个互不相让，争吵起来了。于是他们来到孝文帝那里评理。李彪说，他是"御史中尉"，洛阳的一个地方官怎敢同他对抗，居然不肯让道。元志说，他是国都所在地的长官，住在洛阳的人都编在他主管的户籍里，他怎可同普通的地方官一样向一个御史中尉让道呢？

孝文帝听了他们的争论，不愿论是非，说道："洛阳是我的京城，你们可以分开走，各走各的，不就行了吗？"

分庭抗礼

《庄子·渔父》

原文 万乘之主，千乘之君，见夫子未尝不分庭伉礼，夫子犹有倨傲之容。

释义 原指主宾相见，在庭院中分站两边，相对行礼，以示平等相待。后来比喻地位平等，实力相当，互相抗衡。

一天，孔子和弟子们在树林里休息。弟子们读书，孔子独自弹琴。一曲未了，一条船停在附近的河岸边，一位须眉全白的老渔夫走上河岸，坐在树林的另一头，侧耳恭听孔子的弹奏。

孔子弹完了一支曲子后，渔夫招手叫孔子的弟子子贡、子路到他眼前，并且问道："这位弹琴的老人是谁呀？"

子路高声说道："他就是我们的先生，鲁国的君子孔子呀！"

子贡补充说:"他就是以忠信、仁义闻名于各国的孔圣人。"

渔夫微微一笑,说:"恐怕是危忘真性,偏行仁爱呀。"

渔夫说完,转身朝河岸走去。子贡急忙把渔夫说的话报告孔子。孔子听后马上放下琴,猛然站起身,惊喜地说:

"这位是圣人呀,快去追他!"

孔子快步赶到河边,渔夫正要划船离岸,孔子尊敬地向他拜了两拜,说:"我从小读书求学,到现在已经六十九岁了,还没有听到过高深的教导,怎么敢不虚心地请求您帮助呢?"

渔夫也不客气,走下船对孔子说:"所谓真,就是精诚所至,不精不诚,就不能动人。所以,强哭者虽悲而不哀,强怒者虽严而不威,强亲者虽笑而不和。真正的悲没有声音而感到哀,真正的怒没有发出来而显得威,真正的亲不笑而感到和蔼。真在内者,神动于外,所以真是非常可贵的。以此用于人间的情理,侍奉亲人则慈孝,侍奉君主则忠贞,饮酒则欢乐,处丧则悲哀。"

孔子听得很有启发,不住地点头。最后,孔子卑谦地对渔夫说:"遇见先生真是幸运。我愿意做您的学生,得到您的教授。请告诉我您住在哪里好吗?"

渔夫没有告诉他住在哪里,而是跳上小船,独自划船走了。这时,子贡已把车子拉过来,子路把上车拉的带子递给孔子,但孔子全不在意,两眼直勾勾地望着渔夫的船影,一直到看不见船的影儿,听不见划水的声音,才惆怅地上车。

子路对孔子出乎寻常的表现不理解,在车旁问道:"我为您驾车已经很久了,还没见过像渔夫这样傲慢的人。就是天子和诸侯见到您,也是相对行礼,平等相待,您还带有点自尊的神色呢!但今天,那个渔夫撑着船篙漫不经心地站着,而您却弯腰弓背,先拜后说话,是不是太过分了呢?我们几个弟子都对您这举动觉得奇怪:对渔夫怎么可以这样恭敬呢?"

孔子听了子路的话很不高兴,伏着车木叹口气说:"唉,子路,你真是难以教化。你那鄙拙之心至今未改!你靠近一下,我告诉你:遇到年长的不敬是失礼,遇到贤人不尊是不仁,不仁不爱是造祸的根本。今天这位渔夫是懂得道理的贤人,我怎么能不敬他呢?"

奋不顾身

《汉书·司马迁传》

原文 然仆观其为人自奇士,事亲孝,与士信,临财廉,取予义,分别有让,恭俭下人,常思奋不顾身,以徇国家之急。

释义 比喻奋勇向前,不顾个人安危。

李陵,字少卿,是汉武帝时的著名大将,很受汉武帝信用,任命他为骑都尉,率兵抵御匈奴的入侵。李陵擅长骑射,又懂得兵法,当时很得朝廷信任。

不料,李陵在和匈奴的战斗中,由于寡不敌众,无奈投降了匈奴。

听说李陵投降,汉武帝很是生气,认为李陵辱没了自己对他的信任,朝中大臣也都纷纷指责李陵没有骨气。

只有太史令司马迁不这样认为,他说:

"我和李陵一向没什么交情,但我见他为人很讲义气,孝顺父母,友爱兵士,他常常想奋不顾身地解救国家的急难。所以,我认为李陵这次在领兵不到五千的情况下,与数万名敌兵对阵,最后由于伤亡惨重,弹尽粮绝,归路被切断,才被迫投降,是情有可原的。

而且我还认为,他这次投降,并非贪生,而是想等待以后有利的时机再来报答国家。"

司马迁说得在情在理,但汉武帝却认为他是替李陵辩护,是非不分,将他关进了监狱,施行"腐刑"。

以后,汉武帝还杀了李陵全家。李陵知道后很是痛心,于是在匈奴娶妻成家,至死不回故土,未能实现他奋不顾身、为国捐躯的愿望。

风吹草动

《敦煌变文集·伍子胥变文》

原文 偷踪窃道,饮气吐声。风吹草动,即便藏形。

释义 比喻微小的变动或动荡。

春秋时期,楚国国君楚平王,昏庸荒淫,竟把自己的儿媳妇据为己有。大臣伍奢坚决反对,于是平王恼羞成怒,把他抓了起来,还要他写信叫在外地的两个儿子回来,准备一起杀掉。

伍奢的大儿子伍尚,约会弟弟伍员(即伍子胥)听从父亲的指示,同赴郢都。伍员是个有见识的武将,他估计此去凶多吉少,劝哥哥不要上当。伍尚不听,结果到了郢都,和父亲一起被杀害了。

楚平王为了斩草除根,派兵四处追捕伍员,在各个关口都画了图像,悬赏捉拿。伍员乔装改扮,投奔吴国。

路上,伍员昼伏夜行,历尽辛苦,走了十多天,才接近昭关。昭关形势险要,官兵把守很严,伍员无法通过。

伍奢的朋友东皋公,很同情伍员的遭遇。他把伍员请到家里,准备帮他出关。一连住了七天,还是没有找到出关的机会。伍员非常焦急,一夜间头发、胡子全变白了。东皋公见此情况,忽然想出一个主意,就说:"你的头发、胡子已经变白,守关兵士很难辨认。我的朋友皇甫讷,相貌和你相似,让他照你的样子装扮,如果他在关口被捉,你可乘机出关。"于是按照这个办法,伍员混出关口。

伍员匆忙赶路,来到一条江边,他怕追兵赶到,就躲藏在芦苇之中。过了一会儿,见到一只渔船,他急忙喊道:"渔父,快来渡我!"伍员上了渔船,渔翁见他举止行为不是一般人,就问他到底是谁,伍员以实情相告,渔翁非常惊讶。到了对岸,渔翁要他稍等一会,给他找点吃的。伍员等了一会,不见渔翁回来,心中生疑,怕人来捉,又躲到芦苇深处。渔翁取来饭菜,不见伍员，便喊道："芦中人，出来吧，我不会出卖你！"伍员走出来饱餐一顿，然后解下祖传佩剑相送。渔翁向他表示，楚王高价悬赏捉拿伍员，自己都不贪图，怎能接受宝剑呢？伍员问渔翁姓名，渔翁不图报答，也没有告诉他。伍员嘱咐渔翁，如有追兵到来，请勿泄露。渔翁见伍员有疑心，便投江而死，以此消除伍员的疑虑。

奉公守法

《史记·廉颇蔺相如列传》

原文 君于赵为贵公子，今纵君家而不奉公，不奉公则法削……以君之贵，奉公守法则上下平，上下平则国强，国强则赵固，而君为贵戚，岂轻于天下耶？

释义 形容行为端庄、规矩，遵守法令。

赵奢是战国时期赵国的一员大将，他计谋过人，作战勇敢，是一位常胜将军，而且战功赫赫。因而被赵惠文王封为马服君，官列上卿。

赵奢原来是一个普通的收取田税的官吏。他对赵王一片忠心，收税时大公无私，一视同仁。有一次，他来到惠文王之弟、平原君赵胜家收取田税。赵胜的管家仗势欺人，戏弄赵奢，拒付税款。赵奢并不怕赵胜的权势，他毫不客气、果断地处理了这件事，且依照赵国法令杀了那些无事生非的闹事者。赵胜听说后，怒气冲天，一定要赵奢抵命，以显示他的权势。

赵奢得知赵胜的想法后，马上去找了赵胜，真心诚意地对他说："您是赵国栋梁之材，是受朝廷重用的大官，应该遵守国家法令，以昭示天下百姓。而现在您的管家却依靠您的权势，公然违反国家法令。如果都拒不付税，那么天下还会太平吗？国家还会富强吗？到那时候，您还会有现在这样显赫的地位吗？但是，您要是能够奉公守法，那么百姓也会以您为榜样，天下就会稳定，国家就会富强，您怎么能轻视呢？"

赵奢的话使得赵胜汗颜不已，认为自己与赵奢相比显得很渺小，因而他没有发怒,反而很高兴,为发现一个人才而欢喜。他把赵奢举荐给赵惠文王,赵奢受到赵惠文王的重用。

负荆请罪

《史记·廉颇蔺相如列传》

原文 廉颇闻之,肉袒负荆,因宾客至蔺相如门谢罪。

释义 负:背着;荆:荆杖,古人用为刑具。背着荆杖向对方请罪。表示主动认错,求惩罚。

战国时,赵国有一文一武两个得力的大臣。武的叫廉颇,他英勇善战,多次领兵战胜齐、魏等国,以勇气闻名于诸侯。文的叫蔺相如,他曾两次出使强大的秦国,面对骄横的秦王,他临危不惧,有勇有谋,顺利地完成了使命,维护了国家的尊严。因此,赵王封他为上卿,官位在廉颇之上。

廉颇见蔺相如本来是一个默默无闻的家臣,一下子官位比自己还高,很不服气,到处对人说:"我攻城占地,立了不少大功,而蔺相如只不过是动动口舌,地位就在我之上。何况他本是个下等人,官职在他的下面我感到羞耻。如果我遇到他,一定要当面羞辱他。"

有好心人把廉颇的话告诉了蔺相如,劝他去报告赵王。蔺相如不仅不去报告,以后出门还格外小心,听说廉颇来了,就远远避开。赵王朝见大臣时,他也常常托病不去,避免与廉颇见面。他的手下人见了,很不痛快,对他说:"我们之所以离开父母兄弟跟着您,是仰慕您的勇气。现在您的职位比廉颇高,廉颇羞辱您,您却躲着他,如此胆小害怕。老百姓尚且有羞耻之心,何况您是一个大臣呢!我们忍不下这口气,请让我们离开您吧!"

蔺相如坚决不让他们离去,问道:"你们看廉将军和秦王哪个厉害?"他的部下说:"当然是秦王了。"蔺相如笑道:"秦王是一个强国的国君,我都敢当面斥责他,难道会怕廉将军吗?我只是觉得,强大的秦国之所以不敢侵犯赵国,是因为有我和廉将军两人在。如果我和他两虎相斗,必然是要伤害其中一个。这样，对国家不利。我之所以让他，是为国家着想。个人恩怨是小事，不该计较。"

这话传到了廉颇耳朵里，他感到很羞愧，便光着上身，背着荆条，上蔺相如的家里请罪。从此，两人结为生死之交，共同为赵国出力。

覆水难收

《野客丛书》

原文 太公取一壶水倾于地，令妻收入。乃语之曰："若言文更合，覆水定难收。"

释义 泼出去的水，无法收回。表示事已定局，不可挽回。

商朝末年，有个足智多谋的人物，姓姜名尚，字子牙，人称姜太公。因先祖封于吕，又名吕尚。他辅佐周文王、周武王攻灭商朝，建立周朝，立了大功。后来封在齐，是春秋时齐国的始祖。

姜太公曾在商朝当过官，因为不满纣王的残暴统治，弃官而走，隐居在陕西渭水河边一个比较偏僻的地方。为了取得周族的领袖姬昌（即周文王）的重用，他经常在河边用不挂鱼饵的直钩，装模作样地钓鱼。

姜太公整天钓鱼，家里的生计发生了问题，他的妻子马氏嫌他穷，没有出息，不愿再和他共同生活，要离开他。姜太公一再劝说她别这样做，并说有朝一日他定会得到富贵。但马氏认为他在说空话骗她，无论如何不相信。姜太公无可奈何，只好让她离去。

后来，姜太公终于取得周文王的信任和重用，又帮助周武王联合各诸侯攻灭商朝，建立西周王朝。马氏见他又富贵又有地位，懊悔当初离开了他，便找到姜太公请求与他恢复夫妻关系。姜太公已看透了马氏的为人，不想和她恢复夫妻关系，便把一壶水倒在地上，叫马氏把水收起来。马氏赶紧趴在地上去取水，但只能收到一些泥浆。于是姜太公冷冷地对她说："你已离我而去，就不能再合在一块儿。这好比倒在地上的水，难以再收回来了！"

赴汤蹈火

三国·魏·嵇康《与山巨源绝交书》

原文 此犹禽鹿，少见驯育，则服从教制；长而见羁，则狂顾顿缨，赴汤蹈火。

释义 汤：沸水；蹈：踩。既使滚烫的水，炽热的火，也敢于践踏。形容不畏艰险，奋勇向前。

嵇康，字叔夜，谯国（今安徽省境内）人。他曾与山巨源（山涛）等七人一起游于山林，被称为"竹林七贤"。司马氏专权后，嵇康不满司马氏的统治，隐居山阳，而山巨源后来在司马氏朝廷中做了官，嵇康从此看不起他。山巨源由吏部侍郎升散骑常侍时，想请嵇康出来代理他原来的吏部侍郎官职，遭到了嵇康的坚决拒绝。

不久，山巨源收到了门人递上的一封信，拆开一看，是嵇康给自己的一封绝交信。他迫不及待地看了下去。信中嵇康列举老子、庄子、柳下惠、孔子等先圣，说自己"志气可托，不可夺也"。接着又写到自己倾慕尚子平、台孝威（后汉隐士），不涉经学，淡泊名利。信中表示他蔑视虚伪的礼教，公然对抗朝廷的法制，以禽鹿作比，鹿很少见有驯育服从的，大的如果羁绊、束缚它，那它必定狂躁不安，即使赴汤蹈火，也不在乎；哪怕是用金的马嚼子来装饰它，拿佳肴来喂它，它还是思念树林、向往草地的。以此表示如果司马氏请他做官，他就会像野性难驯的麋鹿"狂顾顿缨，赴汤蹈火"。表达了坚决不在司马氏政权中任职的决心。由于嵇康时常发表一些讥刺朝政和世俗的言论，司马氏统治集团对他十分忌恨。

景元三年（262），曾经受到嵇康奚落的司隶校尉钟会，以言论放荡、诽谤朝廷等罪名对嵇康横加诬陷。嵇康被司马昭下令逮捕入狱，不久便被杀害。

改过自新

《史记·孝文帝本纪》

原文 上书曰:"妾伤夫死者不可复生,刑者不可复属,虽复欲改过自新,其道无由也。"

释义 改正错误,重新做人。

汉朝初年,临淄有个名叫淳于意的人,他从小就喜欢钻研医术,曾向名医公乘阳庆学习。公乘阳庆那时已七十多岁。他没有儿子,就把自己珍藏多年的秘方和黄帝、扁鹊的脉书都传给了淳于意。淳于意有高师指点,医术越来越高明。三年后,他为人治病,手到病除,许多人慕名前来求医。但淳于意却不像扁鹊那样尽心尽力为人治病,他喜欢在达官贵人中间周旋,常常不在家,病人找他找不到,有时找到他,他也不愿为人治病,所以许多病人都对他有意见。

后来,淳于意被人告发了。官府把他抓了起来,押解到长安。他的五个女儿见父亲被抓,就跟在后面号啕大哭。淳于意又急又恼,骂道:"我只有女儿,没有儿子,现在遇到急事,也没有人能替我解救。"

淳于意的小女儿缇萦听到父亲的话非常伤心,决心要救父亲。她一直跟着父亲来到长安,写了封奏书给汉文帝,信中说:"我的父亲做官的时候,当地人都称赞他为人廉洁,做事公平。现在他犯了法要受刑,我痛切地感到,一个人死了再也不能复活,受刑伤残了身体也再不可能复原,虽然有改过自新的愿望,也无济于事了。为了使父亲有改过自新的机会,我宁愿进官府当奴婢,替父亲赎罪。"

汉文帝读了缇萦的书信,为她的一片孝心所感动,就下令赦免了淳于意的罪过。

感激涕零

唐·刘禹锡《平蔡行》

原文 路旁老人忆旧事，相与感激皆涕零。

释义 涕：眼泪；零：落下。感激得流下了眼泪。形容极其感动的样子。

唐朝中期，玄宗李隆基当了二十多年的皇帝，便暮气沉沉，懒得亲自处理政事，一心想纵欲享乐。他用李林甫为宰相，时间长达十七年之久。李林甫有一套奸佞的本领，一切顺从玄宗旨意，让他放心纵欲。李林甫死后，玄宗又用他宠爱无比的杨贵妃的堂兄杨国忠为宰相。杨国忠大肆搜刮民财，广收贿赂，加速了祸乱的爆发。

公元755年，节度使安禄山以诛杀杨国忠为名起兵叛乱，击败唐军，攻下洛阳。安禄山被杀后，部将史思明再度攻下洛阳。前后历时七年多，叛乱才平定。这就是唐朝历史上著名的"安史之乱"。

公元814年，淮西节度使吴少阴死去，他的儿子吴元济因未能如愿继承其父职位，便自领军务，纵兵焚烧，抢掠舞阳、叶等县。

为了解除叛军对洛阳的威胁，朝廷多次派兵去讨伐吴元济，但是未能取胜。吴元济因此更加嚣张，不可一世。

公元816年，宰相裴度督师讨伐吴元济。李愬自告奋勇，表示愿意担当平定淮西叛乱的重任。于是，朝廷让他担任前线指挥。

李愬是位很有谋略的大将。他接受任命后，没有急于出兵，而是花很大力气整顿军队，鼓舞将士士气。他非常关心士卒，他们中有生病受伤的，他总是亲自去看望、慰问；对于来降的军士，他也尊重他们的选择，或是留下，或是发给粮食布帛让其回家。结果，来降的人都自愿留下，并且主动积极地向他提供敌营情况。

过了半年，李愬率军出发。由于他善于观察形势，选择战机，调动将士的积极性，与叛军接触后，接连打了几个胜仗。在一次战斗中，讨伐军俘获了被称为是吴元济"左臂"的一名将领。李愬不仅不杀他,而且亲自给他松绑,并让他继续带兵,为朝廷出力。已俘获的其他将领和官吏,他也是以诚相待,好好安抚,使他们转过来为朝廷效力。

次年冬天,李愬亲自率领一支骑兵队伍,冒着风雪,夜行一百余里,奔袭吴元济盘踞的巢穴蔡州并活捉了他。百姓对李愬率领的官军感激得掉下眼泪来。

刚愎自用

《左传·宣公十二年》

原文 伍参言于王曰:"晋之从政者新,未能行令。其佐先縠(hú),刚愎不仁,未肯用命。其三帅者,专行不获,听而无上,从谁适从?此行也,晋师必败!"

释义 刚愎:固执;自用:自以为是。倔强固执,自以为是。

春秋时期,公元前597年楚国攻打郑国,郑国向晋国求援。晋国向郑国发出救兵。

但晋国军队尚未赶到郑国时,得知郑国已向楚国投降,楚军已开始撤退。晋军统帅荀林父和其他将领们,分析敌我形势后,都认为楚军这时正在撤退之中,晋军不宜轻率地进兵攻击。而中军副将先縠,却一味主战,并且悄悄地带着自己的部队,去追击楚军。荀林父得到士兵的报告后,为了保存副将先縠的这部分晋军,只得下令所有军队前进。

楚军听说有晋军追来了,大夫伍参主张调动楚军迎击,令尹孙叔敖则不想打。伍参对楚庄王说道:"我们为什么不打呢?现在晋国从政的都是些新人,不能很好地执行命令。而中军副将先縠刚愎不仁,自作聪明,不听从主将的指挥,孤军冒进。他们三军的统帅统一不了全军的行动,部下想要听从指挥,却又无所适从。这种情形,对我们是十分有利的。这一仗打下来,我军必定大胜,晋军必定惨败!"

楚庄王听了伍参的话,觉得有理,便传令:"停止撤退,回师北进!"结果,楚军大获全胜,晋军则大败。

高山流水

《列子·汤问》

原文 伯牙善鼓琴,钟子期善听。伯牙鼓琴,志在高山,钟子期曰:"善哉!峨峨兮若泰山!"志在流水,钟子期曰:"善哉!洋洋兮若江河!"伯牙所念,钟子期必得之。

释义 比喻乐曲高妙。也比喻知音难得。

春秋时,楚国的伯牙从小就喜爱音乐,年轻时,跟随很有声望的琴师成连学弹琴。当时的琴是一种拨弦乐器,琴面上张着七根弦。

一次,伯牙习作一首反映海上狂风暴雨的曲子,他一连苦思冥想了好几天,也找不到动听的旋律,觉得非常苦恼,便向老师成连请教。成连考虑一下后说,他的老师方子春擅长作曲,可以带伯牙去见他,求他亲自指点。

方子春住在鲁国登州城外的蓬莱岛上,成连师徒到了那里,正巧方子春外出。于是成连把伯牙安顿住下,自己寻找方子春去了。在等待师傅和师祖期间,伯牙每天练琴,爬山,观望海景,觉得心旷神怡,欢畅异常。

一天,他从海滩散步回家,突然天空乌云翻滚,狂风怒号。一会儿电光闪闪,雷声隆隆,下起倾盆大雨。海面上,巨浪一个接着一个扑向岸边岩石,发出一片震撼人心的轰鸣声;高山上层层密密的松树随风弯倒,互相碰撞,发出一阵阵令人胆寒的呼啸声。这风声、雷声、雨声、浪声和松涛声混在一起,交织成一支雄伟而美妙的乐曲。

眼前这动人的情景激发起伯牙的创作热情。他奔到住处,取出七弦琴,一首反映海上狂风暴雨的乐曲创作出来了。就在伯牙非常得意的时候,成连老师在他身旁出现了。他马上明白老师是故意把自己留在这里,让他在大自然中创作动人的乐曲。此后,伯牙潜心作曲,创作出了许多优美的乐曲,其中他最满意的是《高山流水》。但是，人们虽然爱听这个曲子，却不能理解他的含义。为此，他盼望遇到一个能听懂自己这首曲子的人。

后来，伯牙遇到了一个能听懂优秀乐曲的人，名叫钟子期。一次，伯牙向钟子期弹起了一首曲子，他全神贯注，脑子里全是高山的形象。钟子期闭上眼睛，屏息凝神，细听琴音。他时而轻轻击拍，时而微微点头，脸上露出各种表情。当伯牙弹完一个段落后，钟子期赞叹说："真妙啊，气势磅礴，就像挺拔雄伟的泰山！"伯牙没有答话，继续弹下去，这时他脑子里全是流水的形象。和刚才弹的不同，这时的琴音一会儿高一会儿低，琴声停后余音袅袅不绝。钟子期深情地说："真妙啊，这是看见了烟波浩渺、宽广无边的江河流水啊！"

伯牙激动地说："你真是我的知音啊！"

分手时两人相约，一年后的今天再到这里来相会。但到了那一天，钟子期并没有来。几经打听，伯牙才知道，钟子期在不久前去世了。伯牙带了琴到他的坟地，伏在地上号啕大哭。伯牙想钟子期是自己的知音，在这个世界上，只有他才懂得自己的音乐；现在他已故去，再弹琴作曲有什么意思呢？在极度悲痛之中，伯牙将琴高高举起，朝地上狠狠摔去。

高屋建瓴

《史记·高祖本纪》

原文　譬犹居高屋之上建瓴水也。

释义　比喻居高临下，形势不可阻挡。

秦末农民起义，刘邦打败了项羽，建立了西汉王朝，当上了皇帝。可是没想到，刘邦登基的第二年，就有人向他告密，说他的属臣楚王韩信要造反叛乱。

刘邦听到这个消息，心里很恼火，急忙召集他的大臣们商议办法，有人向刘邦建议说道："派将领率兵前去把他剿平就是。"

"不可以。"谋士陈平反对那个人，他说道："我们现有的军队，都没有韩信的军队精锐，而且我们的武将也都不是韩信的对手。假如我们这次贸然派兵前去征讨，即使韩信没有谋反的意思，也会把他逼成造反了，那时麻烦就大了。我建议，假称陛下要到楚国的云梦去游览，并在陈（今河南省淮阳县）地会见诸侯。陈是楚的西界，韩信听说这个消息，一定要到陈去迎接表示他的忠诚。当韩信晋见的时候，我们就可以趁机将他扣押起来，这种方法很可靠。"

刘邦最终是按照陈平的计谋，不费一兵一卒就把楚王韩信给捉住了。并将韩信削去王位，贬低他，让他做一个淮阴侯。刘邦非常高兴，当天就颁布了大赦令。

大臣田肯，乘着这个机会在向刘邦道贺时，说道："陛下抓住了韩信，又能够在关中建都，这是双喜临门。关中那里地势险要，比别的国都好。此地和诸侯远隔千里，只要两万人就能够充分地抵挡诸侯的百万雄兵。如果我们想依靠这种有利条件向诸侯进军，那时就像站在高屋之上向下泼水那样势不可挡。齐国也是如此，齐国东面有琅邪、即墨的丰富资源，南面有泰山的险阻，西面有黄河为屏障，北面有渤海的疆域。齐国的土地方圆两千里，也是和其他诸侯远隔千里之外，只要有二十万人就足以抵抗别的进攻诸侯的百万之师。所以，这是东西两个秦国呀！如果不是陛下的亲子弟，没有哪一个人可以值得信任派到齐国去做诸侯王啊！"

刘邦听完，感觉非常高兴，称赞田肯道："你说得很好！"而且还赐给田肯五百斤黄金。

各得其所

《汉书·东方朔传》

原文 陛下行之，是以四海之内元元之民各得其所，天下幸甚。

释义 原指每个人都可以得到所需求的东西。后指每个人都得到适当的安置，满足了各自的愿望。

汉朝有个大臣叫东方朔，他不仅聪明机智，而且能言善辩，深得汉帝赏识。

汉武帝的妹妹隆虑公主有个儿子，被武帝封为昭平君。昭平君从小就骄横不可一世，平日里酗酒行凶，胡作非为，经常触犯刑律。武帝看在妹妹的面上，一次次都法外施恩，未予追究。

　　隆虑公主病危时，很为儿子的将来担忧，怕他失去管束犯下死罪，便用一千斤黄金、一千万钱为昭平君预赎死罪。母亲死后，昭平君果然更加放纵，当他得知母亲已为他赎免了一次死罪以后，越发肆无忌惮了。果然不久，昭平君酒后杀人，犯了死罪被捕入狱。

　　由于昭平君的特殊关系，隆虑公主又为他预先赎免过死刑，掌管司法的廷尉不敢擅自决断，便上奏武帝。

　　武帝当时也觉得十分为难，但还是坚持不能破坏法令，不能失信于民，狠了狠心，下令处死了昭平君。命令下达以后，武帝禁不住流下了眼泪。心里很不是滋味，左右的大臣也觉得悲哀，气氛显得十分压抑。

　　东方朔这时却趋步上前祝贺说："我听说圣明的君主治理天下时，奖赏不避仇敌，处罚不偏袒亲近。您已做到了这两条，全国百姓生活安定，每个人都得到了适当的安置，实在是百姓的大幸。"

　　当天夜里，武帝对东方朔说："白天在我正悲痛的时候，你却祝贺我，不太对头啊！"东方朔答道："极度的欢乐和忧伤都是有害的。我祝贺您正是为了宣扬您的公正，解除您的悲哀啊！"

　　武帝觉得很有道理，就赐给他一百匹绸缎。

功亏一篑

《尚书·旅獒》

　　原文　为山九仞，功亏一篑。

　　释义　篑：竹编的畚箕，箩筐；亏：欠，差。比喻大功即将完成，却因为只差一小部分，而导致全部失败。

　　周武王灭了商朝以后，建立了周朝，周武王做了天子，各诸侯国都来朝拜他。当时，有个叫西戎的小国，也派了使臣来祝贺，还送给周武王一条大狗作为礼物，这狗有四尺多高，非常可爱。周武王高兴地收下了这条大狗。

太保召公对周武王说道：

"各地的诸侯都做了您的臣子，并都把他们当地的土产、宝物贡献给了您。那您也应该分封赏赐他们，把珍宝、玉器赏赐分封给同姓的诸侯国，来表示诚信啊。玩物这种东西是没有贵贱分别的，关键还是德行。没有德行，物也不值钱；有了德行，物才显得贵重。美好的德行要靠自己来修养，大圣贤们不可以沉浸在声色之中，如果您把人当玩物而戏弄他们，您就会丧失德行；如果把珍宝当玩物，您就会丧失志气。这就是'玩人丧德'、'玩物丧志'。狗马这类东西不是本地生的，不应该养它；珍禽异兽也没有什么用处，也不用养它；不要那么稀罕别人的珍宝，不要人家的东西，人家才会归服您……君主应该随时随地积累德行，从早到晚都要想着德行，凡是大德都是从小德积累得来的。比如要堆起一座九仞高的大土山，您就要一筐土一筐土地堆积。当您堆得差不多的时候，也就是只差一筐土就能达到九仞高了，可是这最后的一筐土您并没有加上去，所以，土山就没有堆成。您是一个英明的国王，如果多多注意自己的德行，就可以世世代代稳坐天下……"

周武王听从了召公的建议，他专心治理朝政，最终成为一代英明的国君。

功败垂成

《晋书·谢玄传论》

原文　庙算有余，良图不果；降龄何促，功败垂成。拊其遗文，经纶远矣。

释义　功：功业，事业；垂：快要，接近；成：成功。形容事情快要成功时却遭到了失败。

公元383年，前秦皇帝苻坚强征各族人民，组成九十万大军南下，企图灭晋。他骄傲自恃，声称只要命骑兵在江中投入马鞭，就可以断流。孝武帝封谢玄为将军。谢玄等将领率领八万军队迎战。晋军进至淝水，要求前秦略向后移,以便渡河决战,苻坚竟然答应。因各族兵不愿作战,一退就不可收拾。谢玄乘机率兵渡水攻击,结果前秦军大败。

接着,谢玄等人又奉命北伐,很快收复了北方大片失地。谢玄本想进一步巩固已收复的失地,但是孝武帝的同母弟司马道子对他非常妒忌,借口出征时候太久,要他把军队撤回,坐镇淮阴。谢玄眼看即将取得的胜利又将付之东流,悲愤交加,在南下途中得了疾病。

于是他上书孝武帝,请求解除他的职务,回乡治病。但是,孝武帝不许,要他去京疗养,还派名医为他治病。两年后,谢玄病逝,死时才四十六岁。

苟延残喘

明·马中锡《中山狼传》

原文 今日之事,何不使我得早处囊中,以苟延残喘乎?异时倘得脱颖而出,先生之恩,生死而肉骨也,敢不努力以效龟蛇之诚。

释义 苟延:勉强延续;残喘:残存的喘息。表示勉强维持一线生命。

春秋后期,晋国的大夫赵简子有一次在中山举行大规模的狩猎。管打猎的官员在前面开道,追逐禽兽的鹰犬在后面紧跟着,许许多多的飞鸟猛兽被射死。

突然,有一只狼直立在路当中号叫着。赵简子见了,猛射一箭。狼中箭后痛得哀哀直叫,拼命逃走,赵简子马上驱车追赶。

这时,有个叫东郭先生的人正往北走,想到中山去谋求官职。他赶着一头驴子,驴背上驮着一大袋书,一清早就迷失了路途。

突然,跑来了一只狼,伸头看着他,说:

"先生不是有意济困扶危,帮助别人吗?从前毛宝曾买一只乌龟放生,后来他在战争中投江逃命,乌龟载他过江;还有一个隋侯,救活了一条蛇,后来那蛇就衔一颗名贵的珠子报答他。要知道,龟和蛇的灵性总比不上狼的啊!今天这种情况,你为什么不让我快点躲进你的书袋里,好让我勉强维持一线生命呢?将来我有了出头的日子,想到你先生今番救命的恩情,一定尽心竭力,像龟和蛇那样报答你!"

东郭先生心慈手软,经不住狼的苦苦哀求,就倒出图书,腾空袋子,慢慢地把狼装了进去。然后拴紧袋口,扛起来放在驴背上,再避到路边,等待赵简子一行人经过。

过了一会儿,赵简子的人马赶到,追问狼的下落。东郭先生推说不知道,骗走了赵简子等人。

东郭先生等赵简子一行人走得看不见影子了,才把狼从袋里放出来。

不料狼出袋后,吼叫着对东郭先生说:

"刚才我被打猎的人赶得好苦,幸亏先生救了我。可是如今我肚子饿极了,先生为什么不把身体送给我吃,让我可以保全这条小小的性命呢?"

说罢,狼张牙舞爪地向东郭先生扑去。

在这危急关头,来了一位农夫。农夫设计将恶狼骗入口袋,然后将它打死,为民除掉一害。

孤注一掷

《宋史·寇准传》

原文 时契丹入寇,准请帝幸澶州,王钦若谮之曰:"陛下闻博乎?博者辅钱欲尽,乃罄其所有出之,谓之孤注,陛下,寇准之孤注也,斯已危矣!"

释义 原意是赌徒拿出所有的钱做赌注,希望最后能赢。比喻在危急时投入全部力量。

北宋真宗时,有一个精明能干的宰相,名叫寇准。有一次,北方的辽国突然发兵侵犯中原,剽悍的骑兵一路势如破竹,很快就打到了河北澶州(今河北省濮阳县西)。

宋真宗得到边境的报告,马上召集全体文武大臣商议对策。宰相寇准说:

"陛下,敌兵声势十分浩大,只有陛下亲自前往澶州督战,才能振奋将士的士气,打败敌兵!"

真宗听了寇准的话,觉得很有道理,便采纳了他的建议,亲自统率三军前往澶州。宋军由真宗亲自督战,士气十分高昂,果然一举就把辽兵打得落花流水。辽国兵败以后,不得不向宋朝称臣求和。

宋真宗班师回京以后,对寇准更为信任和重用了。不料,奸臣王钦若对寇准十分妒忌,他想方设法寻找机会中伤寇准。

有一次,王钦若陪真宗赌博钱,故意接连输了好几次,然后把所有的钱都下了注,真宗觉得奇怪,问他为什么这样,他便对真宗说:

"陛下,上次我们在澶州和辽兵作战,你不是也曾孤注一掷吗?那时寇宰相坚持要你御驾亲征,便是拿你的性命当作赌注一样地孤注一掷呀!要是当时我方军事失利,那你不就有生命危险吗?"

真宗听了这个拿自己的生命当作赌注的比喻,不觉大怒起来,立刻就把寇准贬了职,从宰相降为陕州知府。

由于上面这个故事,人们就常常拿"孤注一掷"这个原来用于赌博的词,来形容把所有的力量集中在一件事情上,并且因为这个词源出于赌博,因此后人在运用时,常用它来形容坏事情,如赌博、投机买卖或做不正当的生意等。

刮目相看

《三国志·吴书·吕蒙传》裴松之注引《江表传》

原文 (鲁)肃拊蒙背曰:"吾谓大弟但有武略耳,至于今者,学识英博,非复吴下阿蒙。"蒙曰:"士别三日,即更刮目相看。"

释义 指对进步快、变化大的人或事物不能再用老眼光看待。

吕蒙,字子明,三国时吴国名将,幼年时家境贫困,没有读过什么书。后来在军队里,领兵打仗,也很少读书。文化水平不高,难免受到一些大官员的轻视。

吴王孙权曾劝吕蒙要好好读书,可是吕蒙说:

"军队里事情太多了,每天忙都忙不过来,哪有什么时间读书。"

"我难道要你精研经书去当博士吗?但是普通知识总得具备啊!你说事情多,比起我来如何?你为什么偏偏不能抓紧时间自学呢?"孙权说。

接着，孙权谈了自己读书的收益，又举了汉光武帝即使在兵马忙乱中，也不忘学习，经常手不释卷；曹操也自称老而好学。

吕蒙听了孙权这一番话，很受感动，从此认真读书，孜孜不倦。不久，他读的书超过了一般知识分子。后来，鲁肃奉命去陆口镇守，路过吕蒙营寨。鲁肃是不大瞧得起吕蒙的。经别人劝说，鲁肃为了表示礼貌，去拜访吕蒙。吕蒙热情招待他，并问他去陆口和蜀将关羽相邻，打算怎样既联合他，又警惕他。鲁肃满不在乎，随口应答：

"没有考虑过，到时候看着办。"吕蒙严肃地批评了鲁肃，不应该如此轻敌。他还献了五条计策，当时就给鲁肃过目。鲁肃顿时改变了态度，抚摸着他的背，亲切地说：

"我一直认为你能武不能文，现在看来，你学识如此渊博，你已经不是以前的没有学识的粗人了！"

吕蒙笑道："士别三日，就应当刮目相看呀！"

从此，鲁肃和吕蒙成了好朋友，后来鲁肃临终，还推荐吕蒙继任为大都督呢！

管中窥豹

《晋书·王献之传》

原文　此郎亦管中窥豹，时见一斑。

释义　管：管子。窥：看。透过管子，只能看到豹身上一小部分的斑纹。比喻只看见一小部分，并不了解全部情况。又作"窥豹一斑"。

东晋著名书法家王羲之的小儿子王献之，和他父亲一样，是个著名的书法家，当时人称"二王"。

王献之年幼时就很聪明伶俐。有一次，他和两个哥哥徽之、操之一起去见宰相谢安。当时，徽之、操之都说了不少家常琐碎的事，而献之只问候一下就不作声了。他们走了以后，有人问谢安三个孩子中哪个较好。谢安说：

"最小的一个较好。"

有人问谢安为什么，谢安说献之说话不多，但并不腼腆，所以说他好。

又有一次,献之和徽之在房中谈话,突然发生火警,徽之吓得连鞋也没穿就急忙往外跑,献之却一点也不惊慌,很镇静地慢慢地走出去。

另有一天晚上,一个小偷潜入他的卧室,把所有能偷的东西都偷了。小偷正要走,献之低沉地喝道:

"小偷,青毯是我家的旧东西,留下吧!"

小偷吓了一跳,什么东西也没偷就跑了。

有一天,他父亲的几个学生在一起玩一种赌博游戏,年仅几岁的献之在一旁瞧着,看出了胜负,便对其中一方说:

"你这方赢不了啦!"

那些学生们见他年纪这么小。竟也看出了胜负的道理,便取笑他说:

"这小孩从'管中窥豹',有时也看到了豹子身上的一处斑纹哩!"意思是虽不全懂,也知道一点。

后来,人们就用"管中窥豹"这一成语,比喻人眼光不远,观察事物只看见一部分,看不见整体,非常不全面,仿佛从竹管中看豹子,只看见豹身上的一处斑纹,看不见全部斑纹一样。

管鲍之交

《史记·管晏列传》

原文 管仲曰:"……生我者父母,知我者鲍子也。"

释义 管:管仲,字夷吾;鲍:鲍叔牙,又叫鲍叔。比喻相知最深的亲密朋友。

管仲和鲍叔牙都是春秋时齐国人,两人少年时就是好朋友。鲍叔牙很赏识管仲的才识,也很理解他的所作所为。两人曾经一同做买卖,在分盈利的时候,管仲总要多拿一些,鲍叔牙知道管仲家庭贫困,从来不因他多拿了钱而说他贪。管仲曾替鲍叔牙办过几件事,可是事没办好,反而弄得更糟糕。鲍叔牙并不认为管仲无能,因为他知道事情总有不顺利的时候。管仲曾三次当官,三次都被罢了官,鲍叔牙并不认为他没有才干,因为鲍叔牙知道他没遇到赏识他的人,给他发挥才干的机会。管仲三次参加作战,每次都逃跑了,鲍叔牙也不认为他胆小怕死,因为知道他家有老人要奉养。鲍叔牙对管仲了解得如此深透,所以管仲感慨地说:"生我的是父母,知我的是鲍叔牙啊。"

两人后来分开了,管仲当了齐襄公的弟弟公子纠的师傅,鲍叔牙是齐襄公另一个弟弟公子小白的师傅。齐襄公残暴无道,把自己的兄弟都赶到了国外。

不久,齐国发生内乱,齐襄公被杀。公子纠和公子小白得知消息后,都急忙往国内赶,想抢先得到君位。管仲一面派人护送公子纠回国,一面亲自带人去拦截公子小白。他们在半路上遇到了公子小白的车队,管仲劝公子小白和鲍叔牙退回去,他俩不肯,管仲就取出了箭来,一箭射去,公子小白大叫一声,口吐鲜血,往后一倒。管仲以为公子小白已被射死,就返回去,护送着公子纠不慌不忙地向齐国进发。谁知公子小白并没死,管仲那一箭正巧射中了他的衣带钩,他怕再挨一箭,急中生智,假装被射中倒下。见管仲走了,他才命令抄小路加速前进,终于抢先赶回国都,当上了国君,称为齐桓公。

齐桓公即位后,立即派兵讨伐公子纠,公子纠被杀死,管仲也被捉住。齐桓公恨管仲差点杀了自己,要把管仲处以极刑。鲍叔牙竭力向齐桓公推荐管仲,说如果能得到他,就能使国家强盛。齐桓公终于被说动,不仅没杀管仲,还让他当了齐国的宰相。鲍叔牙则心甘情愿地当管仲的助手。"管鲍之交"传为佳话。

过河拆桥

《元史·彻里帖木儿传》

原文 盟日,崇天门宣诏,特令有壬为班首以折辱之。有壬惧及祸,勉从之。治书侍御史普化诮有壬曰:"参政可谓过河拆桥者矣。"

释义 比喻达到目的后就把帮助过自己的人抛弃了。

元代有个人叫彻里帖木儿,他为人刚毅,处事果断,很得元文宗赏识,被封为中书平章政事。

彻里帖木儿未被封为中书平章政事之前,曾在江、浙一带当过官。他见每到科举考试之时,有钱的考生总要宴请考官,其场面之豪华,给他留下了很深的印象。他认为这全是科举制度带来的弊端,所以,他一当上中书平章政事以后,就上书建议取消科举制度。监察御史吕思诚不赞成废除科举考试,就联合一些人向文宗揭发彻里帖木儿的罪行。文宗赞成废除科举,就驳回了吕思诚等人的诉状,批准了彻里帖木儿的建议。

参政许有壬听说皇帝要下诏宣布废除科举考试,急忙到中书省争辩。太师伯颜生气地对他说:"你也不赞成废科举,大约就是你指使吕思诚他们告彻里帖木儿的状吧?"

许有壬道:"太师因彻里帖木儿的举荐而任职中书省,难道那些御史不怕你们倒听我的?"伯颜被驳得哑口无言。

许有壬又说:"若废除科举,天下学子都要失望了。"

伯颜说:"经科举考中而当官的人,很多人都因贪污受贿而被罢官,所以,不能以科举来取士。"

许有壬针锋相对地说:"科举没实行之前,官场中行贿受贿的事层出不穷,难道只有举子(即科考中榜者)才行贿吗?举子中有不良之人,但比起那些官僚们则少多了。"

彻里帖木儿在一旁见两人你一言我一语争得不可开交,就对许有壬说:"参政,别再争了,皇上已经批准了。"

第二天,大臣们齐集崇天门听太监宣读废除科举的诏书,彻里帖木儿有意让许有壬排在第一个,许有壬知道这是他在羞辱自己,但又不敢不听从,只好硬着头皮站到前边。有个大臣见坚决反对废除科举的许有壬在听宣读废除科举的诏书时,表现得很热心的样子,就讽刺他说:"参政可算是过河拆桥的人啊!"许有壬十分惭愧,从此托病不出。

汗马功劳

《史记·萧相国世家》

原文 今萧何未尝有汗马之劳,徒持文墨议论,不战,顾反居臣等上,何也?

释义 比喻战斗中立下的功绩。后泛指工作成绩。

汉朝建立后，高祖刘邦，分封有功之臣，许多将领争着邀功请赏。刘邦认为萧何丞相功劳最大，于是封他做了酂侯。其余的人都不服气，说："我们拼死拼命，久经沙场，而萧何未有汗马之劳，只会耍笔杆、发议论，根本没上过战场，封赏反在我们之上，这是什么道理？"

刘邦望着众人，不慌不忙地问："你们知道打猎吗？"文武大臣一齐回答："知道。"刘邦接着说："打猎的时候，追杀野兽的是狗，而让狗去追杀的却是人。你们不过是有功的猎狗，而萧何能知道野兽的去处并让狗去追杀，他才是真正的有功之人。而且，你们多是单身跟随我，有同族两三人就算难得了，但是萧何教全家族的几十个男子都参加了我的队伍，跟着我一同出力。他的大功劳是怎么也不应忘记的！"大家听了，便谁也不吭声了。

汗流浃背

《汉书·杨敞传》

原文 敞惊惧，不知所言。汗出浃背徒唯唯而已。
释义 浃：湿透。形容浑身大汗。也形容极度惶恐或惭愧过度。

汉大将军霍光，是汉武帝的托孤重臣，辅佐八岁即位的汉昭帝执政，威势很重。霍光身边有个叫杨敞的人，行事谨小慎微，颇受霍光赏识，升至丞相职位，封为安平侯。其实，杨敞为人懦弱无能，胆小怕事，根本不是当丞相的材料。

公元前74年，年仅二十一岁的汉昭帝驾崩于未央宫，霍光与众臣商议，选了汉武帝的孙子昌邑王刘贺作继承人。谁知刘贺继位后，经常宴饮歌舞，寻欢作乐。霍光听说后，忧心忡忡，与车骑将军张安世、大司农田延年秘密商议，打算废掉刘贺，另立贤君。计议商定后，霍光派田延年告知杨敞，以便共同行事。杨敞一听，顿时吓得汗流浃背，惊恐万分，只是含含糊糊，不置可否。

杨敞的妻子，是太史公司马迁的女儿，颇有胆识。她见到丈夫犹豫不决的样子，暗暗着急，趁田延年更衣走开时，上前劝丈夫说："国家大事，岂能犹豫不决。大将军已有成议，你也应当速战速决，否则必然大难临头。"

杨敞在房里来回踱步，却拿不定主意。正巧此时田延年回来，司马夫人回避不及，索性大大方方地与田延年相见，告知田延年，她丈夫愿意听从大将军的吩咐。田延年听了，很高兴地告辞走了。

田延年回报霍光，霍光十分满意，马上安排杨敞领众臣上表，奏请皇太后。

第二天，杨敞与群臣谒见皇太后，陈述昌邑王不堪继承王位的原因。太后立即下诏废去刘贺，另立汉武帝的曾孙刘询为君，史称汉宣帝。

沆瀣一气

宋·王谠《唐语林·补遗》

原文 崔相沆知贡举，得崔瀣。时榜中同姓，瀣最为沆知。谈者称："座主门生，沆瀣一气。"

释义 沆瀣：指唐朝的崔沆和崔瀣，原指夜间的水气。原意为气味相投的人聚在一起。现比喻臭味相投的人勾结在一起，含贬义。

隋唐时，读书人要做官，都要经过科举考试。唐僖宗当政期间，在京城长安举行了一次考试，各地已经取得一定资格的读书人，来到长安应考。

在众多的考生中，有个叫崔瀣的很有才学，考下来自己感觉也不错，就等着发榜了。主持这次考试的官员名崔沆。他批阅到崔瀣的卷子，越看越觉得好，就把他录取了。发榜那天，崔瀣见自己榜上有名，非常高兴。

按照当时的习俗，考试及第的人，都算是主考官的门生；而主考官就是考试及第的人的座主，大家都尊称他为恩师。发榜后，门生要去拜访恩师。崔瀣自然也不例外。

崔沆作为座主，见到崔瀣这位与自己同姓的门生，显得格外高兴。也真是巧合，"沆""瀣"二字合起来是一个词，表示夜间的水气、雾露。于是，爱凑趣的把这两个字合在一起编成两句话："座主门生，沆瀣一气。"意思是，他们师生两人像是夜间的水气、雾露连在一起。

骇人听闻

《隋书·王劭传》

原文 劭在著作，将二十年，专典国史，撰《隋书》八十卷。……或词鄙野，或不轨不物，骇人视听，大为有识者所嗤鄙。

释义 形容事出非常或者故意夸大其词，使人听后感到十分惊骇。

王劭，字君懋，太原晋阳人。他从小就喜爱读书，年轻时就因为博闻强识而闻名。当时的一些文人如果遗忘了古书上的内容而一时又无书可查时，就会去请教王劭，王劭都能一一回答。以后有机会查对古书，便发现王劭答的和书上一字不差。隋文帝杨坚看到王劭很有才学，任命他为著作郎。

王劭尽管有一肚子学识，但他却不是一个老老实实做学问的人。他另有一大本领——拍马屁。

有一次，隋文帝做了一个梦，梦见他想爬上一座高山，但却爬不上去，后来得到侍从崔彭等人的相助才上得山去。王劭听说后对皇帝说："这是一个大吉大利的梦：梦见高山，说明皇上的帝位像高山一样崇高、安稳。崔彭好比彭祖（传说中的长寿人物），这是长寿的象征。"隋文帝听了很高兴。

王劭除了拍马屁，还靠故弄玄虚的手法欺骗隋文帝。他经常假托什么图谶命符散布荒诞的童谣，谎报各种神奇怪异的现象，以此来预卜国家将如何如何兴旺。

例如有一次王劭谎报某地发现神龟，龟腹上有"天下杨兴"四个字。皇后死后,他也胡编乱造,说皇后是"妙善菩萨"转生,她不是死,而是"返真升入仙道",以此讨得文帝的欢心,保持他的官职。

所以《隋书》评价王劭说:王劭喜欢用怪诞不经的语言、粗俗鄙野的文字、不合实际的内容,骇人视听,最终使得大家都看不起他。

好谋善断

《辨亡论》

原文 畴咨俊茂,好谋善断。
释义 表示勤于思考,善于作出判断。

三国时,东吴的孙权善于招揽人才,礼贤名士,不管是江东本地的还是其他地方来的,只要有才能,肯为他效力,他都加以任用。鲁肃、诸葛瑾等人都投奔到他那里去,并且受到他的赏识和重用。

公元208年,荆州牧刘表病死。孙权接受鲁肃的建议,以吊丧为名,派鲁肃去荆州,观察刘表儿子的动向;同时联合依附于刘表的刘备,一起反对曹操。不料,鲁肃还未到荆州,刘表的儿子刘琮已经投降曹操;刘备在曹军的追击下,急忙向南撤退。于是鲁肃会见刘备,提出联合抗曹的主张。刘备表示同意,派诸葛亮随鲁肃去见孙权。

这时,孙权还在观察形势。诸葛亮拜见孙权后对他说,曹操大军压境,再犹豫不决就要大祸临头。诸葛亮分析道:曹军远路赶来,非常疲劳;他们又都是北方人,不习水战;荆州的军队刚投降曹操,内心不服。所以只要孙、刘同心协力,一定能打败曹军。

孙权听了诸葛亮的一番分析,增强了联合刘备打败曹操的信心。就在这时候,曹操想用武力胁迫孙权投降,派人到江东下战书,把自己二十多万军队夸大为八十万,扬言要和孙权决一胜负。

孙权把战书给部下看,部下大惊失色。不少将领主张向曹操投降,只有鲁肃主张抵抗。当时周瑜不在,鲁肃劝孙权召回周瑜再作计议。

周瑜回来后,孙权召集部下继续商议。周瑜分析了曹军的弱点后,认为曹操犯了用兵之忌,要求孙权给他几万精兵,保证能打败曹操。

孙权听了周瑜的话,抗曹的决心更坚定了。他对周瑜说:"曹操这老贼早就想废去汉室,自立为帝,只是顾忌袁绍、袁术、吕布、刘表和我罢了。现在袁绍等人已经败灭,只留下我了。我同老贼势不两立,你提出应当抗击,非常合我的心意。这是老天爷把你送到我这里来相尉的啊!"

孙权越说越激动,随手拔出佩剑,"嚓"的一声,砍去了面前几案的一角,对着大家厉声说:

"众位将领敢有再讲投降的,就跟这几案一样!"

接着,孙权任命周瑜为左督都,程普为右督都,鲁肃为赞军校尉,带三万精兵溯江西上,和刘备的军队会合一起,迎击曹军。

公元208年,曹军进到赤壁,小战失利,退驻江北,与孙、刘联军隔江对峙。孙、刘联军利用曹军远来疲惫、疾疫流行、不习水战、后方又不稳定的弱点,用火攻击败曹操的水师;周瑜和刘备水陆并进,大破曹军。赤壁之战后,孙权地位更加巩固。刘备握有荆州大部地区,后又取得益州。从而形成了曹操、孙权、刘备三方鼎峙的局面。

何足挂齿

《史记·刘敬叔孙通列传》

原文 此特群盗鼠窃狗盗耳,何足置之齿牙间。

释义 足:值得。哪里值得放在嘴上。形容事情很小,不值一提。

秦朝末年,秦二世把朝政大权都交给赵高,每天只知道荒淫享乐。秦期的统治极其残暴,老百姓被逼得走投无路,终于在陈胜、吴广的率领下揭竿而起,爆发了声势浩大的农民起义。

起义军得到四方响应,官兵被打得狼狈不堪,起义军占领了许多地方。消息接二连三地传到朝廷,都被赵高他们瞒住了,秦二世还是照常玩乐。曾经有使者向秦二世报告过各郡县农民起义的情况，可赵高说是使者造谣，秦二世就把那个使者关进了大牢。后面的使者见到这种情况，就都学会了报喜不报忧。

有一次，秦二世把博士和儒生们召来，问他们："天下是不是有人在造反？"有个叫叔孙通的人知道说了真话要吃亏，就说："我们有圣明的皇上统治，又制定了严厉的法令，天下人人都奉职守法，四面八方也都归附朝廷，哪里有敢造反的人呢？他们说的只不过是几个偷鸡摸狗的小毛贼而已，哪里值得放在嘴上？"

秦二世听了非常高兴，连连说好，还给了叔孙通丰厚的赏赐。从此，秦二世更加放心了，自然不会想到要派大军去打那些"偷鸡摸狗"的小毛贼。结果，没过多久，秦朝就被推翻了。

鹤立鸡群

《世说新语·容止》

原文 有人语王戎曰："嵇延祖卓卓如野鹤之在鸡群。"

释义 鹤：白鹤，亦称仙鹤，一种颈、腿细长的鸟；立：站立。白鹤站在一群鸡当中。

嵇康，是三国时期曹魏著名的文学家、音乐家。他才学出众，性格耿直，又长得高大魁梧，非常引人注目。后来他因不满操纵朝政的司马氏集团，被司马昭借一件事杀害，死时仅四十一岁。

嵇康的儿子嵇绍，和他父亲一样很有才学，并且身材魁梧、仪表堂堂，他无论走到哪里，都显得卓然超群。

司马炎代魏称帝后，嵇绍被征召到京都洛阳做官。有人见了他后，对他父亲的好友王戎说：

"昨天我见到了嵇绍，他长得高大极了，雄伟得很。在人群之中，就像一只仙鹤站在鸡群里那样突出。"

王戎听了，说：

"你还没有见过他父亲嵇康呢，比他更突出！"

晋惠帝司马衷继位后，嵇绍担任侍中，侍从皇帝，经常出入宫廷。后来，西晋皇族内部发生了"八王之乱"。嵇绍在跟随惠帝出兵作战时，尽力护卫惠帝，不幸中箭身死，鲜血溅在惠帝的战袍上。惠帝很受感动，不让内侍洗去这件战袍上的血迹，表示他非常赞赏和怀念嵇绍的高贵品质。

涸辙之鲋

《庄子·外物》

原文 鲋鱼曰："我得斗升之水然活耳，君乃言此。曾不如早索我于枯鱼之肆。"

释义 干枯的车辙中的鲫鱼。比喻身陷绝境，急待相救的人。

战国时期的庄子，著名的思想家，著名的哲学家，是道家的代表人物之一。年轻时他家里很穷，经常靠借钱借粮过日子。

有一天，庄子家里又没有米了，他听说有个熟人当了监河侯，便到他的家里去借粮食。到了监河侯的家里，因为庄子很有学问，是个有名的人，监河侯对他很客气。可当庄子说明来意后，监河侯心里马上就不痛快了。他不想借粮给庄子，但又不好明说，就装出一副很慷慨的样子，对庄子说："要借粮？没有问题，过段时间等我收了稻谷以后就派人给你送去。"

庄子一听，就知道监河侯是不愿意借粮给自己，却又要假意充好人，就讲了一个故事来讽刺他。庄子说：

"我在来你家的路上，看到车轮压出的沟里有一条鲫鱼正在泥浆中挣扎，它看到我，就赶紧呼救，说：'我快要干死了。你能不能给我一升水喝，救我一命。'我很慷慨地对它说：'可以，你在这里等着，我现在就到南方去见吴、越等国的国王，让他们同意我把西江的水开河挖渠引过来，那时你也就得救了。'

鲫鱼听了非常生气,说:'我现在快要渴死了,你只要给一升水就可以救我,你却要到南方去放西江水来。等你回来的时候,我早就干死了,你只有到干鱼店里去找我了!'"

监河侯听了庄子的故事,明白庄子是在讽刺自己,羞得满脸通红。庄子讲完故事,头也不回地走了。

鸿鹄之志

《史记·陈涉世家》

原文 陈涉少时,尝与人佣耕,辍耕之垄上,怅恨久之,曰:"苟富贵,无相忘。"庸者笑而应曰:"若为庸耕,何富贵也?"陈涉太息曰:"嗟呼,燕雀安知鸿鹄之志哉!"

释义 鸿鹄:天鹅。天鹅展翅高飞的志向。比喻远大的志向。

秦朝末年,老百姓深受压迫和剥削。农民被迫交纳收获物三分之二的赋税,还要被征去建造宫殿、坟墓,修筑长城,镇守边境地区。秦朝的法律很残酷,往往一人犯罪处死,亲属也得一起被处死。百姓处于水深火热之中。

当时有个雇农姓陈名胜,字涉,出身贫贱,从小就有大志。他看到秦朝暴虐无道,穷人吃尽了苦头,决心改变这种现状。

一天,陈胜和一些雇工一起在地里干活。休息时,雇工们谈起目前过的苦日子,都非常愤恨,但又无可奈何。

陈胜听了,连声叹气。过了一会儿,他对大家说:"今后假使谁能够富贵,谁也不要忘记谁!"

雇工们都笑着说:"你也是受人雇用的种田人,哪里来的富贵啊?"陈胜又叹了一口气,说:"唉!燕子和麻雀怎么能知道天鹅的志向呢?"

陈胜这话的意思是:目光短浅的人,怎么能知道有远大抱负的人的志向呢?

雇工们听了，都哈哈大笑起来。他们中当然谁也没有想到，后来陈胜在大泽乡发动起义，成了中国历史上第一次农民大起义的领袖。

后顾之忧

《魏书·李冲传》

原文 朕以仁明忠雅，委以台司之寄，使我出境无后顾之忧。
释义 形容在前进或外出过程中，对后方或家里的事有所忧虑。

南北朝时，北魏有个宰相叫李冲，他才智过人，为官清廉，对朝廷忠心耿耿，很得孝文帝元宏的器重，也很得大臣们的敬仰。

李冲从不接受贿赂。有一次，有人为了谋求官职给他送来了一匹良马。当时，他正巧不在家，寄住在他家的一个远房亲戚自作主张地收下了这匹马，事后也没告诉他。后来，李冲见到了这匹马，以为是家里新买的，就骑了它外出。送马的人见李冲骑了自己送的马，但对自己求官的事却只字不提，认为李冲耍了自己，就到处讲李冲的坏话。李冲知道事情真相后，就判了那个亲戚的死刑。

李冲还经常把皇帝、太后赐给他的钱财分送给亲戚朋友，因此，很得人心。

李冲当宰相，每当孝文帝领兵出征，就把朝廷内外的大事都交付给李冲。李冲总是鞠躬尽瘁，事事都考虑得十分周全，使孝文帝在外面很放心。

有个叫李彪的人，初到京师时投奔李冲。李冲和他交谈之下，觉得他颇有才学，挺赏识他，就把他推荐给孝文帝。后来，李彪当了中尉兼尚书，成了皇帝的近臣，成天跟在皇帝后面。这下他觉得了不起了，朝廷大臣，谁也不放在眼里，连对李冲也傲慢无礼。大臣们很讨厌他，就到李冲处反映意见。李冲也很生气，就和大臣们联合上书，向孝文帝控告李彪。他亲自执笔，写到李彪忘恩负义的地方，李冲一时气得急火攻心，得了急病，十来天后，竟死了。

孝文帝当时正领兵南征，听到噩耗，急忙赶回京城。他路过李冲的坟墓时，忍不住失声痛哭，对左右的人说："李冲，品德高尚，忠诚可靠，我交托给他的国家大事，全都办得很好，使我每次出征在外，都没有后顾之忧。不料他竟暴病身亡，我真是很伤心啊！"

后生可畏

《论语·子罕》

原文 后生可畏，焉知来者之不如今也！

释义 青年人可以超越先辈，他们是值得敬畏的。

孔子在游历的时候，碰见三个小孩，有两个正在玩耍，另一个小孩却站在旁边。孔子觉得奇怪，就问站着的小孩为什么不和大家一起玩。

小孩很认真地回答："激烈的打闹能害人的性命，拉拉扯扯的玩耍也会伤人的身体；再退一步说，撕破了衣服，也没有什么好处。所以我不愿和他们玩。这有什么可奇怪的呢？"

过了一会儿，小孩用泥土堆成一座城堡，自己坐在里面，好久不出来，也不给准备动身的孔子让路。孔子忍不住又问："你坐在里面，为什么不避让车子？""我只听说车子要绕城走，没有听说过城堡还要避车子的！"孩子说。

孔子非常惊讶，觉得这么小的孩子，竟如此会说话，实在是了不起，于是赞叹地说："你这么小的年纪，懂得的事理真不少呀！"

小孩却回答说："我听人说，鱼生下来，三天就会游泳，兔生下来，三天就能在地里跑，马生下来，三天就可跟着母马行走，这些都是自然的事，有什么大小可言呢？"

孔子不由感叹地说："好啊，我现在才知道少年人实在了不起呀！"

后起之秀

《世说新语·赏誉》

原文　卿风流俊望，真后来之秀。
释义　表示后辈中的优秀者。后出现或新或长起来的优秀人物。

东晋时，王忱在少年时代就显露出才气，很受亲友的推崇。他的舅父范宁，是当时著名的经学家，对王忱也很器重，有著名文士拜访，他总让王忱到场接待。

有一次，王忱去看望舅舅，遇到了比他早出名的张玄。舅舅要他俩交谈交谈。张玄早就听说王忱志趣不凡，很想与他谈谈。他年龄比王忱要大，自然希望王忱先给自己打招呼，就端正地坐着等候。不料，王忱见张玄这等模样，看不上眼，也默默坐着，一言不发。张玄见他这样，自己又放不下架子，对坐了一会，怏怏不乐地离去。

事后，范宁责备王忱说："张玄是吴中的优秀人才，你为什么不好好与他谈谈？"

王忱傲慢地回答说："他要是真心想和我来往，完全可以来找我谈谈嘛。"

范宁听了这话，反而称赞起外甥来了："你这样风流俊逸，真是后来的优秀人才。"

王忱笑着回答说："没有您这样的舅舅，哪来我这样的外甥？"

狐假虎威

《战国策·楚策一》

原文　虎求百兽而食之，得狐。狐曰："子无敢食我也。天帝使我长百兽，今子食我，是违天命也。子以我为不信。吾为子先行，子随我后，观百兽之见我而敢不走乎?"虎以为然,故遂与之行,兽见之皆走。虎不知兽畏己而走也,以为畏狐也。

释义 假:借,凭借;威:威势。狐狸凭借老虎的威势。比喻依仗别人的权势,欺压吓唬人。

战国时期,楚国有个大将叫昭奚恤,这个人很有才干,多次领兵打了胜仗,北方各诸侯对他都很敬畏。

有一次,楚国的国君楚宣王召集大臣们议事。他问大臣们说:"我听说北方的国家都很害怕昭奚恤,是真的吗?"

大臣们都默不作声,不知该怎样回答。有个叫江乙的大臣,很有智谋,他揣摩了一番楚宣王的心理,就说:"大王,不是这样的。那些国家并不是惧怕昭奚恤,而是惧怕您呀。我曾听说过这样一个故事:

从前,有一只老虎,在森林里寻找猎物,抓到了一只狐狸,老虎正要吃狐狸时,狐狸开口道:'你怎么敢吃我!我是天帝派来管理百兽的,你今天吃了我,是违抗天帝的旨意,天帝会降罪于你的。'

老虎知道狐狸一向以狡猾闻名,有些不相信他的话。但听他说得一本正经,又不敢不信。正犹豫间,狐狸又说:'你如果以为我说的是假话,我们可以到森林里走一趟,我在前面,你跟在后面,看看那些野兽见了我害怕不害怕。'

老虎同意了,就跟着狐狸到森林里去。森林里的野兽见跟在狐狸后面的老虎,都吓得拼命逃跑。可是老虎却不知道百兽是害怕自己而逃的,以为它们真的是害怕狐狸呢!

大王您现在占有着五千多里方圆的地盘,还有雄兵百万,这百万大兵都归昭奚恤管辖,所以北方的几个国家都怕他。其实他们是害怕您的兵马,这就如同'狐假虎威'一样啊!"

楚宣王听了这番话后,果然很高兴,把江乙大大夸奖了一番。群臣们也大大松了一口气,都暗暗佩服江乙有智慧。

囫囵吞枣

朱熹《答许顺之书》

原文 今动不动便先说个本末精粗无二致，正是囫囵吞枣。

释义 比喻读书学习不加分析地笼统接受，不求甚解。

有一位医生对人说，生梨对人的牙齿很有好处，但对脾却有害处；而枣对脾有好处，但对牙齿却有害处。一个自作聪明的人听后，连忙对旁人说："我倒有个好法子，既可以吸收生梨和枣子各自对于人的好处，又可以避免害处。那就是我吃生梨的时候，只用牙齿咀嚼，却不咽到肚里去，这可以使生梨对牙齿有益，而免得伤脾；等到吃枣子的时候，我就不用牙齿咬，而是一口吞下肚去，这不是可以让枣子对脾有益，而免得它伤害牙齿吗？"

旁人听了，笑着说：

"你吃生梨只嚼不咽，倒还可以做到；可吃枣子只咽不嚼，就很难了，你那样囫囵吞枣，枣核咽下去，肚子可受不了啊！"

怙恶不悛

《左传·隐公六年》

原文 君子曰："善不可失，恶不可长，其陈醒公谓乎。长恶不悛，从自及也。"

释义 怙：仗恃；悛：悔改。形容坚持作恶，不思悔改。

公元前743年，十四岁的寤生继任郑国国君，史称郑庄公。过了三年，卫国联合宋、陈等国进攻郑国。为了离间卫的盟国陈国，庄公派使者到陈国去要求和好,并希望结成联盟。

不料,陈桓公瞧不起郑庄公,不愿与郑国结盟。他的弟弟五父劝谏说:"对邻国亲近、仁爱和友善,是立国的根本。您应该考虑到这些,答应郑国的要求。"

但是,桓公听不进五父的话,反驳说:"宋国和卫国都是大国,它们才是我们陈国难以对付的。郑国有什么作为,能把我们陈国怎样!"

庄公得知桓公拒绝与自己结盟,勃然大怒,决定给他点颜色看看。公元前717年,他率领大军攻伐陈国。桓公仓促率军应战,结果大败。

后来,史学家对上面这段历史发表评论说:"友善不可丢失,罪恶不能滋长,这是针对陈桓公说的,一直做罪恶的事而不改过,最后一定会自食其果。"

悔过自新

《史记·扁鹊仓公列传》

原文 妾父为吏,齐中称其廉平,今坐法当刑。妾切痛死者不可复生,而刑者不可复续,虽欲改过自新,其道莫由,终不可得。妾愿入身为官婢,以赎父刑罪,使得改行自新也。

释义 认识并改正错误,重新做人。

淳于意,字仓公,西汉时齐国临淄人,因曾做过齐国太仓令,所以称为仓公,是汉初著名的医学家。

淳于意从小喜爱医学,曾拜公乘阳庆为师,学得了黄帝、扁鹊传下来的医术,治好了不少疑难杂症。后因得罪了权贵而被官府处以肉刑(包括在犯人脸上刺字、割鼻、断足等),并要押解到长安去行刑。淳于意只有五个女儿,没有儿子,临走时面对着五个哭哭啼啼的女儿,感慨地说:"我只有女儿,没生儿子,到了紧要关头,谁也派不了用场!"

他的小女儿缇萦听了后很悲伤,决定跟随父亲西上京城长安,并给汉文帝写了一封信，信上说：

"我父亲做官时，齐地一带的老百姓都称赞他廉洁公平。如今犯了罪，当然应该受处罚。但我痛切地感到，人死了不能复生，受肉刑断了手足也不能再长出来，虽然想改过自新，也不可能了。我情愿给官府做奴婢，来替父亲赎罪，以便让他有一个改过自新的机会。"

汉文帝看到缇萦写的信后，深受感动，没有想到这么年轻的少女能有如此的孝心和文才，佩服之余，就下令免了她父亲的罪，并下令废除了肉刑。

悔之无及

《史记·伍子胥列传》

原文 愿王释齐而先越，若不然，后将悔之无及。

释义 后悔也来不及了。

伍子胥，名员，春秋时楚国人。因其父、兄被楚平王杀害，自己也被追杀而逃到吴国。后来，他帮助阖闾刺杀吴王僚，夺取了王位。吴王阖闾在伍子胥的帮助下，国势逐渐强大。后伍子胥又因攻破楚国被封于申，所以又称为申胥。

公元前496年，阖闾之子夫差继吴王位。之后，吴王夫差为了争霸中原，准备攻打齐国。越王勾践采用子贡的计谋，带领部属前来助威，并且给吴王夫差和太宰伯嚭（pǐ）等大臣都送了厚礼。吴国君臣都十分高兴，只有伍子胥忧心忡忡。他劝告夫差说："越国是我们的心腹之患。勾践表面上装得很老实驯服，但骨子里是为了实现他侵吞吴国的野心。我们不如早一点儿对它下手。今天我们如果轻信了勾践的花言巧语，不远千里去攻占齐国，也只是好比得到了一块不能生长庄稼的石田，什么用处也没有。因此，希望大王放弃伐齐的打算而先攻打越国，不然的话，等越国强大起来，反扑过来，就后悔也来不及了。"吴王夫差没有听从劝告，反而开始疏远伍子胥。

公元前484年，吴王夫差居然听信太宰伯嚭的谗言，赐剑令伍子胥自杀。

伍子胥临死前对手下人说：

"我死后，在我的坟上种上树，等到树成材时，吴国差不多也就要灭亡了；另外把我的眼睛挖出来挂在吴国东门之上，以便我亲眼看着越国灭亡吴国。"

十一年之后，吴国果然被越国灭亡，吴王夫差自杀。

讳莫如深

《谷梁传·庄公三十二年》

原文　此奔也，其曰如，何也？讳莫如深，深则隐。

释义　讳：隐瞒；深：事件重大。原指事情重大，因而隐瞒不言。后指把事情瞒得很紧。

春秋时，鲁庄公有好几个妻妾。他的妻子哀姜没有生育，于是，她的妹妹叔姜跟着嫁给庄公，并生了一个儿子叫启。而哀姜与庄公感情不好，与庄公的庶（妾所生的称庶）兄庆父私通。

庄公最宠爱的是孟任。孟任生了一个儿子叫般，庄公一心想使公子般继承君位。庄公的妾成风，也生了一个儿子叫申。成风希望申能继承君位，就请鲁庄公的弟弟季友帮忙。但是季友认为，公子般的年龄比公子申要大，没有答应。

不仅是庄公的妻妾想让自己的儿子继承国君，就是庄公的庶兄庆父也想继位，并且得到了庄公的庶弟叔牙的支持。庄公病重时就问过叔牙，他死后由谁继位最合适。叔牙就向他推荐庆父。这当然不合庄公的心意，接着他问季友，季友表示，愿不惜牺牲自己的生命，来扶植公子般继位。

公子般长大成人后，与梁氏女相爱。一天，有个叫荦的养马人唱了一首歌调戏她。公子般知道后，就叫人用鞭子抽打了荦一顿。荦对公子般怀恨在心，便投靠庆父打算伺机报复。

庄公死后，季友设计毒死了叔牙，准备立公子般为国君。正巧这时公子般的外祖父也病死,他就去吊丧。庆父认为这是夺君位的好机会,就派养马人荦去把公子般杀了。季友得到这个消息,知道是庆父主使这件事的,接下去一定不会放过自己,就逃到陈国去避难。

庄公的妻子哀姜见公子般已死,就怂恿庆父继位。但庆父考虑到庄公的庶子公子申和公子启都在,自己继位还不是时候。由于公子申年长,很难控制他,公子启年仅八岁,又是哀姜妹妹生的,所以最后立公子启为国君。这就是鲁闵公。

俩人合计好后,就为公子般发丧。庆父还借发讣告为名,出奔往齐国,争取齐桓公的支持。不到两年,庆父杀了闵公,准备自己当国君。人们见他杀了两个国君,太残暴了,纷纷起来反对。逃到陈国去的季友乘机号召鲁国人民杀死庆父,庆父吓得逃往齐国。季友回国后,立公子申为国君,这就是鲁僖公。后来,庆父被逼得走投无路只得自杀。

孔子《春秋》中记载这段历史时说,庄公死的那年,公子般死去,庆父到齐国去,并不明记其事。后来,阐释《春秋》的《谷梁传》在评论这件事时说,庆父明明是出奔到齐国去的,却说是到齐国去的。为什么这样记载呢?那是因为事件重大,如实记载会伤臣子之心,所以隐瞒起来不说。

华而不实

《左传·文公五年》

原文 且华而不实,怨之所聚也。

释义 光开花,不结果实。比喻外表好看,而没有实际内容。多用以形容表面上很有学问,实则腹中空空的人。

春秋时,晋国大夫阳处父出使到魏国去,回来路过宁邑(今河南省获嘉县),住在一家客店里。

店主姓嬴,看见阳处父相貌堂堂,举止不凡,十分钦佩,悄悄对妻子说:"我早想投奔一位品德高尚的人,可是多少年来,随时留心,都没找到一个合意的。今天我看阳处父这个人不错,我决心跟他去了。"

店主得到阳处父的同意,离别妻子,跟着他走了。

一路上,阳处父同店主东拉西扯,不知谈些什么。店主一边走,一边听,也听不出有什么高明之处。

店主很快看出了阳处父徒有外表,其实并没有真才实学和值得尊崇的人品德行。刚刚走出宁邑县境,店主就改变了主意,和阳处父分手了。

店主的妻子见丈夫突然折回,心中不明,问道:"你好不容易遇到这么个人,怎么不跟他去呢?你不是决心很大吗?家里的事你尽管放心好了。"

店主说:"我看到他长得一表人才,以为他可以信赖,谁知听了他的言论却感到非常讨厌。我怕跟他一去,没有得到教育,反倒遭受祸害,所以打消了原来的主意。"

这位阳处父,在店主的心目中,就是一个浮华于表、空虚于里的"华而不实"的人。所以,店主毅然地离开了他。

画龙点睛

唐·张彦远《历代名画记》

原文 武帝崇饰佛寺,多命僧繇画之……金陵安乐寺四白龙不点眼睛,每云:"点睛即飞去。"人以为妄诞,固请点之。须臾,雷电破壁,两龙乘云腾去上天,二龙未点眼者见在。

释义 给画好的龙点画上眼睛。比喻在写文章或讲话时,用上关键的几句话,使之更加生动、精辟。

南北朝时期,建都在金陵(今江苏南京市)的梁朝有位著名的画家名叫张僧繇(yáo),他的画,特别传神:画动物,像会蹦跳;画人物,像会说话。皇亲贵族、富商大贾都争相索要他的画。

传说有一年,他给金陵安乐寺作壁画。他在墙上画了四条龙,画得惟妙惟肖,鳞甲俱全,四条张牙舞爪的龙好像随时会腾空飞去,真是活灵活现。

老百姓听说张僧繇画了四条像真的一样的龙，都纷纷跑来观看，人人赞不绝口。

忽然有个人发现了一个问题，失声叫道："咦，这龙怎么没有眼睛呀？"大伙仔细一瞧，四条龙果然都没有眼睛，刚才只顾赞叹了，竟没发现。于是，大家七嘴八舌地向张僧繇问道："你为什么不画眼睛呀？"

张僧繇说："如果画上眼睛，它们就会飞走了。"

人们一阵哄笑。这个说："你骗人，画在墙上的龙还会变成真的吗？"那个道："你说得太玄乎，请你给龙画上眼睛，让我们看看它是不是真会飞走。"

张僧繇见众人都恳切请求，无法推辞，就拿起笔来，给壁画上的龙轻轻点上眼睛。他刚点完第二条龙的眼睛时，忽然电光一闪，轰隆一声响雷，把众人都吓了一跳。一时间风雨交加、天昏地暗，在雷鸣电闪中，只见两条龙挣破墙壁，腾空而起，一会儿就不知去向了。再看那墙壁，只剩下两条尚未点眼睛的龙了。所有目睹张僧繇画龙点睛的人都不由啧啧称奇，夸赞僧繇是神笔。

画蛇添足

《战国策·齐策二》

原文 一人蛇先成，引酒且饮之，乃左手持卮（zhī），右手画蛇。曰："吾能为之足。"未成，一人之蛇成，夺其卮曰："蛇固无足，子安能为之足？"遂饮其酒。

释义 画好蛇再添画上脚。比喻多此一举，弄巧成拙。

战国时期，楚国国君楚怀王派昭阳为将，领兵征讨魏国。昭阳是员猛将，他带领将士一阵猛攻猛打，一举攻占了魏国八座城池，楚军大胜。但昭阳似乎意犹未尽，又想领兵乘胜去攻打齐国。齐王得到消息后，很着急。正巧秦国的使者陈轸出访到齐国，齐王就请他去见昭阳，说服他不要与齐国动武。

陈轸见了昭阳后，并不立即说明来意，而是问："按贵国的规定，像您今天取得这样辉煌的战果，应受到什么样的奖赏？"

昭阳得意地说："官封为上柱国，爵为上执珪！"

陈轸又问："那么还有比这官更大的吗？"

昭阳回答："当然有啊，更大的是令尹。"

陈轸接过话头说："令尹虽然更加显贵，但是楚国现在已有令尹，楚怀王是不会为了赏功设置两个令尹的吧？请听我讲个故事：楚国有一个人家祭祀祖先，祭礼过后，主人就把祭祀用过的酒赏给办事的人喝。这壶酒如果大家都喝是不够喝的，但如果给一个人喝，就能喝个痛快。于是有人提议：每个人都在地上画一条蛇，谁第一个画完，这壶酒就归谁。大家同意了，就开始画起来。有一个人画得很快，不一会儿就画好了。他一把拿过酒壶正准备喝，看看别人都还在慢慢画，很想显显自己的本事，就左手拿着酒壶，右手继续画蛇，边画边说：'我再给蛇画几只脚也还来得及呢！'谁知，他蛇脚还没画好，另一个人已画好了蛇。那人一把抢过酒壶说：'蛇本没有脚，你怎么能为它添上脚呢？这酒归我了。'说着，就把酒喝了。为蛇添足的人，终于没喝到酒。

现在，您为楚国打败了魏军，得了八座城池，还不息兵，而要讨伐齐国。我认为，即使您把齐国打败了，官也不会升得更高了。如果万一打不赢齐国，反而要前功尽弃，那就无异于'画蛇添足'了。不如趁现在大功已告成，赶快退兵吧。"

昭阳听了陈轸的话，觉得很有道理，就领兵回国了。

画饼充饥

《三国志·魏书·卢毓传》

原文 选举莫取有名，名如画地作饼，不可啖也。

释义 画一张饼来填饱肚子。比喻用空想来安慰自己。

三国时，魏国有个人叫卢毓，从小就聪明能干，很有志向。他十岁时死了父母，后来两个哥哥又死于战乱。十几岁的卢毓就担起了供养寡嫂和侄子的重任。当时战乱不断，到处饥荒，卢毓凭着自己的才干以及善于吃苦耐劳，使嫂子和侄儿不至于饿死，人们都很赞赏他。

后来，卢毓在曹操的儿子曹丕的麾下做了官。当时三国争雄，谁胜谁负还难预料，将士们常有叛逃的。为了防止逃亡，朝廷制定了严厉法令，规定将士逃亡，就拿妻子问罪。有个逃亡将士的妻子白氏，刚嫁到夫家几日，还没见到在外打仗的夫君是什么样子，丈夫就逃跑了。大理司判了白氏死刑。卢毓知道后，就对曹操说："女子对丈夫的感情，是和丈夫相见相处而后才有的，所以《诗经》上说：'未见到夫君的时候，我心伤悲；见到了夫君，我的心才平静。'《礼记》中也说：'没有见到夫君就死的女子，要葬回父母处，因为她还没当人家的妻子。'现在白氏生有未见之悲，死有非妇之痛，却还要判她死刑，不是太严厉了吗？我以为判刑可以，死刑则太重了。"曹操听得直点头，称赞说："卢毓的话很有道理，又引经据典，我自叹不如啊！"

曹丕也很器重卢毓，他当了魏文帝后，就把卢毓升为侍中，为自己出谋划策。有一次，曹丕派卢毓去挑选中书郎，对他说："选拔人才时，不要选那些有名气的，名气就好像是在地上画的饼，好看却不能吃！"

卢毓回答说："光看名气是不易找到有特异才能的人，但却可发现一般的人才。修养高、行为好而有名的，我们不该厌恶他们。我以为主要的是要对他们进行考核，看他们是否有真才实学。"

魏文帝认为卢毓的话很有道理，就下令制定了考核法。

黄粱一梦

唐·沈既济《枕中记》

原文 黄粱犹未熟，一梦到华胥。

释义 黄粱：小米。比喻虚幻不实的希望破灭，好像做了场梦。比喻沉湎于不切实际的、不能实现的幻想中。也指想要实现的如意好事落得一场空。

从前，有位穷书生，姓卢，屡试不中，又一次赶考途中，在邯郸旅馆里遇一道士吕翁，就向他诉苦。吕翁便从袖子里取出一个枕头说："你把它枕在头下，便可以一切如意了。"

吕翁说话的时候，旅店主人正在煮黄粱饭，而卢生因为旅途辛苦，确实很累，便糊里糊涂地枕着吕翁给他的枕头睡着了。

不久，他便进入了梦乡，梦见自己来到一个不知名的地方，娶了当地一位年轻美貌、善良温顺的崔姓女子为妻。那个女子不但家境富有、贤淑能干，而且婚后帮助他踏上了仕途，还替他生了几个子女。

后来，他的儿女都长大了，娶亲的娶亲，嫁人的嫁人，每个人都生活得非常舒适优裕，而卢生也一帆风顺，一直做到宰相的高位。

又过了若干年，儿女们给他添了孙子外孙，他便闲居在家里享福，做起老太爷来。由于他终年嘻嘻哈哈笑颜常开，加上家里的生活条件非常好，所以他一直活到八十多岁才安然死去。

当他从梦中醒来的时候，嘴角边还挂着满足的微笑。可等他睁开眼睛一看，原来自己仍住在旅店的小房间中，刚刚那些荣华富贵只是短暂的一场梦罢了，甚至店主人煮的黄粱饭，也还没有煮熟呢。

卢生梦中的喜悦一下子消失殆尽，他失望极了。吕翁这时才对他说："别企求虚无的东西，人生的荣华富贵就如同过眼烟云一样。"

机不可失

《旧唐书·李靖传》

原文 兵贵神速，机不可失。

释义 表示时机难得，不可错过。

唐朝初期的军事家李靖，为李渊建立唐王朝出过力。李渊当皇帝后不久，李靖上书平定长江中游地区称帝的萧铣。李渊采纳了他的计策，任命他为引军总管，并作为李渊的堂侄李孝慕的副手，率军前去讨伐萧铣。

公元 621 年 8 月，唐军队伍开抵夔州。萧铣以为正值秋汛期间，江水上涨，唐军不敢进入危险的三峡地区，因此不做任何防备。

唐军将领中，对是否要在此时渡三峡也看法不一。

许多将领认为，在水涨时渡江太危险，希望水位下降后再进兵。

但是李靖认为，兵贵神速，现在时机难得，不可错过。

李孝慕采纳李靖的意见，决定进兵。

萧铣得知后，赶紧派部将文士弘抵御唐军。

李孝慕打算出击，但李靖考虑到文士弘是萧铣的一员猛将，一时很难打垮他，建议等敌军士气衰落时再出击，李孝慕不听，亲自率军出战，结果大败而归。

李靖见敌兵在追击中抢掠了许多东西，每人身上背得重重的，觉得这又是个好机会，就乘机出击。结果大败敌军，又挽回了败局。

最后，李靖率军把萧铣包围在江陵城里，萧铣只好投降。

鸡鸣狗盗

《史记·孟尝君列传》

原文 （秦昭王）囚孟尝君，谋欲杀之……最下坐有能为狗盗者，曰："臣能得狐白裘。"……孟尝君至关，关发鸡鸣而出客。孟尝君恐追至，客之居下坐者有能为鸡鸣，而鸡齐鸣，遂发传出。

释义 学公鸡鸣叫，装狗进行偷窃。比喻不足称道的技能，也形容偷偷摸摸的行为。

秦昭王仰慕齐国相国孟尝君的名声，请他到秦国去。孟尝君带了许多门客前往，并献给秦王许多礼物。其中最珍贵的，是一件天下无双的白狐裘。秦王非常高兴，吩咐手下好好收藏起来。

不久秦王拜孟尝君为相国。但后来听了一些大臣的话，又觉得他是齐国贵族，任用他对秦国不利；而放他回国，则担心他已掌握了秦国的情况，考虑再三，下令先把他软禁起来。

孟尝君不清楚秦王这样做的意图。亏得秦王的弟弟泾阳君秘密地向他通气，又建议孟尝君买通秦王宠爱的燕姬，让她在秦王面前说好话，争取释放回国。

孟尝君取出一对上好的白璧，请泾阳君赠给燕姬，让她在秦王面前为自己说好话。不料，燕姬不要白璧，而要白狐裘，只有得到白狐裘，她才肯向秦王求情。

孟尝君很犯愁，因为白狐裘只有一件，并且已献给秦王，现在该怎么办呢？他与门客商量，大家一筹莫展。后来，有个坐在末位的门客说：

"我潜进宫去，把早先献给秦王的那件白狐裘偷出来！"

"你准备用什么办法去偷呢？"孟尝君问。

"我打算装扮成一条狗去偷！"

孟尝君急于获救，马上同意。当夜，这门客从狗洞里钻进宫内，终于偷到了白狐裘。燕姬得到白狐裘后，马上说服秦王签发了过关的凭证，释放了孟尝君。

孟尝君怕秦王反悔，一拿到过关凭证，马上带了门客离开秦都。来到边境的函谷关时，因天还未亮，城门紧闭。按照规定，必须等鸡鸣才能开关。

这时，又有个居于末位的门客圈起嘴唇，发出鸡鸣的声音。连续的叫声，引起附近公鸡都啼叫起来。守关士兵听到鸡鸣声，以为天快亮了，验看了凭证，就开城门放孟尝君一行出去。

秦王果然反悔，派人迅速追赶。但追到函谷关时，孟尝君等早已出关了。

集思广益

三国·蜀·诸葛亮《教与军师长史参军掾（yuàn）属》

原文 夫参署者，集众思，广忠益也。

释义 集中群众的智慧，广泛吸收有益的意见以便取得更好的效果。

蜀国的刘备死后,刘禅继位,蜀国的大小政事都由丞相诸葛亮处理决定,他实际上成了蜀国政权的主持者。在朝野上下人们的心目中,他有极高的威望。尽管如此,诸葛亮并不居功自傲,经常注意听取部下的意见。

丞相府里有一个办理文书事务的主簿官杨颙,他对诸葛亮什么事都要亲自过问的工作作风提出意见。他对诸葛亮说,处理国家军政大事,上下之间应有不同的分工;并举出一些历史上著名的例子,来劝导诸葛亮不必亲自处理一切文书,少插手一些琐碎的小事,对下属应有所分工,自己应着重抓军政大事。

诸葛亮很感谢杨颙的劝告和关心,但他总觉得重任在身,许多事情不得不亲自处理。后来杨颙病死,他非常难过,痛哭了好几天。为了鼓励下属参与政事,诸葛亮写了一篇文告,号召大家主动发表政见,反复争议,这篇文告就是《教与军师长史参军掾属》。他在文告中写道:"丞相府里让大家都来参与议论国家大事,是为了集中众人的智慧和意见,广泛地听取各方面有益的建议,从而取得更好的效果。"

家徒四壁

《史记·司马相如列传》

原文 文君夜亡奔相如,相如乃与驰归成都。家居徒四壁立。

释义 徒:只有,仅仅。家中空空荡荡,只有四面的墙壁。形容家中贫寒,一无所有。

西汉时期有位著名的辞赋家,叫司马相如。他以文才闻名天下,善于击剑抚琴,为人风流潇洒,许多人都愿意同他交往。汉景帝和梁孝王在位时,司马相如曾做过小官,后来他两袖空空,回到家乡成都,过起清闲的生活。家中虽很困苦,可是他不以为然,仍旧快快乐乐地与朋友们吟诗作赋。

家乡的朋友们见司马相如回来了,纷纷和他来往,司马相如有时也外出访友。他有位朋友叫王吉,是临邛(qióng)县令,有一天他去拜访王吉,住在临邛城的一个小客店里。王吉听说司马相如来了，放下架子，到小客店恭恭敬敬来看望他。两位好友无拘无束高谈阔论，惊动了城里的一些大财主。有一位大财主名叫卓王孙，见王吉如此敬重司马相如，也想结识他，就备下宴席，请王吉和司马相如来做客。可是司马相如不愿意见他，推托有病不肯前来，这可把卓王孙急坏了。

卓王孙有个女儿名叫卓文君，丈夫去世后回到娘家来居住，她自幼喜爱诗赋音乐，早已听说过司马相如的大名。卓王孙请了几百名客人，央求王吉亲自去请司马相如，这才把他请来。酒宴热闹非凡，司马相如演奏了几支乐曲，博得满座宾客称赏。卓文君偷偷在窗外听到司马相如悦耳动听的琴声，又见他一表人才、举止大方，不由产生爱慕之情。

司马相如知道以后，也很喜欢卓文君的才貌，发生好感。两人私下来往，订下终身。卓王孙发觉后，嫌司马相如贫穷，不同意他俩的婚事。卓文君毅然星夜投奔司马相如，两人趁着黑夜偷偷离开临邛，回到成都。来到司马相如家中，卓文君一看，家徒四壁、一贫如洗，可她仍然爱着司马相如。

卓王孙得知此事后十分气愤，不肯接济他们一文钱。卓文君对此毫无怨言，愿意同司马相如过艰苦的生活。他俩返回临邛，开了一家小酒店，卓文君亲自当垆卖酒，司马相如穿着短裤当伙计，一点也不以为苦。卓王孙怕丢面子，给了卓文君一些钱财，他俩才又回到成都。后来汉武帝读了司马相如的文章，大为赞赏，把司马相如召进京城，封他担任中郎将。

见利忘义

《汉书·樊郦滕灌傅靳周传》

原文 当孝文之时，天下以郦寄为卖友。夫卖友者，谓见利而忘义也。

释义 利：利益，好处；义：道义。看到有利可图，就忘了道义。

汉高祖死后，吕后专权，她封赏后戚，排斥异己，诛杀功臣。吕后死后，她在遗书中指定内侄吕产为相国、吕禄统领京都禁卫军。

吕氏家族掌权，违背了刘邦与众大臣商议的"非刘氏不王"的决定，因而引起了一批功臣的不满。太尉周勃与丞相陈平密议对策，想要诛杀吕氏家族。他们巧使妙计，把吕党要人郦寄争取了过来，并让他去说服吕禄，把兵权还给周勃。

郦寄与吕禄本是很好的朋友，吕禄听了郦寄的话，把北军的军权归还给了周勃。前相国曹参的儿子曹诛又配合朱虚侯刘章控制了南军，并在未央宫杀死了吕产。其余吕氏的大官，也都被周勃派人抓获，一一斩首。吕氏势力全被消灭后，周勃、陈平等大臣迎立代王刘恒为帝，就是汉文帝。

在杀掉吕氏家族这场斗争中，郦寄凭借同吕禄的友情，为刘汉王朝的巩固立下了第一功，因而得以袭父爵为曲周侯，却也因此落了个"卖友求荣"的千古骂名。但是《汉书》的作者班固却认为郦寄不属于"见利忘义"的人。

见怪不怪

南宋·洪迈《夷坚三志·姜七家猪》

原文 见怪不怪，其怪自坏。

释义 怪：奇怪。见到怪异或不正常的事物，若无其事，不大惊小怪。

宋朝的时候，某城有个名叫姜七的人，开了一家旅店，接待过往客商，也代销一些货物。

一年春天，姜七常常听到后园那边隐隐传来悲切的声音，但到那里去张望，又一无所见。次数多了，他也不以为然。

过了两个月，有五个客商来到他店里居住。当天深夜，五个客商都听到了悲切的哭声。他们一一起床，到了后园，发现哭声是从附近的猪圈里发出来的。走到那里一看，见是一头老母猪在流泪哭泣，便争相问道："你这畜生，为何半夜里在此作怪？"

说来也怪，那老母猪竟口吐人言道："列位不知，我本是姜七的祖母啊！我生前以养母猪为业，等产下猪仔后便卖掉，一年卖掉的多达数百头，靠此撑起了家业。我死之后受到惩罚,被投生为猪,如今真是懊悔啊!"

第二天一早,客商们把这件奇事告诉了姜七,并规劝他好生养那老母猪。姜七不以为然地说:"畜生的话怎能相信?两个月前我就觉察到这件怪事了。见到怪异的事不惊怪,这个怪便会自己败坏,你们不必大惊小怪。就算它是我祖母投生的,又怎么样?随它去吧!"客商们劝他还是好生奉养那头老母猪,姜七不屑再听,反跟其中一位客商争吵起来,闹得大家不欢而散。过了两天,姜七忽然患病。他怀疑是那头老母猪在作怪,便叫屠夫把它杀了卖掉。

不料,姜七的病越来越重,到了不可救药的程度。临死时,他发出猪被杀时一样的惨叫声。

箭在弦上

《太平御览》卷五九七引《魏书》

原文 陈琳作檄,草成。呈太祖(曹操)。太祖先苦头风,是日疾发,卧读陈琳所作,翕然而起,曰:"此愈我疾病。"太祖平邺,谓陈琳曰:"君昔为本初(袁绍)作檄书,但罪孤而已,何乃上及父祖乎?"琳谢曰:"矢在弦上,不得不发。"太祖爱其才,不咎。

释义 箭已搭在弦上,势在必发。比喻被形势所迫,不得不这样说或这样做。

建安七子之一的陈琳,原在北方军阀袁绍手下当书记官。袁绍野心很大,见曹操崛起,感到威胁很大,便把矛头对准了他。为了讨伐曹操,袁绍让陈琳写了一篇《为袁绍檄豫州》的檄文。陈琳在檄文中慷慨陈词,历数曹操各种罪状,并且痛骂了曹操的祖宗三代,檄文最后号召天下州郡共同起兵,讨伐曹操。

有一天,曹操又犯了头痛病,正好侍从送来陈琳起草的讨伐他的檄文。尽管曹操很讨厌其中的内容,却又为它精彩的文笔所打动,越读越兴奋,不再感到头痛了。后来,了解到这篇檄文是陈琳写的,觉得像他这样有文才的人竟为袁绍所用,实在非常可惜。

袁绍骄横无能,最后被曹操打败,陈琳也投靠了曹操。有一次,曹操责问陈琳:"你当初替袁绍写檄文,骂我也就行了,为什么还要骂我祖宗三代呢?"陈琳谢罪说:"当时的情况是箭已经搭在弓弦上,不得不发射出去。"

曹操听陈琳这样回答,觉得不无道理,也就不再追究这笔旧账,反而对他很器重,让他担任司空参谋祭酒。

渐入佳境

《晋书·顾恺之传》

原文 恺之每食甘蔗,恒自尾至本,人或怪之。云:"渐入佳境。"

释义 逐渐进入美好的境地。比喻兴味逐渐浓厚或境况逐渐好转。

顾恺之是东晋时人,字长康,小名叫虎头,晋陵无锡(今属江苏)人。他多才多艺,不但诗赋写得好,而且字也写得很漂亮。他特别擅长的是绘画,是当时的著名画家,人们称他为"三绝"(才绝、画绝、痴绝)。

他年轻的时候,曾经做过大司马桓温的参军。那时,东晋地方割据十分严重。桓温主张国家统一,常常率领部队去讨伐那些割据势力,顾恺之也随桓温南征北战了许多年。桓温很看重他,两人结下了深厚的友谊。

有一次,顾恺之随桓温乘船到江陵去视察部队。到江陵的第二天,江陵的官员前来拜见,并送来很多捆当地的特产甘蔗。桓温见了十分高兴,吩咐大家一起尝尝。于是大家都拿着吃了起来,纷纷称赞甘蔗味道很甜。

这时,顾恺之正独自欣赏江景,没有去拿甘蔗。桓温见了,故意挑了一根长长的甘蔗,走到顾恺之跟前,把甘蔗末梢的一段塞到他手里。顾恺之看也不看,竟自啃了起来。

桓温又故意问顾恺之甘蔗甜不甜,旁边的人也一起嬉笑着问他。顾恺之回过神来,才看到自己正啃甘蔗的末梢,便知道大家为什么嬉笑。他灵机一动说:"你们笑什么?吃甘蔗,就应该从末梢吃起,这样,越吃越甜,叫作

'渐入佳境'。"大家听了，一起哈哈大笑起来。

据史书记载，后来，顾恺之每次吃甘蔗时，便都从末梢吃起，当时还有不少人仿效他的吃法哩！

其实，顾恺之是因为欣赏江景而忘情，但他善于应付，说得好像真的一样，并津津有味地从甘蔗末梢吃了起来，似乎真的越吃越甜一样。

骄兵必败

《汉书·魏相传》

原文 恃国家之大，矜民人之众，欲见威于敌者，谓之骄兵，兵骄者灭。

释义 骄傲自恃，轻敌自满的军队必定打败仗。

公元前68年，汉宣帝刘询派侍郎郑吉等，将一批罪犯送到渠犁一带去屯田，就地积聚粮食，以备攻打西北边境的车师国。

到了秋收时，汉军打下车师。匈奴见车师土地肥美，不可不夺，于是也派骑兵袭击车师。

汉宣帝召集群臣商议增兵车师，攻打匈奴之事。将军赵充国主张趁匈奴势弱，派兵攻打匈奴右翼，使它不再袭扰西域。丞相魏相不同意派兵出战，他上书进谏说："近年来，匈奴并没有侵犯我们边境。为了车师而去攻打匈奴，是没有道理的。现在，边境上老百姓的生活很困难，无衣可穿，无粮可吃，怎能轻易兴兵打仗呢？国内连年遭灾，收成不好；郡县许多官吏不称职；风俗、道德也很成问题，儿子杀父亲，妻子杀丈夫的案件经常发生。我认为处理好国内的事情很重要，应当首先整顿朝政，任用贤能，这才是大事。一定要出兵的话，打了胜仗，也后患无穷。仗着国大人多而对外炫耀武力，就是骄横的军队，军队骄横必定要灭亡。"

汉宣帝采纳了魏相的意见，决定不增兵车师以攻打匈奴，只是调动当地一部分军队开到车师附近，等匈奴兵退走后，接郑吉的军队返回渠犁。

矫枉过正

《汉书·诸侯王表序》

原文 汉兴之初,海内新定,同姓寡少,惩戒亡秦孤立之败,于是剖裂疆土,立二等之爵,功臣侯者百有余邑,尊王子弟,大启九国……而藩国大者夸州兼郡,连城数十,宫室百官同制京师,可谓矫枉过其正矣。

释义 矫:纠正,扭转;枉:弯曲;过:超过限度。比喻纠正偏差做得过了分,造成了另一种偏差或错误。

公元前206年,秦朝被项羽、刘邦领导的起义军所灭。

刘邦建立西汉王朝后,认为秦王朝所以灭亡,是因为没有分封诸侯,造成处境孤立。于是,他决定改变这种局面,恢复分封制。刘邦设立王、侯两级爵位,大封功臣。后来,异姓诸侯王纷纷叛乱。刘邦在消灭异姓诸侯王以后,保留了同姓诸侯王。这些同姓诸侯王倚仗与皇帝同宗,骄横跋扈,为所欲为,甚至想夺取皇帝大权。文帝时发生济北、淮南两王谋反,景帝时又发生吴楚七国之乱。景帝镇压了吴楚七国叛乱后,下令把诸侯王任免官吏的权力收归朝廷;王国的行政由朝廷任命官吏处理,以巩固中央集权。汉武帝执政后,又颁布"推恩令",使诸侯王可以分封子弟为侯。从此,各王国分成若干小的封地,势力被不断削弱,名存实亡。

东汉史学家班固在撰写《汉书·诸侯王表序》时,对此评论说:西汉初年恢复分封,大的诸侯王国跨州兼郡,拥有几十座城池,宫室百官的制度同京都的朝廷一样,真可说是矫正弯曲的东西超过了限度,结果弯向了另一方。

狡兔三窟

《战国策·齐策四》

原文 冯谖谓孟尝君曰:"狡兔有三窟,仅得免其死耳;今君有一窟,未得高枕而卧也。请为君复凿二窟。"

释义 窟:洞穴。狡猾的兔子有三个洞穴,比喻藏身的地方多。

战国时期,齐国有位政治家,人称孟尝君,家中养了众多的门客,作为他的谋士。门客中有个人名叫冯谖(xuān),出身贫寒,地位低下,孟尝君的管家看不起他,总是给他吃粗劣的饭菜。一天,冯谖靠在房柱旁,一边敲着他的剑铗,一边唱道:"长铗啊长铗,不如和你一同回去吧,每次吃饭时,我都没有鱼吃!"管家听了觉得很讨厌,就跑去报告孟尝君。孟尝君说:"以后吃饭时要给他鱼。"

几天后,冯谖又敲着剑铗唱起来:"长铗啊长铗,我们一同回去吧,出门的时候,我没有车子坐!"孟尝君听了,吩咐给他准备车子。过了几天,冯谖又一次敲着剑铗唱起来,说他的母亲没有人供养。孟尝君立刻派人给他母亲送去粮食、用品。冯谖再也不敲剑铗唱歌了。

后来,冯谖主动要求帮助孟尝君到薛地收债,孟尝君吩咐他,用收回来的钱买些家里缺少的东西带回来。冯谖到了薛地,把欠债的人召集来,核对了每人的债券,然后自作主张,对他们说:"孟尝君不要你们还这些债了,大家把债券都烧掉吧!"那些欠债的人喜出望外,一个个当场把债券都烧毁了,感激万分,都夸孟尝君是仁义君子。

冯谖两手空空回来见孟尝君,孟尝君得知他烧毁了债券,非常不高兴。冯谖说:"您家里什么东西都不缺,我看只缺乏一个'义'。您只拥有一个薛地,不为那里的老百姓做些好事,却放债去剥削他们。所以我把'义'买来送给您。"

一年后,孟尝君被罢了官,无处可去,只好到薛地去。薛地的老百姓扶老携幼在半路上迎接他,他这才醒悟冯谖所说的"义"是怎么回事。冯谖对他说:"狡兔三窟,才能躲避被打死的厄运,我想再替您开凿两个窟。"

以后,冯谖使用妙计,让齐国国君以黄金、车马、宝剑作为礼物,恭恭敬敬地又请孟尝君回去做官。孟尝君当官几十年,冯谖为他出了许多计谋。

嗟来之食

《礼记·檀弓下》

原文 齐大饥,黔敖为食于路,以待饿者而食之。有饿者,蒙袂辑屦,贸贸然来。黔敖左奉食,右执饮,曰:"嗟!来食。"扬其目而视之,曰:"予唯不食嗟来之食,以至于斯也!"从而谢焉,终不食而死。

释义 表示侮辱性的或不怀好意的施舍。

春秋战国时期,有一年,齐国发生了严重的饥荒,国内民穷粮缺。一大批穷人由于缺粮少食,而被活活地饿死,活着的人也饿得奄奄待毙。

这时,有一位名叫黔敖的贵族,想发点"善心"。每天一早,他便在大路旁摆上一些食物,等着饿肚子的穷人经过,便可施舍给他们,以显示他的"仁慈"。

一天,黔敖又坐在路旁的车子上,等着有人经过。正在这时,一个饿得不成样子的人走了过来。他用袖子遮着脸,拖着一双破鞋子,眯着眼睛,摇摇晃晃地迈着步子,身体十分虚弱。黔敖看到后,认为显示自己"仁慈"的时候到了,便左手拿起食物,右手端起汤,老远地、傲慢地吆喝道:

"喂!来吃吧!"

他一心以为那个饿汉会对他感恩不尽,感谢他的好意和慷慨。

可出乎意料的是,那个饿汉抬起头抖了抖衣袖,轻蔑地瞪了他一眼,说道:

"我就是因为不吃这种'嗟来之食'才饿成这个样子的。你以为一个人为了食物,就会抛弃自己的尊严,接受这种侮辱性的施舍吗?你还是收起你那假仁假义的一套吧!"

说完,那饿汉扭头就走。最后,他终因饥饿而死于路旁。

金石为开

汉·刘向《新序·杂事四》

原文 熊渠子见其诚心,而金石为之开,况人心乎?

释义 金石:指最坚硬的东西。连金石都能打开,形容非常真诚,足可打动人心。又比喻意志坚定,决不动摇,能克服一切困难。

周朝时,有个楚国人名叫熊渠子,自小喜爱射箭。刚开始练射箭的时候,他的力气很小,稍微强硬些的弓就拉不动。有人笑话他将来成不了好射手。熊渠子很不服气,坚持每天练习臂力,渐渐地练出了力气,再拉弓射箭时,箭飞出去不再是轻飘飘的了。可是这时他发出的箭不能准确地射中目标,于是又坚持不懈地练眼力。经过刻苦的训练,他的箭法已经十分娴熟,每射十箭总有七八箭射中目标,人们都说他是射箭能手。可是他觉得自己的功夫还不深厚,又无法提高,十分烦恼。有人对他说:"你现在射得很不错,不过你是靠技巧射箭,还不算高明,应该靠心去射每一支箭,那才是真功夫。"熊渠子听了,反复揣摩这句话,更刻苦地练习。

一天夜里,熊渠子独自一人在山路上行走,猛然看见前面不远处伏着一只老虎,只要他再走近些,它就要猛扑上来。熊渠子大吃一惊,随即镇静下来,心想这正好是试箭法的好机会,凭我的本领,一定要把老虎射死。于是他毫不畏惧,迅速取弓搭箭,对准老虎,拉满弓一箭射去。"嗖"的一声之后,全无一点动静。熊渠子暗暗吃惊,心想我这一箭射去,一定射中了它,可这老虎竟然一动也不动,怎么回事?是不是一箭就把老虎射死了?他不免怀疑起来,放大胆子大步走过去一看,不由哑然失笑。原来是一块大石头卧在路上。再仔细看去,那支箭竟然射进坚硬的石头里去了,连箭翎都深深插在石头里,几乎看不到了。

这件事很快传扬开去,人人都夸他箭术高明。以前勉励过他的那个人说,这不仅因为熊渠子力气大、箭法好,更因为他集中精力,以必胜的信心去迎战对方,所以,金石也被他打开了。

锦囊妙计

《三国演义》

原文 （诸葛亮）遂唤赵云近前,附耳言曰:"汝保主公入吴,当领此三个锦囊,囊中有三条妙计,依计而行。"

释义 锦囊:封藏机密文件或诗稿的织锦口袋。封在锦囊中的神机妙策。比喻能解决问题的好计策。

三国时,刘备同孙权、曹操争夺天下。刘备在隆中请得诸葛亮出山担任军师,如虎添翼,日渐强盛起来。后来刘备占据荆州作为自己的地盘,招兵买马,声势很大。刘备的存在,使得孙权深为不安,加上荆州本来属于东吴管辖,孙权一直想夺回荆州。

长坂坡之战中刘备的甘夫人死后,刘备一直没有再娶。周瑜认为有机可乘,便和孙权设计,准备以招亲为名,假意把孙权的妹妹嫁给刘备,把刘备骗到吴国都城南徐（今镇江市）,然后除掉他,趁机讨回荆州。

刘备听说后,不肯冒险去吴都成亲。诸葛亮早已识破周瑜的这一计谋,他摇着羽扇,成竹在胸,决定将计就计,使刘备与孙权结为姻亲,让孙权自食苦果。诸葛亮劝刘备只管前去成亲,他已安排好一切,不必担心危险。刘备仍有疑虑说:"周瑜定下计谋,想谋害我,我怎么能够轻易冒险前往呢?"诸葛亮大笑,说:"虽然周瑜能用计谋,但他怎能够出乎我诸葛亮之所料。我只需稍用小计,管叫他束手无策,不仅你能轻而易举得到孙权的妹妹,荆州也绝不会失去。"刘备仍然不肯前往,诸葛亮见状,安慰他说:"主公只管放心前去,我已想好三条妙计,保你无恙,只要派赵云保护你去就行了。"当下诸葛亮将赵云唤到面前,交给他三个锦囊,附耳低言,说道:"你保主公入吴，当领此三个锦囊。囊中有三条妙计，你可顺次按计而行。"

赵云收藏好三个锦囊，保护着刘备，带领五百名随行人员乘坐十只快船，向南徐而去。刘备到了吴都，果然一切都在诸葛亮意料之中，赵云按诸葛亮所说，每到紧急关头，打开一个锦囊，照计行事。三条妙计用后，果然刘备顺利地娶回了孙权的妹妹，安全返回荆州。孙权采用了周瑜的计谋，只落得"赔了夫人又折兵"的下场。

近水楼台

宋·俞文豹《清夜录》

原文 范文正公（范仲淹）镇钱塘，兵官皆被荐，独巡检苏麟不见录，乃献诗曰："近水楼台先得月，向阳花木易为春。"文正荐之。

释义 靠近水的楼台，能先得到月亮。比喻由于接近某人或某事物，条件优越，因而能得到优先的机会和好处。

北宋时，有个著名的政治家和文学家，名叫范仲淹。范仲淹小时家境贫困，但他勤奋学习，读了很多书。后来，他做过右司谏（专门评议朝事的言官）、知州（地方行政长官）、参知政事（副宰相）等地位很高的大官。"先天下之忧而忧，后天下之乐而乐"就是他在岳阳楼题写的千古名句。

范仲淹虽然做着大官，但他为人正直、待人谦和，特别善于使用人才。范仲淹在杭州做知府的时候，城中的文武官员大都得到他的关心帮助。在他的推荐下，那些官员们都得到了能发挥自己才干的职务，心里都很感激和崇敬他。只有一个名叫苏麟的巡检官，在杭州所属的外县工作，接近范仲淹的机会很少，所以一直没有被推荐和提拔，心中感到十分遗憾。

一次，苏麟因公事要见范仲淹，乘此机会，他写了一首诗给范仲淹。诗中有两句是"近水楼台先得月，向阳花木易为春"。意思是靠近水边的楼房最先可以看到月亮，朝着阳光的地方生长的花草树木容易成长开花，显现出春天的景象。苏麟用这两句诗来表达对范仲淹的不满，巧妙地指出那些接近的人都得到了好处。范仲淹看了心领神会，不禁大笑。于是，就根据苏麟的意见和希望，为他找到了合适的职位。

惊弓之鸟

《战国策·楚策四》

原文 雁从东方来，更羸以虚发而下之。魏王曰："然则射可至此乎？"更羸曰："此孽（有隐伤）也。"王曰："先生何以知之？"对曰："其飞徐而鸣悲。飞徐者，故疮痛也；鸣悲者，久失群也。故疮未息，而惊心未至也，闻弦音引而高飞，故疮陨也。"

释义 害怕弓声的鸟。比喻经历过危险或受过惊吓的人，遇到类似情况心有余悸。

战国时期，各诸侯国结成联盟，共同对付秦国，赵国的魏加来到楚国，问春申君打算派谁担任领兵作战的将军。春申君说准备让临武君当将军，领兵同秦军作战。魏加知道临武君曾经被秦军打得大败，伤亡十分惨重，不适合担当这个重任，但临武君是春申君十分信任的将领，魏加又不好明确地劝阻。因此魏加想了想，就和春申君谈起射箭来。魏加说："我年轻时喜欢射箭，曾经听过一个故事，非常有趣。"于是魏加就有声有色地讲述起来：

魏国有一个人叫更羸，很会射箭。有一天，他和魏王在一起谈话，忽然天上传来雁叫声，抬头一看，一只大雁正在天空飞翔。更羸看了一会儿，对魏王说："大王，我只要拉一下弓，不用搭上箭射出去，就能把这只雁射下来。"魏王笑着说："你简直是开玩笑！我不相信你射箭的本领能有这样高超。"

更羸取来弓，等那只大雁飞到近处，立刻把弓拉开，对准那只大雁"嘣"地一声弹了一下，并没有射出箭去，然而那只大雁随着弦响，一头栽下地来。

魏王吃惊不已，不由夸奖道："当真本领高强，不愧是神射手。"更羸放下弓，指着地上的雁谦虚地说："不是我本领高强，其实这只雁受过箭伤。"

魏王走近大雁细察，果然不假，更加奇怪，问道："你怎么知道它受过箭伤呢？"

更羸不慌不忙地说："我发现它飞得很慢，叫声凄惨。飞得慢，说明伤口疼痛；叫声惨，说明它失群孤单。旧伤未了，心惊胆战，听到弓弦响，以为有人用箭射它，用力高飞而伤口破裂，所以自己栽落下来。"

魏加说完故事，对春申君说，临武君曾惨败于秦军，现在让他领兵同秦军作战，就会像惊弓之鸟，一定十分害怕。春申君听后沉思起来。

鞠躬尽瘁

《三国志·蜀书·诸葛亮传》

原文 臣鞠躬尽力，死而后已。

释义 鞠躬：弯着身子，表示恭敬、谨慎；尽瘁：竭尽劳苦。指为工作或事业不辞劳苦，勤勤恳恳，竭尽全力，至死方休。

东汉末年，曹操死后，他的儿子曹丕执掌了政权。不久，曹丕废去汉献帝，改国号为魏，自己做了皇帝，史称魏文帝。

这时，占据四川一带的刘备也正式登基，江东的孙权也宣告登基。于是，出现了魏、蜀、吴三国鼎立的局面。

蜀汉的皇帝刘备任命诸葛亮为丞相。诸葛亮辅佐刘备，把蜀国治理得国富民强，百姓安居乐业。

不久以后，刘备去世，刘备的儿子刘禅继位。刘禅就是历史上著名的"阿斗"，他十分昏庸无能，只知享乐，便把国内的军政大权全交给诸葛亮处理。

诸葛亮一贯主张联吴伐魏，这时他一面和东吴交好，一面南征孟获，平定南方，然后积蓄力量，积极准备北伐。

过了一段时间，诸葛亮感到力量积聚差不多了，便决定出祁山北伐魏国。在出师前，他给后主刘禅上表，要他听信忠言，任用贤臣，富国强兵。这道奏表，便是历史上有名的《前出师表》。

可是，这次北伐并没有成功，诸葛亮只得退兵回蜀。

过了几年，诸葛亮决定再次北伐。当时，有一些臣子对诸葛亮北伐持反对态度。于是，诸葛亮再次上表给后主，详细分析了当时的敌我形势，说明蜀汉和魏国势不两立，你不去伐他，他就要来伐你。后主刘禅看了，同意诸葛亮北伐。

这第二道表，便是历史上同样有名的《后出师表》。在这道表的最后，诸葛亮表示他忠心为国，"鞠躬尽瘁，死而后已"。

居安思危

《左传·襄公十一年》

原文　《书》曰："居安思危。"思则有备，有备无患。
释义　处在安定的环境中要想到可能发生的危险和灾难。

春秋时期，有一次宋、齐、晋、卫等十二国联合围攻郑国，郑国慌了，马上向十二国中最大的晋国求和。晋国表示同意，其余十一国因为惧怕晋国，也就停止了进攻。

郑国对晋国的救命之恩感激不已，赠送给晋国许多兵车、乐器、乐师和歌女。晋悼公十分高兴，于是把歌女的一半分赠给他的功臣魏绛，并对他说："你这几年中为我出谋划策，事情办得很顺利，真是太好了，现在让咱们一同来享受享受吧！"

对于晋悼公分给的赠品，魏绛一点儿也不要，而是劝晋悼公说："现在您能团结和统率许多国家，这是您的能耐，也是大臣齐心合力的结果，我并没有什么功劳，怎能无功受禄呢？不过，我很愿意您在享受快乐的时候，能够想到国家以后的许多事情。听人说：'安居的时候，应该想到可能发生的危险。'能够这样做事才会先有准备，有准备才可避免失败和灾祸的到来。"

举案齐眉

《后汉书·梁鸿传》

原文 遂至吴，依大家皋伯通，居庑下，为人赁舂（chōng）。每归，妻为具食，不敢于鸿前仰视，举案齐眉。

释义 案：盛食品的托盘。把盛饭菜的托盘举得与眼眉相平齐。后表示夫妻相互敬重，感情深厚。

梁鸿是东汉时的一个穷书生，他知识丰富，人也正派，深受当地人的尊敬。不少富贵人家都想把女儿嫁给他，但都被他拒绝了。

孟光是县里一有钱人家的女儿，已经三十岁了，还没有出嫁。有许多富家子弟前来提亲，孟光都没答应。她父母很焦急，问她想嫁什么样的人，孟光说：

"我要嫁梁鸿那样贤良又有学问的人。"

梁鸿知道以后，觉得这个孟光是个很贤惠而且很有主见的姑娘，是自己理想的伴侣，就托人到孟家提亲，把孟光娶了过去。

孟光刚结婚的时候，穿着新娘的服装，打扮入时。梁鸿看不惯，一连几天都不理她。到了第八天，孟光脱下新装，取下金银首饰，穿着粗布衣裳，纺纱织布，下厨做饭，操持家务。梁鸿这才高兴起来，主动上前与妻子说话。

梁鸿和孟光结婚以后，先是在霸陵山中隐居，织布种地，读书弹琴，过着清贫而自在的日子。后来他们搬迁到了吴中（今江苏苏州），借了别人的一间屋子住下来。梁鸿天天出去帮别人舂米种地，而孟光则在家操持家务，两人共同劳动，互敬互爱，过着和睦美满的日子。

每天梁鸿下工回到家里时，孟光都已经做好饭菜，放在托盘里，双手端着，举得跟自己的眉毛一样高，恭恭敬敬地送到梁鸿的面前。梁鸿也很有礼貌地双手接过来，然后夫妻一起享用。

开诚布公

《三国志·蜀志·诸葛亮传评论》

原文 诸葛亮之为相国也……开诚心，布公道。
释义 比喻诚意待人，坦白无私。

三国时，蜀汉的丞相诸葛亮极得皇帝刘备的信任。刘备临终前，曾将自己的儿子刘禅托付给他，请他帮助刘禅治理天下，并且诚恳地表示，能辅佐他就辅佐他，如果他不好好听话，干出危害国家的事来，就取而代之。

刘备死后，诸葛亮尽全力帮助平庸的后主刘禅治理国家。有人劝他晋爵称王，他严词拒绝，并认为自己受先帝委托，已经担任了这么高的官职，如今讨伐曹魏没见什么成效，却要加官晋爵，这样做是不义的。

诸葛亮待人处事公正合理，不徇私情。马谡是他非常看重的一位将军，在攻打曹魏时当前锋。因为违反节制，失守街亭，诸葛亮严守军令状规定，忍痛杀了他。马谡临刑前上书诸葛亮，说自己虽然死去，在九泉之下也没有怨恨。诸葛亮自己也为失守街亭等承担责任，请求后主批准他爵位由丞相降为右将军。他还特地下令，要下属批评他的缺点和错误。这在当时是罕见的。

公元234年，诸葛亮病死于军中。他一生清贫，并无什么产业留给后代。

开卷有益

宋·王辟之《渑水燕谈录·文儒》

原文 （宋）太宗日阅《御览》三卷，因事有阙，暇日追补之，尝曰："朕性喜读书，颇得其趣，开卷有益，朕不以为劳也。"

释义　卷：书本。打开书本阅读，就会有收益。指读书有好处。

宋太宗赵光义非常喜欢读书。可是当时社会上书籍很多，版本杂乱，难以收集，皇宫里的书籍也不成系统，难以查检。于是赵光义就命令宰相李昉主持编辑一部书，把许多种古籍的重要内容分门别类加以整理，编进这部书里。

李昉接受命令后，组织了全国许多有名的学者专家，日夜工作，认真搜集整理，经过多年努力，编出了三部巨著。因为这三部书是在宋太宗的太平兴国年间完成的，所以书名叫做《太平编类》、《太平广记》、《文苑英华》。其中《太平编类》工程特别浩大，前后编了六年，全书共一千卷，搜集和摘录了一千六百多种古籍的重要内容，分类划归为五十五门，是一部颇有参考价值的工具书，也是我国古代最富有学术价值的巨著之一。

这部书编好后，献给宋太宗赵光义过目。赵光义非常高兴，喜爱万分，决定把全书看完。这部书很厚，赵光义看得又非常仔细认真，他给自己作了规定，每天一定要看三卷，如果因为事情忙，当天完不成看书计划，那么第二天一定要补上。就这样，赵光义在处理国家大事的繁忙事务中，每天抽出时间看书，一年之内，终于把这部书全部看了一遍。因此这部书又叫《太平御览》，御览，就是皇帝阅览的意思。当时有的大臣认为皇帝日理万机，精力有限，每天还要阅览这部大书，实在太辛苦了，便劝他少看一些，或者不必每天都要看三卷，应保重身体，注意休息。赵光义听后回答说："我生来喜爱读书，很能够从读书中得到无穷的乐趣，读书大有好处，哪里是白白地浪费精力呢！"

开天辟地

《三王历记》

原文　天地混沌如鸡子，盘古生其中，万八千岁，天地开辟，阳清为天，阴浊为地，盘古在其中。

释义 形容以前未曾有过，是有史以来第一次。

传说在最古老、最原始的时候，世界像个巨大的鸡蛋，天地不分，一片混沌。在这个混混沌沌的大"蛋"里，有一个叫盘古的巨人开始孕育成长。起先，盘古像一个胎儿，呼吸着天地的元气，慢慢成长。经过一万八千年，盘古长大了，力大无比，他站起来，舒展身体，活动活动手脚，谁知一下子大"蛋"破裂开来，一部分轻盈而又透明的气体渐渐上升，变成了天；另一部分沉重而混浊的东西逐渐向下沉淀，凝结起来变成了地。

这时候的天和地，相隔得非常近，盘古身材高大，头顶着天，脚踩着地，无法活动，有时腰都直不起来，非常吃力难受，他就这样支撑在天地之间。他的身体每天长高一丈，于是天地也每天顶高一丈，地呢，也每天加厚一丈。一天天过去了，天地之间的距离越来越远，盘古也越来越高大，始终顶天立地支撑在天地之间，不让天地重新合拢。

一万八千年过去，天升得很高很高，地变得很厚很厚，盘古的身体已经高达九万里了。盘古像一座高耸入云的大山，矗立在天地之间，真是一位巍峨高大的巨人啊！

天不再升高了，地不再加厚了，黑暗混沌的景象一去不复返了，盘古的精力也消耗尽了。他松了松身体，天没有塌下来，地也很结实，于是他像大山一样倒下，呼喊几声后死去了。

盘古临死时，他的全身起了巨大的变化。他呼出的气变成了春风和云雾，他的声音变成了惊雷，他的左眼变成了光芒万丈的太阳，他的右眼变成了皎洁的月亮，他的须发变成了满天星辰，他的四肢和躯体变成东南西北四极和高大的五岳名山，他的血液变成了奔腾的江河，他的筋脉变成四通八达的道路，他的肌肉变成肥田沃土，他的汗毛变成茂密的草木，他的牙齿和骨头骨髓变成玉石金属矿藏，他的汗水泪水变成了雨露甘霖……

盘古倒下来，他的美名和开天辟地的功绩却流芳百世。

克己奉公

《后汉书·祭遵传》

原文 遵为人廉约小心，克己奉公。赏赐辄尽与士卒，家无私财。

释义 约束自己的私欲，以公事为重。比喻一个人对己要求严格，一心为公。

祭遵，字弟孙，东汉初年颍阳人。祭遵从小喜欢读书，知书达理，虽然出身豪门，但生活非常俭朴。

公元24年，刘秀攻打颍阳一带，祭遵去投奔他，被刘秀收为门下吏；后随军转战河北，当了军中的执法官，负责军营的法令。任职中，他执法严明，不徇私情，为大家所称道。

有一次，刘秀身边的一个小侍从犯了罪，祭遵查明真情后，依法把这小侍从处以死刑。刘秀知道后，十分生气，想祭遵竟敢处罚他身边的人，欲降罪于祭遵。但马上有人来劝谏刘秀说：

"严明军令，本来就是大王的要求。如今祭遵坚守法令，上下一致做得很对。只有像他这样言行一致，号令三军才有威信啊。"

刘秀听了觉得有理。后来，非但没有治罪于祭遵，还封他为征虏将军，颍阳侯。

祭遵为人廉洁，为官清正，处事谨慎，克己奉公，常受到刘秀的赏赐，但他将这些赏赐都拿出来分给手下的人。他生活十分俭朴，家中也没有多少私人财产，即使在安排后事时，他仍嘱咐手下的人，不许铺张浪费，只要用牛车装载自己的尸体和棺木，拉到洛阳草草下葬就可以了。

祭遵死后多年，汉光武帝刘秀仍对他的克己奉公精神十分怀念。

刻舟求剑

《吕氏春秋·察今》

原文 楚人有涉江者,其剑自舟中坠于水,遽(jù)契(qì)其舟,曰:"是吾剑之所从坠。"舟止,从其所契者入水求之。舟已行矣,而剑不行,求剑若此,不亦惑乎?

释义 比喻拘泥成法,不知变通,生搬硬套。

战国时,楚国有个人坐船渡江。

船到江心,楚人一不小心,把随身携带的一把宝剑掉落江中,他赶紧去抓,已经来不及了。船上的人对此感到非常惋惜。

但那楚人似乎胸有成竹,马上掏出一把小刀,在船舷上刻上一个记号,并向大家说:

"这是我宝剑落水的地方,所以我要刻上一个记号。"

大家都不理解他为什么这样做,也不再去问他。

船靠岸后,那楚人立即在船上刻记号的地方下水,去捞取掉落的宝剑。

捞了半天,不见宝剑的影子。他觉得很奇怪,自言自语说:

"我的宝剑不就是在这里掉下去的吗?我还在这里刻了记号呢,怎么会找不到了呢?"

船上的人纷纷大笑起来,说:

"船一直在行进,而你的宝剑却沉入了水底不动,你怎么找得到你的剑呢?"

剑掉落在江中后,船继续行驶,而宝剑却不会再移动。像他这样去找剑,当然是白费力气。

空前绝后

《宣和画谱》

原文 顾（恺之，晋代画家）冠于前，张（张僧繇，南朝梁代画家）绝于后，而道子（吴道子，唐代画家）乃兼有之。

释义 以前不曾有过，今后也不会再有。形容超绝古今，独一无二。

晋朝顾恺之，才华出众，学识渊博，他的绘画才能更是出色，闻名于世。顾恺之画人物，神态逼真，形象生动。与众不同的是，他画人物，从来不先点眼珠。有人问其原因，他说，人物传神之处，正在这个地方。一语道出了其中的诀窍，使人叹服。当时被人称为三绝：才绝、画绝、痴绝。

南北朝时的梁朝，又出了一个叫张僧繇的大画家。他善画山水、人物、佛物，在当时名气很响。梁武帝建了很多寺庙佛塔，都命他作画。据说，有一次他在一个寺庙的墙上画了四条龙，却没有给龙点眼珠。旁人问他为什么不点上眼珠，他说："恐怕点了眼珠，这些龙会破壁飞去。"众人不信，坚持要他试一试，他便点了两条，果然破壁飞去。这一传说虽夸张得近于荒诞，但说明了他作画技艺是很高超的。

到了唐朝，又出了个更有成就的画家吴道子，集绘画、书法大成于一身。他的山水、佛像画闻名当时，且写得一手好字，有书圣之称。据传说，他曾为唐玄宗画巨幅嘉陵江图，几百里山水竟在一天内画好了。他在景玄寺中画了地狱变相图，不画鬼怪而阴森逼人，相传看过这幅画后改过自新、弃恶从善的大有人在。

所以，后来有人评价这三个画家时，认为顾恺之的画成就超越前人，张僧繇的画成就后人莫及，而吴道子则兼两人的长处。

空中楼阁

《百喻经·三重楼喻》

原文 愚人见其垒土作舍,犹怀疑惑,不能了知,而问之言:"欲作何等?"木匠答言:"作三重屋。"愚人复言:"我不欲下二重之屋,先可为我作最上屋。"

释义 悬在半空中的楼阁。形容脱离实际的理论、计划或虚构的东西。

在很久以前,山村里有一位财主。他非常富有,但生性愚钝,尽做傻事,所以常遭到村人的嘲笑。

有一天,傻财主到邻村的一位财主家作客。他看到一幢三层高楼的新屋,宽敞明亮,高大壮丽,心里非常羡慕,心想:我也有钱,而且并不比他的少。他有这样一幢楼,而我没有,这像什么话呢?一回到家,他马上派人把工匠找来,问道:

"邻村新造的那幢楼,你们知道是谁造的吗?"

工匠们回答道:

"知道,那幢楼是我们几个造的。"

傻财主一听,非常高兴,说:

"好极了,你们照样子再给我盖一次。记住要三层楼的房子,要和那幢一模一样。"

工匠们一边答应,心里一边嘀咕:不知这次他又会做出什么傻事来。可是不管怎样,还得照吩咐去做,大家便各自忙开了。

一天,财主来到工地,东瞅瞅,西瞧瞧,心里十分纳闷,便问正在打地基的工匠:

"你们这是在干什么?"

"造一幢三层高楼的屋子呀,是照您吩咐干的。"

"不对,不对。我要你们造的是那第三层楼的屋子。我只要最上面的那层，下面那二层我不要，快拆掉。先造最上面的那层。"

工匠们听后哈哈大笑，说："只要最上面那层，我们不会造，你自己造吧！"

工匠们走了，傻财主望着房基发愣。他不知道，只要最上面一层，不要下面两层，那是再高明的工匠也造不出来的。

口若悬河

刘义庆·《世说新语·赏誉》

原文 郭子玄语议如悬河泻水，注而不竭。

释义 若：好像；悬河：瀑布，悬空下泻的激流。形容人善于言辞，说话流利，仿佛倾泻的河流，滔滔不绝。

晋朝时，有一位大学问家，名叫郭象，字子玄。他在年纪很轻的时候，就已经是一个很有才学的人。

郭象对于日常生活中所接触的一些现象，能够留心观察，然后再冷静地去思考其中的道理。因此，他的知识十分渊博，对于各种事情常常能有自己独到的见解。

后来，他又潜心研究老子和庄子的学说，并且对他们的学说有深刻的理解。

当时，有不少人慕名而来，请他出去做官，他都一概谢绝，每天只是埋头研究学问，或者和志同道合的人谈论哲理。

郭象恪守不做官、只做学问的人生原则，他认为，只有这样，才能得到永恒的快乐，活得充实自在。

又过了些年，朝廷一再派人来请郭象出山做官，参与朝政。郭象再三推辞，实在推辞不掉，只得答应下来，到朝廷中做了一名黄门侍郎。

到了京城，由于他的知识很丰富，所以无论对什么事情他都能说得头头是道。再加上他的口才很好，而且又非常喜欢发表自己的见解，立论新颖，条理清楚，讲得深刻、生动，因此，每当人们听他谈论时，都觉得津津有味。

当时有一位太尉王衍，十分欣赏郭象的学识和口才，他常常在别人面前赞扬郭象说：

"听郭象说话，就好像一条悬在山间的河流，滔滔不绝地往下灌注，永远没有枯竭的时候。"

口蜜腹剑

《资治通鉴·唐纪·玄宗天宝元年》

原文 李林甫为相，凡才望功业出己右，及为上所厚，势位将逼己者，必百计去之，尤忌文学之士。或阳与之善，啖（dàn）以言而阴陷之。世谓李林甫"口有蜜，腹有剑"。

释义 形容嘴甜心狠，阴险狡诈。

唐玄宗时，朝中有个官员叫李林甫，同皇帝同一个宗族，担任兵部尚书，兼任中书令，职位是宰相，权势显赫，不可一世。李林甫很有才艺，字写得很好，又擅长绘画，很受唐玄宗的赏识和重用。

可是李林甫的品德却很恶劣。他善于谄媚逢迎，拍马屁的本领极高，竭力迎合唐玄宗，看皇帝眼色行事，竭尽歌功颂德、曲意巴结之能事，骗取皇帝的夸奖。对玄宗喜爱的心腹宦官和宠妃，他是想方设法讨好卖乖，取得他们的欢心，保住自己的官位。他就是依靠这种特殊的本领蒙蔽了皇帝和皇帝身边的人，竟然官运亨通，在朝中高居宰相之位，达十九年之久。

平时李林甫和同僚们接触，总是装出一副态度谦恭、平易近人的模样，说话和气，好话连篇，看起来像是一位办事公正、善解人意的忠臣良相，实际上却非常阴险狡猾，手段毒辣。他专门同有权有势的人结交，结成帮派，壮大自己的势力。凡是有才学有见识的人，他都非常妒忌，如果哪位官员功业超过他，被皇帝重用，地位威胁到他，他一定要想方设法把这个人除掉。他认为自己才学极高，因此特别忌恨有才学的人。

为了掌握唐玄宗的言行举止、爱好和想法，李林甫用金钱玉帛买通了宦官和皇帝的嫔妃，因此唐玄宗那儿有什么消息，他马上就能知道。有一次，他听说唐玄宗要重用兵部侍郎卢绚，便立即把卢绚调到外地，不久又把卢绚降职，却对唐玄宗说卢绚有病，不能重用。又有一次，他知道唐玄宗想重用严挺之，就把严挺之请到京城来看病，然后告诉唐玄宗，说严挺之年老体衰，正在医治。他就这样玩弄两面三刀的手腕，妒贤嫉能，陷害了很多比他才能高的人。

了解李林甫的人，都说他口蜜腹剑，对他十分痛恨，畏而远之。

旷日持久

《战国策·赵策四》

原文 今得强赵之兵，以杜燕将，旷日持久数岁，令士大夫余子之力，尽于沟垒。……仍引其兵而归，夫尽两国之兵，无明此者矣。

释义 旷：荒废，耽误；持：持续，拖延。比喻荒废时间，拖延很久。

战国时期，有个名叫荣蚠的人，被燕国封为高阳君，并派他为统帅，带领军队攻打赵国（今河北南部、山西北部一带）。荣蚠很会打仗，赵王得到消息后，非常害怕，立即召集大臣商议对策。国相赵胜想出一个办法，说道：

"齐国的名将田单，善战多谋。我国割三座城池送给齐国，以此作条件，请田单来帮助我们领军作战，一定可以取得胜利。"

但大将赵奢不同意这么做，他说：

"难道我们赵国就没有大将领兵了吗？仗还没有打，就先要割三座城池给齐国，那怎么行啊！我对燕军的情况很熟悉，为什么不派我领兵抵抗呢？"

赵奢还进一步分析道：

"第一，即使田单肯来指挥赵军，我国也不可能一定取胜，也可能敌不过荣蚠，那就是白请他来了；第二，如果田单确实有本领，但他未必肯为我国出力，因为我国强大起来，对他们齐国称霸不是很不利吗？因此，他不可能会为我国的利益而认真地对付燕军。"

接着，赵奢又说：

"田单要是来了，他一定会把我们赵国的军队拖在战场上，'旷日持久'，荒废时间。这样长久地拖下去，几年之后，会把我国的人力、财力、物力消耗掉。后果不堪设想！"

但是，赵孝成王和国相赵胜还是没有听赵奢的意见，仍然割让三城，聘请齐国的田单来当赵军的统帅。结果，不出所料，赵国投入了一场得不偿失的消耗战，付出了很大的代价，只夺取了燕国一个小城，却没有获得预想的胜利。

脍炙人口

《孟子·尽心下》

原文 曾晳嗜羊枣，而曾子不忍食羊枣。公孙丑问曰："脍炙与羊枣敦美？"孟子曰："脍炙哉！"公孙丑曰："然则曾子何为食脍炙而不食羊枣？"曰："脍炙所同也，羊枣所独也。讳名不讳姓，姓所同也，名所独也。"

释义 脍：细切的鱼或肉；炙：烤肉。美味人人都爱吃。比喻好的诗文或事物，人们都称赞。

春秋时，有父子两人，他们同是孔子的弟子。父亲曾晳又称曾点爱吃羊枣（一种野生果子，俗名叫牛奶柿）；儿子曾参兽子是个孝子，父亲死后，竟不忍心吃羊枣。

在当时，这件事情曾被儒家子弟大为传颂。

到了战国时，孟子的弟子公孙丑对这件事不能理解，于是就去向老师孟子请教。

公孙丑问："老师，脍炙细切的鱼肉，烤熟的肉和羊枣，哪一样好吃？"

孟子回答说："当然是脍炙好吃，没有哪个不爱吃脍炙的！"

公孙丑又问："既然脍炙好吃，那么曾参和他父亲也都爱吃脍炙的了？那为什么曾参不戒吃脍炙，只戒吃羊枣呢？"

孟子回答说:"脍炙,是大家都爱吃的;羊枣的滋味虽比不上脍炙,但却是曾皙特别爱吃的东西。所以曾参只戒吃羊枣。这就好比对长辈只忌讳叫名字,不忌讳称姓一样,姓有相同的,名字却是自己所独有的。"

滥竽充数

《韩非子·内储说上》

原文 齐宣王使人吹竽,必三百人。南郭处士请为王吹竽,宣王悦之,廪食以数百人。宣王死,湣(min)王立,好一一听之,处士逃。

释义 滥:虚妄不实;竽:一种簧管乐器;充数:凑数。比喻没有本事而冒充有本事,或以次货冒充好货。现在也用于自谦。

战国时期,齐国有一位南郭先生,无论学什么都不专心,似懂非懂便半途而废。由于他不学无术,弄到几乎没有办法混饭吃的地步,他正在为此而愁眉苦脸的时候,恰好机会来了。

他有一个朋友在王宫乐队里供职。齐国的国君齐宣王喜欢听吹竽,可是他不爱听独奏,偏偏要组织三百人的吹竽乐队,一齐演奏。负责乐队的官员犯愁了,因为乐队的人员没有这么多,临到要演奏时,尚缺一名乐师。南郭先生听说后,急忙托这个朋友找关系走后门,冒充乐师混进乐队。他拿起竽,左看右看,模仿别人的样子放在口边,煞有介事地吹奏,其实根本没有发出声音。竽是古代一种用竹做成的多管乐器,有点像笙,南郭先生把它抱在面前,掩住下半部脸,模样又装得特别认真,所以别人一点儿也看不出他不会吹竽。为齐宣王演奏的时刻到了,三百名乐师一同吹响竽,声音洪亮,气势很大,响彻王宫内外。南郭先生混在乐队里,俨然一副乐师的派头。

齐宣王非常高兴,大喜之下,给三百名乐师享受很丰厚的待遇。南郭先生又惊又喜,从此不仅解决了吃饭问题,而且生活得安定富裕。就这样,他在乐队里平安地混了许多年。

后来齐宣王死了,齐湣王继承了王位。这位新任的国君也非常喜欢听吹竽，南郭先生听后很高兴，以为能继续混下去。谁知乐队官员去请示齐湣王时，这才知道齐湣王不喜欢听合奏，偏偏要乐师们一个一个单独演奏给他听。于是乐师们个个紧张地练习乐曲，准备在齐湣王面前大显身手。只有南郭先生一人惊慌失措，因为他这几年来根本连一个音也没吹奏过，这下再也无法充数了。三十六计走为上策，南郭先生只得扔下竽，悄悄地溜走了。

狼狈为奸

唐·段成式《酉阳杂俎》

原文 或言：狼狈是两物，狈前足绝短，每行常驾于狼腿上。狈失狼则不能动，故世言事乖者称狼狈。

释义 狈：传说中一种与狼同类的野兽，前脚短，后脚长，要趴在狼身上才能活动；奸：罪恶。狼和狈合伙作恶伤害牲畜。比喻互相勾结做坏事。

狼和狈是两种野兽，它们长得形状十分相似，性情也十分相近。它们之间所不同的是，狼的两条前脚长，两条后脚短，而狈正好相反，它的两条前脚短，而两条后脚长。这两种野兽，常常一起出去偷吃人类蓄养的家畜。

传说有一次，一只狼和一只狈一起走到一家农民的羊圈外面，知道里面有好多羊，便打算偷一只羊来吃。可是，羊圈筑得很高，又很坚固，既跳不过去，也撞不开门，一时不知道如何是好。它们商量了一下，终于想到了一个办法，那就是让狼骑在狈的颈子上面，再由狈用两条长腿站立起来，把狼扛得高高的，然后狼再用它的两条长长的前脚，攀住羊圈，把羊叼走。

于是，那狈便蹲下身来，让狼爬到身上，然后用前脚抓住羊圈的竹篱，慢慢地把身子站直。等狈站直后，狼再将两只后脚站在狈的脖颈上，前脚抓住竹篱，一点一点地站直，把两只长长的前脚伸进竹篱，猛地抓住了一只在竹篱旁的羊。

在这次行动中，如果单单只有狼，或只有狈，都没办法爬上羊圈，把羊偷走；可是，它们却会利用彼此的长处，互相合作，而把羊偷走。

劳而无功

《庄子·天运》

原文 是犹推舟于陆地,劳而无功。
释义 花了劳力,却得不到功效。形容白费力气。

春秋末年,是奴隶社会向封建社会转化的变革时期,社会的各种矛盾异常尖锐。各诸侯国之间的战争,时常发生。孔子作为当时有名的教育家、社会活动家,极力主张以仁义道德来治理国家,恢复过去周朝时期的礼制。他认为统治者只要用"仁义"来感化百姓,处理诸侯国之间的关系,恢复礼制,天下就会安宁。为此他曾周游列国,向各诸侯国国君宣传自己的政治主张,并请他们采纳。遗憾的是,他的那些政治主张并不像他的教学见解那样受人敬佩和欢迎,到处碰壁。

一次,孔子带着学生准备到卫国去游说,学生颜回便去问鲁国一个叫太师金的官吏:

"我的老师孔子到处游说,劝人家接受他的主张,可是到处碰壁。这次去卫国,您看情况会怎样?"

太师金摇头说:

"我看还是不行。现在战乱四起,各国国君为争地盘都在忙于打仗,对你老师的'仁义道德'那一套非常反感,谁会去听那些不合时宜的说教呢?如蔡、陈两国就是如此。如果到卫国去游说,肯定不会有什么好结果。"

太师金又举例作进一步解释:

"船在水里是最好的运输工具;车是陆上最好的运输工具。如果硬要把船弄到陆上来运货,那是白费力气,劳而无功。你的老师要去卫国游说,好比是把船弄到陆上去运货一样,其结果,必然是劳而无功,可能还会招灾惹祸。你们不要忘了去陈国的教训,那时你们到陈国不是没人理睬,而且七天弄不到饭吃吗?"

颜回回忆起那次去陈国的情景，不禁有些担心。他回去把此事告诉老师孔子，孔子也深有感触。但是他还是决定去卫国。结果，依然是碰壁而归。

老当益壮

《后汉书·马援传》

原文 丈夫为志，穷当益坚，老当益壮。

释义 益：愈发，更加。年纪虽老，志气反而更加高昂雄壮。

东汉名将马援，从小就胸怀大志，他打算到边疆去发展畜牧业。马援长大以后，当了扶风郡的督邮。有一次，郡太守派他送犯人到长安。半路上，他觉得犯人怪可怜的，不忍心把他送去受刑，就把他放走了。自己也只好弃官而逃，跑到北朝郡躲起来。这时恰好赶上大赦，以前的事不再追究了，于是他安心地搞起畜牧业和农业生产。

不到几年工夫，马援成了一个大畜牧主和地主。他有牛羊几千头，粮食几万石。但是，他对富裕生活并不满足。他把自己积攒的财产、牛羊，都分送给他的兄弟、朋友。他说："一个人做个守财奴，太没有意思了。"

他常对朋友说："做个大丈夫，总要'穷当益坚，老当益壮'才行。"就是说，越穷困，志向越要坚定；越年老，志气越要壮盛。后来，马援成了东汉有名的将领，为光武帝立下了很多战功。

老马识途

《韩非子·说林上》

原文 管仲、隰（xí）朋从齐桓公伐孤竹，春往冬返，迷惑失道。管仲曰："老马之智可用也。"乃放老马而随之，遂得道。

释义 识：认得；途：路，道路。老马认得原来的路。现在多比喻有经验的人熟悉情况，能在工作中起主导作用。

公元前663年，齐桓公应燕国的要求，出兵攻打入侵燕国的山戎（今河北东部），相国管仲和大夫隰朋随同前往。

齐军赶到燕国时，山戎的军队已经掠夺了许多财物，逃到它东面的孤竹国去了。齐桓公本想就此收兵回国，但管仲建议跟踪追击，攻灭孤竹国以保证北方的安全。齐桓公接受了他的建议，下令向东紧追。不料追到那里，山戎国和孤竹国的大王都吓得逃跑了。齐桓公率领大军继续追击，最后终于取得胜利。

齐军是春天出征的，到凯旋时已是冬天，草木变了样。大军在崇山峻岭的一个山谷里转来转去，最后迷了路，再也找不到归路。虽然派出多批探子去探路，但仍然弄不清楚该从哪里走出山谷。时间一长，军队的给养发生了困难。

情况非常危急，再找不到出路，大军就会困死在这里。管仲思索了好久，有了一个设想：既然狗离家很远也能寻回家去，那么军中的马尤其是老马，也会有认识路途的本领。于是他对齐桓公说：

"大王，我认为老马有认路的本领，可以利用它在前面领路，带引大军走出山谷。"

齐桓公同意试试看。管仲立即挑出几匹老马，解开缰绳，让它们在大军的最前面自由行走。也真奇怪，这些老马都毫不犹豫地朝一个方向走去。大军就紧跟着它们东走西走，最后终于走出山谷，找到了回齐国的大路。

老生常谈

《三国志·魏志·管辂传》

原文 此老生之常谭（谭同谈）。

释义 老书生所常说的平常无奇的议论。用来比喻没有新奇的见解。

三国时候，有个名叫管辂的人，从小勤奋好学、才思敏捷，尤其喜爱天文。十五岁时，已熟读《周易》，通晓占卜术，渐渐有了小名气。

日子一久，传到吏部尚书何晏、侍中尚书邓飏耳里。这天，正好是农历十二月二十日，这两个大官吃饱喝足后，闲着无聊，便派人把管辂召来替他们占卜。

管辂早就听说这两人是曹操侄孙曹爽的心腹，倚仗权势，胡作非为，名声很不好。他考虑了一会儿，想趁这个机会好好教训他们一顿，灭灭他们的威风。

何晏一见管辂，就大声嚷道：

"听说你的占卜很灵验，快替我算一卦，看我能不能再有机会升官发财。另外，这几天晚上我还梦见苍蝇总是叮在鼻子上，这是什么预兆？"

管辂想了一想，说："从前周公忠厚正直，辅助周成王建国立业，国泰民安；现在你的职位比周公还高，可感恩你的人很少，惧怕你的人却很多，这恐怕不是好预兆。你的梦按照卜术来测，也是个凶相啊！"

管辂接着又说："要想逢凶化吉，消灾避难，只有多效仿周公等大圣贤们，发善心，行善事。"邓飏一旁听了，很不以为然，连连摇头说："这都是些老生常谈，有什么意思？"何晏脸上铁青，一语不发。

管辂见了，哈哈一笑："虽说是老生常谈，却不能就此轻视啊！"

不久，新年到了，传来消息说何晏、邓飏与曹爽一起因谋反而遭诛杀。管辂知道后，连声说："老生常谈的话，他们却置之不理，所以难怪有如此下场啊！"

李代桃僵

《乐府诗集·相和歌辞·鸡鸣》

原文 桃生露井上，李树生桃傍，虫来啮桃根，李树代桃僵。树木身相代，兄弟还相忘。

释义 李树代替桃树死亡。比喻一个人代替另一个人受过或受难。

我国古代有一处音乐官署，称为"乐府"，它主要掌管朝会宴请、道路游行时所用的音乐,同时也采集民间的诗歌和乐曲。

南北朝时,出现了许多乐府诗,也就是乐府配合音乐而演唱的歌辞。后人把它分为十二类,《相和歌辞》是其中一类,原来都是民间歌谣。

《相和歌辞》中有一篇名叫《鸡鸣》,它暴露了汉代望族统治者盛衰无常的生活。

《鸡鸣》分为三段,第一段描写了当时社会的太平繁荣景象,同时描述了当时一种特有的怪现象:出身低微的人一旦得了势,就马上可以成为显赫一时的皇亲国戚。但他们作威作福,最后又成为刀下之鬼。

第二段写了当时富贵人家的奢华排场。传说有兄弟五人,都是好吃懒做、游手好闲的浪荡子。一天,他们突然得到皇帝赏识,当上了侍中郎。

从此,他们就富贵荣华起来了。

他们住的宅第,宅门用黄金镶造,屋顶上黄琉璃瓦,看上去就像王府一样富丽堂皇。厅堂上,时常摆着各种酒樽,以供他们整夜宴请宾客。在宴饮时,美丽的女乐工们为他们演奏音乐。宅第后花园的池塘里,还养着三十六对色彩鲜艳的鸳鸯,以供他们玩乐。

每当朝官休假沐浴的日子,五兄弟在大批随从簇拥下乘车回家。他们骑的马,马络头都用黄金镶着,闪闪发亮。街道上挤满了看热闹的人。

第三段写五兄弟中有人犯了法,受刑,其他兄弟为了不丧失自己的利益,不闻不问,甚至互相倾轧,弄得丑态百出。

诗的最后,借老百姓之口唱了一首歌,来讽刺这帮没有心肝的兄弟:"桃树生长在露天的井旁,李树又生长在桃树边上。蛀虫来啃咬桃树的根,李树替代桃树被啃咬而僵枯死去。树木还会以身相代,而兄弟却互相忘掉。"

励精图治

《汉书·魏相传》

原文 宣帝始亲万机,励精为治,练群臣,核名实,而(魏)相总领众职,甚称上意。

释义 励精：振奋精神；图：谋求。振奋精神，想办法治理好国家。

公元前74年，汉昭帝刘弗陵死去。他没有儿子，于是手握朝政大权的大司马、大将军霍光便立汉武帝的曾孙刘询为帝。这就是汉宣帝。

公元前68年，霍光病死。御史大夫魏相根据历史教训和霍氏家族的胡作非为，建议宣帝采取措施，削弱霍氏权力。霍氏对魏相极度怨恨和恐惧，便假借太后命令，准备先杀魏相，再废掉汉宣帝。宣帝得知此事后，先发制人，采取行动，将霍氏满门抄斩。

从此以后，宣帝亲自处理朝政，振作精神，力图把国家治理得繁荣富强。他直接听取群臣意见，严格考察各级官员，还降低盐价，提倡节约，鼓励发展农业生产。魏相率领百官尽职尽责，很符合宣帝的心意。

宣帝在魏相的辅佐下，采取了一系列有利于发展生产，减轻人民负担的有效措施，大展宏图，励精图治，知人善任，各司其职，国家很快强盛起来，呈现出一派繁荣景象。

厉兵秣马

《左传·僖公三十三年》

原文 郑穆公使视客馆，则束载、厉兵、秣马矣。

释义 厉：同"励"，磨刀石，用作动词，磨；兵：兵器；秣：喂。磨好刀枪，喂好战马，形容准备战斗。也泛指事前充分做好准备工作。

杞子，秦国的大夫，驻守在郑国。有一天，他派人密报秦穆公，让他趁秦驻军掌管郑国北门之便，来偷袭郑国。穆公接到密报，觉得机不可失，就不听大夫蹇叔劝阻，立即派孟明视、西乞术、白乙丙三将帅领兵远征郑国，蹇叔的儿子也在这支远征军中，送别时，蹇叔抱住儿子失声痛哭，还说："你们一定会在殽这地方遭到晋军抵御，到时，我来收你的尸骨。"

穆公知道后，大骂蹇叔该死。

秦军经长途跋涉来到了离郑国不远的滑国，郑国商人弦高正巧去周朝做买卖也经过滑国，得知秦军将进攻自己的国家，他一面不动声色，假称受郑穆公的派遣，对秦军说："我们国君知道你们要来，要我送一批牲口来犒劳你们。"

这样稳住秦军后，弦高暗中派人把秦军进犯的消息急速告诉郑穆公。

郑穆公接到弦高的密报，马上派人去杞子等人的住地察看动静，见他们果然已扎好了行李、磨好了武器、喂饱了马匹，准备作秦军的内应。郑穆公证实了弦高的消息后，就派皇武子去杞子处说："我们很抱歉，没有好好款待你们，现在你们的孟明视要来了，你们可以跟他去了。"

杞子等人见事已败露，就分别逃往齐国、宋国。

孟明视得到消息，知道偷袭不能成功，怏怏地说："郑国已有准备了，我们无人做内应，伐郑没有希望了，还是回去吧。"

于是，他下令班师回国。

还师途中，经过险地殽，果然遭到了晋军的伏击，秦军全军覆没，孟明视等三位统帅成了晋国的俘虏。

两败俱伤

《史记·张仪列传》

原文 卞庄子欲刺虎，馆竖子止之曰："两虎方且食牛，食甘必争，争则必斗，斗则大者伤，小者死；从伤而刺之，一举必有双虎之名。"

释义 比喻争斗的双方都受到损伤。

战国时期，韩国和魏国两国交战，相互攻打了一年多未分胜负。秦惠王想出兵干涉。他向大臣们征求意见，大臣们众说纷纭，有的说出兵对秦国有利，有的说出兵于秦不利。秦惠王听了难以决断。正好，楚国的陈轸出使秦国。陈轸是位游说之士，曾与现为秦国相国的张仪同为秦惠王做事。秦惠王知道陈轸也是足智多谋的人物，便请他帮助定个计策。

陈轸便向秦惠王讲了个卞庄子刺虎的故事。

"有一次，卞庄子（或作馆庄子，即旅舍中名庄子者。）看见两只虎正撕咬一头牛，想拔剑去刺虎。旅店的伙计劝阻他：'这两只虎正在吃牛，吃得香必定要争食，争着争着就必然相斗，相斗的结果，必然是大虎受伤，小虎被斗死。那时，你去刺那只受伤的虎，一举就有杀死两只虎的威名了。'卞庄子听了觉得很对，就站着等虎斗。不一会儿，两只虎果然斗了起来，真的是小虎死了，大虎也被咬得伤痕累累。庄子举剑向那只负伤的大虎刺去，一举便立下了灭掉双虎的功劳。"

陈轸讲完故事，接着说：

"今天，韩、魏两国已交战了一年多，将来必定是小国被灭，大国也伤了元气。那时讨伐那力量已削弱了的大国，一举就赢了两国。这就像庄子刺虎一样啊！"

秦惠王听了大为赞赏，终于决定暂不出兵，坐山观虎斗。

量入为出

《三国志·魏书·卫觊传》

原文 当今之务，宜君臣上下，并用筹策，计较府库，量入为出。

释义 根据收入多少来定支出的限度。

公元200年，曹操派属官卫觊前往巴蜀之地，联络益州牧刘津。卫觊行至长安时，因道路不通，只得留在关中。关中这地方本来很富裕，前几年因为战乱，数十万人逃亡在外；现在这里局势安定，人们先后返回故居。当地一些将领将他们招为私家的士兵，以扩大自己的势力。

卫觊敏锐地感到，地方势力的强大，会威胁到曹氏势力的利益和朝廷权力的巩固。于是他写信转告曹操，建议加强关中地区的控制和管理，削弱地方将领的权力。

公元227年，曹睿继位，史称魏明帝。

明帝生性残暴，生活奢侈，大兴土木，营造宫殿，还霸占了许多农田作为放牧鹿的园子。老百姓如果弄死一头鹿，就要以命相偿。这样做的结果，造成百姓长期服劳役，以致大批农田荒芜，国库空虚。卫觊对这种状况极为忧虑，就上奏章给明帝说，如今天下三分，国家还未统一，战争没有结果，千里没有人烟，百姓极度困难。陛下再不重视这些问题，国家就会衰败，再也不能复兴起来了。奏章最后写道："目前最需要做的事情，就是君臣同心协力出谋划策，精确地计算国库的财力状况，并且根据收入情况来确定支出的限度。"

量力而行

《左传·隐公十一年》

原文 许无刑而伐之，服而舍之，度德而处之，量力而行之，相时而动，无累后人，可谓知礼矣。

释义 比喻办事要按照自己力量的大小。

公元前712年，郑国的国君庄公借口许庄公不听从周天子的命令，联合齐国和鲁国共同出兵讨伐许国。联军兵临许国都城下，终于城被攻破，许国的国君庄公仓皇出逃。

接下来的事是如何处置许国。齐国的国君釐公提出，应把许国交给鲁国来管辖，但鲁国的国君隐公表示不能接受。于是，齐釐公说："讨伐许国是郑国的主张，出的兵也最多。既然鲁国不能接受，那么就让郑国来管辖。"

其实，郑庄公伐许的目的就是为了吞并许国，但碍于面子，只好先推让一番，最后才把许国分成东西两部分：东面交给许国的大夫百里，由他扶助许庄公的弟弟许叔管辖；西面交给自己的大夫公孙获助守，实际上是监督东面的许叔。

《左传》的作者在叙述了这一历史事件后评论说："郑庄公这样做合乎礼。他是因为许国不合法度才讨伐它的。许国降服了，他就原谅了它，并且根据各人的德行作了恰当的处理,还能按照自己力量的大小来行事。选择有利的时机而采取行动,不连累后人,真可说是知礼。"

乐不思蜀

《三国志·蜀书·后主传》裴松之注引《汉晋春秋》

原文 司马文王与禅宴,为之作故蜀技,旁皆为之感怆,而禅喜笑自若……他日,王问禅曰:"颇思蜀否?"禅曰:"此间乐,不思蜀。"

释义 乐:快乐;思:思念;蜀:蜀汉,三国时的国名。原义指蜀后主刘禅甘心为虏不思复国。泛指乐而忘返。

三国时期,蜀主刘备死后,丞相诸葛亮辅佐后主刘禅治国。刘禅是个胸无大志、才学浅薄的人,把一切政事交由诸葛亮操劳,自己乐得轻松快活。后来诸葛亮率军北伐,死在兵营,蜀国政事就由姜维代劳。

魏国的司马昭见姜维在外率兵作战,蜀都空虚,刘禅无能,认为是灭掉蜀国的大好机会。于是分兵几路征伐蜀国。蜀后主刘禅心胆俱裂,投降魏军,一家老小被魏军带回魏都洛阳。刘禅担心魏元帝曹奂会杀了他,谁知曹奂对他好言安抚,封他为安乐县公,还赏赐给他大片土地和许多奴婢,连他的子孙也都封了官。刘禅受宠若惊,自此安心享乐,不把亡国之辱放在心上。

司马昭对刘禅不放心,想试一试他有无复国之心。有一次,司马昭大摆宴席,把刘禅和他的旧部下请来赴宴,还专门叫来戏班子演出蜀国的戏。刘禅的旧部下,听到熟悉的乡音,心情都很悲伤,可是刘禅依旧谈笑饮酒。司马昭看在眼里,悄悄对坐在旁边的官员说:"你看,一个人没有感情竟然到了这种地步!像他这样的人,即使诸葛亮活着也无法可想,何况姜维呢!"

几天后,司马昭遇见刘禅,想起这件事,便问他:"你很想念蜀国吧?"刘禅笑嘻嘻地回答说:"这儿快乐得很,我不想念蜀国。"后来这件事被却正听到了,他立即对刘禅说:"司马昭以后再这样问你,你应该哭着说:'祖先坟墓在蜀地,我非常悲痛,几乎天天思念!'"刘禅点点头。过了几天,司马昭又问刘禅这个问题,刘禅照却正的话说了一遍。司马昭大笑起来,说:"这是却正教你这样说的吧!"刘禅吃惊地说:"对啊,你怎么知道的?"周围的人一齐哄笑起来。

临危不顾

《三国志·魏志·陈留王传》

原文 和、琇、抚皆抗节不挠,拒会凶言,临危不顾,词指正烈。
释义 形容遇到危险时,非常英勇。

三国末期,蜀国丞相诸葛亮病死后,大权由姜维执掌。魏帝派邓艾、诸葛绪和钟会三路大军讨伐蜀国。姜维在军事要地剑阁坚兵据守。钟会久攻不下,便准备撤军。

就在这时候,邓艾率军绕过剑阁,直取成都,懦弱无能的刘禅见无法抵抗,便向邓艾投降,并派人命令姜维也投降。姜维没有办法,只好到钟会阵前投降。钟会非常钦佩姜维的才能,和他出则同车,坐则同席。

邓艾灭蜀后,在成都骄傲专横,独断独行,引起晋公司马昭的疑忌,钟会乘机诬告邓艾谋反,司马昭便下令将他逮捕,钟会带着姜维赶到成都,派兵将邓艾押送到洛阳去。

邓艾被捕后,钟会大权独揽,他想利用手握的重兵夺取天下。姜维发现了他的意图,也打算利用他的叛乱来恢复蜀国的统治,因此竭力怂恿钟会叛乱。双方由于都想利用对方,所以关系更加密切。但是,钟会发现司马昭已有准备,已带领十万大军屯驻长安,便决定马上动手,姜维想借钟会的手消灭魏国来的文武官员,然后再杀死钟会,为此对钟会说,这些官员不可靠,要赶紧将他们杀掉。钟会也知道,他们会反对自己叛乱,因此把他们召集起来,假传太后遗诏,说太后要他讨伐司马昭,希望大家遵遗诏办事,同时拔出剑威胁说,违令者斩。

众官员慑于钟会的威胁，只好勉强依从，只有夏侯和、羊琇、朱抚三人毫不畏惧，身处危境，拒不听从钟会的话，并且严词拒绝。钟会一时之间也不敢奈何他们，便将他们关押起来。

魏国文武官员被关押的消息很快传开，士兵们不愿叛乱，组织起来攻打钟会。被关押的官员乘机逃出去，和部下一起攻打钟会。

钟会见大批魏军来攻，慌了手脚，问姜维怎么办。姜维要他反击，并带领钟会的亲信迎击魏军。由于寡不敌众，钟会被乱箭射死，姜维也被杀死。

叛乱平定后，魏元帝下诏书表彰夏侯和、羊琇和朱抚，说："你们坚持气节，反对叛乱，不屈不挠，拒绝钟会的威胁，临危不顾。"

连篇累牍

《隋书·李谔传》

原文 连篇累牍，不出月露之形；积案盈箱，惟是风云之状。

释义 累：重叠，堆积；牍：古代用以写字的木片。形容文辞篇幅冗长。

南北朝时文人的文章多浮华空洞，这种风气延续到隋朝。隋文帝时的治书侍御史李谔，很有辩才，文章写得也很好。他看到六朝以来的文章常常华而不实，决定上书给隋文帝，希望通过发布政令来改变当时的文风。主意打定，他就着手去写。

隋文帝杨坚统一了中国以后，在处理政务时看到大臣们的奏章都追求词藻的华丽，不重视解决实际问题，就暗暗思忖：南朝政治的腐败跟这绮丽的文风有关，这真是误国的根源呀！一天，他伏案看着奏章，看到泗州刺史司马幼之写来的文章辞藻华艳堆砌，内容空洞无物，不禁勃然大怒，马上对手下人说："把泗州刺史司马幼之交给有关部门治罪。"

李谔的《请正文体书》终于写好了，他在上奏之前又看了一遍。书中从魏武帝、文帝、明帝说起，谈到了他们崇尚文辞，不重视为君之道，只注重文辞华丽的雕虫小技，下面的人跟从他们，在文辞华丽上大做文章，渐渐形成风格，给后世带来了恶劣的影响及危害，望当今皇上能出政令改变文风。他觉得自己把要说的话都说清楚了，就把奏章递了上去。

隋文帝阅了李谔的奏章，不住地点头，当看到"连篇累牍，不出月露之形；积案盈箱，惟是风云之状"时，心想：李谔说得对呀，现在的一篇篇文章，一箱箱案卷，谈来谈去，都离不开吟风弄月，真是又长又累赘。这样下去，世俗无论贵贱贤愚，都去吟咏风花雪月，崇尚绮丽文风，追逐功名利禄，可怎么得了哇！于是他下令说："把李谔的奏章颁示天下。如以后写来的奏章再不注意文风，定严加追究。"

李谔的奏章一发布，官员上的奏章立即得到了改变，从此文风逐渐好转了，他上奏的目的也达到了。

流言蜚语

《史记·魏其武安侯列传》

原文 乃有蜚语为恶言闻上，故以十二月晦论弃市渭城。

释义 指社会上流传的没有根据的话，多指背后议论、诽谤或挑拨离间的话。

公元前154年，汉朝开国皇帝刘邦的侄子吴王濞，联合了楚、赵等国发动叛乱。窦太后的侄子窦婴被景帝任命为大将军，率军驻守荥阳，监视齐、赵两国的军队。后来叛乱平定，他因功被封为魏其侯。

另外一位皇亲国戚田蚡，是皇后王氏的同母兄弟，因为出身低贱，当时只当一个小小的郎官。后来由于王皇后常在景帝面前说他好话，使他当上了太中大夫。景帝死后，他的儿子武帝即位，田蚡更加得宠，被封为武安侯。

过了几年，景帝的母亲窦太后也死了，窦婴很快失势，而田蚡作为国舅却当上了丞相。窦婴失势后，大将军灌夫还是与窦婴保持密切的关系，他与窦婴同病相怜，特别友好。

公元前131年，田蚡娶燕王的女儿为夫人，王太后特地下诏，要诸侯王和宗室大臣都去祝贺。宴会进行过程中，田蚡起立向客人敬酒，客人都表示不敢当，纷纷离开坐处并且拜伏。过了一会儿，窦婴也起立敬酒，这时只有他的旧交熟人离开座位，半数的人仍然跪坐在席上不动。

灌夫看着这一切，心里十分恼火，就拿起酒杯，到田蚡席前去敬酒。田蚡并不起立，只是动了一下腿，说自己已不能再喝。灌夫怒火中烧，但表面上嬉笑着再次要他喝酒。田蚡还是不喝，于是，灌夫继续往下敬酒。当敬到一个权贵跟前，那人正凑着边上一个权贵的耳朵说话，也没有起立敬礼。灌夫再也忍不住了，指着他边上的权贵骂道："你平时说他一钱不值，今天我向你敬酒，你却学女人的样与他咬耳朵说话！"

田蚡见灌夫当众辱骂他请来的客人，勃然大怒，马上召来卫士，把灌夫扣留下来。接着，又将灌夫的宗族都抓起来。

窦婴觉得灌夫是为自己而得罪田蚡的，便决定舍命救他。他设法让武帝召见，说灌夫是喝醉了酒才失礼的，田蚡不能因私怨而定他罪。武帝让他和田蚡当面辩论，两人各执一词，无法调和。于是，武帝又让大臣们发表意见。大臣们多数人不明确表示意见，武帝很生气。

王太后知道这件事后，以不进食逼武帝支持田蚡，武帝只得将窦婴逮捕下狱。这一来形势急转直下，灌夫很快被定为灭族之罪。窦婴见情势危急，就让侄儿上书武帝，说自己以前曾接受过景帝的遗诏，授权他在特殊情况下，可以请求皇帝召见。上书到朝廷后，有关官员查下来没有发现景帝有此遗诏，于是窦婴又被加上伪造先帝遗诏的罪名。按照律法，犯这个罪的要被斩首。

公元前130年农历十月，灌夫及其全族被斩。窦婴听说这件事，极度悲愤，便企图绝食自杀。可不几天有人传来消息说，武帝不想杀他。他以为可以不死，恢复进食。但就在这个时候，又有许多没有根据的诬蔑中伤他的话传进宫中。武帝听后大怒，终于在十二月的最后一天将他斩首。

柳暗花明

南宋·陆游《游山西村》

原文 山重水复疑无路,柳暗花明又一村。

释义 比喻事态眼看已无发展余地,忽然又出现了转机。

陆游被免职后,从隆兴取道回故乡山阴,在那里闲居了三年。

像陆游这样忧心于国事的人,闲居在家的滋味当然不好受。他想报效朝廷却受到罢斥,内心充满了痛苦,只得整天在家读书打发时间。差不多经过一年光景,陆游才渐渐想开,常到附近各处走走看看。他从小生活在农村,没有当官的架子,所以和农民们搞得很熟。

次年四月的一天,春光明媚,陆游独自一人到二十里外的西山去游览。上这山,要翻过好几个山头。陆游拄着手杖,顺着沿河的山坡向上行走。山,过了一重又一重;水,绕过一道又一道。走到一个去处,似乎到了尽头,再也没路走了。但拐了一个弯,却发现前面不远的山谷里有一块空地,在那里成荫的绿柳和明丽的红花之间,有一个小村庄。陆游兴致勃勃地走向前面的山谷,来到那个小村庄。村民对远道而来的陆游非常友好,热情地接待了他。

回到家后,陆游对这次西山之行印象很深刻,便作了一首七言律诗《游山西村》,其中的两句是:山重水复疑无路,柳暗花明又一村。

鹿死谁手

《晋书·石勒载记(下)》

原文 "……朕若逢高皇,当北面而事之,与韩、彭竞鞭而争先耳,朕遇光武,当并驱于中原,未知鹿死谁手……"

释义 鹿：动物名，指猎取的对象，后也比喻政权或争逐的对象，原意是天下被谁夺到手。现在指不知谁取得最后胜利。

晋朝时期，我国北方出现五胡十六国的竞争局面，五个少数民族强盛起来，先后建立了十六个国家。其中氐族建立的前秦和羯族建立的后赵实力更为强盛，多次同东晋朝廷交锋作战，激烈争夺，最后把东晋逼到长江以南。

后赵的建国皇帝名叫石勒，字世龙，本是羯族的首领。他年轻时身强力壮，胆识超人，骑马射箭的本领高强。二十多岁时，石勒被晋朝的官吏掠掳到山东，卖为奴隶。后来，汲桑等人起兵聚义，石勒参与斗争，率领兵马与晋军作战。汲桑死后，石勒当了首领，势单力孤，于是率领队伍投奔了前赵的国君刘渊，受到重用。刘渊封他为大将，授予他领兵大权。石勒势力渐渐强大，又任用了汉族官僚张宾为谋士，很快割据一方，成为一股强大的力量。后来石勒建立了政权，自称赵王，十年后灭掉前赵，夺取北方大片土地。石勒亲自率领兵马南下，同东晋作战，转战千里，势不可挡，几乎一直打到长江边。晋军在寿春一带坚壁清野，使得后赵军队粮草断绝，石勒才撤兵后退。有一次，石勒举行国宴招待高句丽等国使臣，一时兴起，非常自负地问他手下的大臣徐光："凭我的功绩，可以同历史上哪一个君王相比？"徐光想趁机恭维他，略一思索，便奉承说："陛下的智谋武勇，超过了汉高祖刘邦，超过了曹操。自古以来的帝王，谁也比不上陛下！"石勒听了，哈哈大笑，说："一个人哪有自己不了解自己的呢，你说的话太过分了。我如果生在汉高祖刘邦那个时代，一定恭恭敬敬地服从他的指挥，为他效力，同韩信、彭越这些大将在战场上竞争。如果生在汉光武帝刘秀的时代，我就要同他在中原争个高低，争夺天下，那就不知鹿死谁手了！"

论功行赏

《史记·萧相国世家》

原文 汉五年，既杀项羽定天下，论功行封。群臣争功，岁余功不决。高祖以萧何功最盛，封为酂侯，所食邑多。

释义 论：衡量，评定；行：施行。根据功绩的大小，给予相应的奖赏。

公元前202年，刘邦消灭项羽，平定天下，当上了皇帝，史称汉高祖。接着，他要对功臣们评定功绩的大小，给予封赏。

刘邦认为，萧何的功劳最大，要封他为赞侯，给予的封户也最多。群臣们对此不满，都说："平阳侯曹参身受七十处创伤，攻城夺地，功劳最多，应该排在第一位。"

这时，关内侯鄂千秋把刘邦要讲而未讲的话讲了出来：

"众位大臣的主张是不对的。曹参虽然有转战各处、夺取地盘的功劳，但这是一时的事情。大王与楚军相持五年，常常失掉军队，只身逃亡也有好几次。然而，萧何常派遣军队补充前线。这些都不是大王下令让他做的。汉军与楚军在荥阳时对垒数年，军中没有口粮，萧何又用车船运来粮食。如今即使没有上百个曹参，对汉室也不会有损失，怎么能让一时的功劳凌驾在万世的功勋之上呢？应该是萧何排在第一位，曹参居第二位。"

刘邦肯定了鄂千秋的话，于是确定萧何为第一位，特许他带剑穿鞋上殿，上朝时可以不按礼仪小步快走。

洛阳纸贵

《晋书·文苑·左思传》

原文 左思欲赋三都，移家京师，诣著作郎张载，访岷、邛之事，构思十年，赋成。皇甫谧为赋序，张载为注魏都，刘逵注吴、蜀而序之。张华见而叹曰："班张之流也。"于是豪贵之家，竞相传写，洛阳为之纸贵。

释义 比喻文章写得好，著作广为流传，十分畅销。

左思是西晋时期的作家，他写文章非常认真，从不追求多产速成，因此，写出的文章质量很高。他曾用一年的时间，写了一篇《齐都赋》。

后来，因为他的妹妹被选入宫，全家迁居京城洛阳，他被任为著书郎。

从这时起，左思开始计划写《三都赋》（三都，指魏、蜀、吴三国的都城）。他整天苦心构思，时时刻刻都在想着这篇文章。他在书房外的走廊里、庭院里，甚至厕所里挂上纸笔，每得佳句，不论一句半句，立刻记录下来。这样努力了十年，才写成这篇《三都赋》。

《三都赋》一问世，由于在内容和形式上达到了空前的高度，艺术价值极高，于是，当时京城洛阳有地位的人都争着买纸抄写阅读，以致洛阳的纸张突然变得供不应求，价格大涨。

马首是瞻

《左传·襄公十四年》

原文 鸡鸣而驾，塞井夷灶，唯余马首是瞻。

释义 首：头；瞻：注目观看。看马头行事。原指作战时将领看主将的马头决定如何行动。后比喻完全服从指挥或乐于追随某人。

春秋时，秦、晋两国虽有联姻，但为了各自的利益，经常互相争斗。

公元前558年夏天，晋悼公派中军元帅荀偃、下军元帅栾黡率军攻打秦国，会同晋军一起攻打秦国的还有鲁、莒、郑、卫等国的军队。

大队人马来到泾水河边，各诸侯国的军队不肯渡河。晋国大夫为此去同鲁卿叔孙豹商量，叔孙豹表示鲁国的军队可以率先渡河。于是，莒国大夫叔向准备了船只，先让鲁国和莒国的军队渡过了泾水。接着各国的军队也都渡过了河。大军渡过泾水以后，驻扎在泾水边上，秦国就在泾水上游放了毒药，毒死了各诸侯国的不少士兵。郑国的司马子蟜十分生气，首先率领郑军向秦军出击，其他各国的军队也纷纷跟上去。

双方交战后，荀偃率各诸侯国的联军一直打到秦国境内棫林一带，可是秦军仍顽强阻击。于是，荀偃下令说："明天清晨鸡一叫全军就要驾好兵车，用土填埋汲水的井，铲平烧饭的灶，做好一切战斗准备，准备出击。大家都要看着我的马头行动，我的马走向哪里，你们就跟向哪里！"下军元帅栾黡感到荀偃的命令太专横独断了，他不服气地说："我率军打过无数次仗，从来没有接到过这样的命令，你要我看着你的马头行动，我偏不听！"

于是，栾黡带着自己率领的下军掉头向东，撤回晋国。荀偃考虑到剩下的人马打不赢秦国，也只得命令全军撤退了。

毛遂自荐

《史记·平原君虞卿列传》

原文 门下有毛遂者，前自赞于平原君曰："遂闻君将合从于楚，约与食客门下二十人偕，不外索。合少一人，愿君即以遂备员而行矣。"

释义 荐：推荐。比喻自告奋勇，自我荐举。

战国时期，赵国平原君赵胜门下养了许多食客，招纳了一批能人志士，为赵国的政治军事出谋划策，起了很大的作用。门客之中有一位叫作毛遂，已经在平原君家住了三年，默默无闻，无所作为，平原君并没有在意。

有一年，秦国大军包围了赵国的都城邯郸，赵国情势非常危急，赵王命令平原君前往楚国请求援救。平原君挑选了十九名能文能武的门客，准备出发。这时，一向默默无闻的毛遂突然来见平原君，自告奋勇要求随同平原君到楚国去，门客们一齐愣住了。

平原君见毛遂自荐，大为吃惊，便对他说："一个人如果有贤德和才能，那么很快就会显露出来，好比锥子放进口袋，锥尖立刻露到外面。你在我家三年，未有什么表现，可见能力不行啊！"毛遂笑着说："如果您以前允许我出谋划策，我的才能早就显露出来了。现在为时不晚，只要您带我去，一定会用得上我！"平原君见他说得有理，只好让他随着自己出发。

平原君到了楚国，楚王隆重接待他们一行。谈判开始后，平原君说明来意，同楚王商议联合出兵抗击秦军的大事，可是楚王东扯西拉，吞吞吐吐，总是谈不到要点上，从早晨谈到中午，还没有结果。平原君非常着急，因为秦军兵临城下，赵国随时有危险。

这时，只见毛遂怒气冲冲地走到楚王面前，一手提着利剑，一手毫不客气地拉住楚王的衣服，使楚王无法回避。接着，毛遂振振有词，一条一条讲出楚国出兵与赵国共同抗秦的利害关系。他说的话慷慨激昂，道理明白，令人信服，楚王被他的气概震慑住了，非常佩服，不但没有责怪他无礼，反而体谅他的心情。这样，楚王立刻答应同平原君签订盟约，出兵抗秦，援救赵国。

平原君对毛遂的表现非常赞许，十分敬佩他的才干。事后，平原君拉着毛遂的手，夸奖他说："先生的三寸不烂之舌，胜过百万大军！"从此，平原君对毛遂刮目相看，敬若上宾。

门庭若市

《战国策·齐策一》

原文　令初下，群臣进谏，门庭若市。

释义　庭：院子；若：像；市：集市、市场。门前和院子里好像集市一样热闹。原指来进谏的人极多。现形容门前来的人很多，热闹非常。

邹忌是战国时齐国的一位大夫，人长得很英俊。有一天早晨，他穿好朝服，戴好帽子，对着镜子端详一番，然后问他的妻子说："我和城北徐公比较起来，谁长得英俊？"

"你英俊极了，徐公怎么比得上你呢？"妻子说。

徐公是齐国出名的美男子。邹忌听了妻子的话，并不太敢相信自己真的比徐公英俊，于是他又去问他的爱妾，爱妾回答说："徐公怎能比得上你呢？"

第二天，家中来了几位客人，邹忌又问客人，客人说："徐公哪有你这样俊美呀！"

过了几天，正巧徐公到邹忌家来拜访，邹忌便乘机仔细地打量徐公，拿他来和自己比较。结果，他发现自己实在没有徐公漂亮。于是，他想："妻子说我英俊，是因为偏爱我；爱妾说我英俊，是因为惧怕我；客人说我英俊，是因为有求于我。其实我实在没有徐公漂亮啊！"

接着，他又从这件事联想到，齐威王身为一国之君，所受到的蒙蔽一定更多。第二天早朝，他就把发生在自己身上的事说给齐威王听，并劝谏说："现在齐国地方千里，城池众多，大王接触的人也比我多得多，所受的蒙蔽也一定更多。大王如能开诚布公地征求意见，一定对国家有益。"

齐威王听了，觉得很有道理，立刻下令说："无论是谁，能当面指出我过失的，受上等奖赏；上奏章规劝我的，受中等奖赏；在朝廷或街市中议论我的过失，并传到我耳中的，受下等奖赏！"

大家听说这件事以后，纷纷前去进谏，川流不息，朝廷门口每天像市场一样热闹。

门可罗雀

《史记·汲郑列传》

原文 门外可设雀罗。

释义 罗：张网捕捉。门前可以张网捕捉鸟雀。比喻失势的人门前冷清，没有来访的客人。

西汉著名的史学家、文学家司马迁，曾经为汉武帝手下的两位大臣合写了一篇传记，一位是汲黯，另一位是郑庄。汲黯，字长孺，濮阳（今属河南省）人，景帝时曾任"太子洗马"，武帝时曾做过"东海太守"，后来又任"主爵都尉"。

郑庄，陈（今河南淮阳县）人，景帝时曾经担任"太子舍人"，武帝时担任"大农令"。

这两位大臣都为官清正，刚直不阿，曾位列九卿，声名显赫，权势高，威望重，上他们家拜访的人络绎不绝，出出进进，十分热闹，谁都以能与他们结交为荣。

可是，由于他们太刚直了，汉武帝后来撤了他们的职。他们丢了官，失去了权势，就再也没人去拜访他们了。

司马迁在叙述了两人的生平事迹后，深为感慨地说：像汲黯、郑庄这样贤良的人，有势力时，客人很多；一旦失去权势，便门可罗雀，其他的人就更不用说了。

又联想到两人的情况和下邽（今陕西渭南东北）的翟公一样。司马迁接着介绍了翟公的情况。

翟公曾经当过廷尉（中央掌管司法的长官）。他在任上的时候，登他家门拜访的宾客十分拥挤，塞满了门庭。后来他被罢了官，就没有宾客再登门了。结果门口冷落得可以张起网来捕捉鸟雀了。

官场多变，过了一个时期，翟公官复原职。于是，那班宾客又想登门拜访他了。

翟公感慨万千，在门上写了几句话："一死一生，乃知交情；一贫一富，乃知交态；一贵一贱，交情乃见。"

每况愈下

《庄子·知北游》

原文 东郭子问于庄子曰："所谓道，恶乎在?"庄子曰："无所不在。"……曰："在梯稗。"曰："何其愈下邪?"……东郭子不应。庄子曰："夫子之问也，固不及质。正获之问于监市履狶也，每下愈况。"

释义 况：甚。愈下愈甚。原比喻越从低微的地方越能看出问题的本质。现比喻境况越来越不好。

道家在战国时期的代表人物叫庄周。他是一个非常有学问也很有道德的人，因而十分有名。有个名叫东郭子的人，他听说庄子对"道"非常有研究，就赶去向他请教。他找到庄子之后，问道："您所说的'道'，到底在什么地方呢?"

庄子回答他说道："我讲的'道'，什么地方都有，没有它不在的地方!"

"那么您能具体地指出它在什么地方吗?"东郭子十分客气地说。

庄子没有怎么想就说道:"'道'在蚂蚁洞里。"

东郭子感到很奇怪:"道,不是很高尚的吗?又怎么会在那么卑下的地方?"

庄子又继续说下去:"道,存在于野草、砖瓦、碎石里。"

"这不是更加卑下了吗?"东郭子更加奇怪,轻轻地摇着头,表示无法理解。

庄子仍然继续说下去:"我的'道'还在屎尿之中!"

东郭子听庄子越说越低下,就不想再和他说下去了,而且心里非常不高兴。

庄子这才向他解释道:"如果要满足您的需要,把'道'的本质说得很清楚,就得像市场上的人检查猪的肥瘦一样,越是看猪腿的下面,越能看出猪的肥瘦。因为猪腿的下部是最难长肥的,如果连腿部也长满了肉,那么猪的其他部位自然也就更肥了。所以,今天我告诉你的'道'所在的地方,都是些卑微低贱的地方;连这些地方都有'道'存在,那么这个'道'存在于其他地方,也就不难理解了。"

"噢,原来是这个道理啊。"东郭子觉得庄子说的非常有道理,更加佩服庄子的才学了。

迷途知返

《三国志·魏书·袁术传》

原文　以身试祸,岂不痛哉!若迷而知返,尚可以免。

释义　迷失道路,知道回来。比喻觉察到犯了错误,知道改正。

东汉末年,宦官专权,大将军何进密召并州牧董卓进京。消息传来,宦官们杀死何进。何进的部下袁绍火烧宫门,汉少帝逃出皇宫。董卓乘机率领大队凉州兵占据京师洛阳,追回汉少帝,专揽朝政。袁绍发觉引狼入室,深为懊悔，率领自己的队伍离开了洛阳，来到关东，计划征讨董卓。不久，董卓废掉汉少帝，另立汉献帝刘协登基，把朝廷军政大权全部掌握在自己手中。

　　袁绍的弟弟袁术是个心术不正的人，为了躲避这场祸乱，也带着自己的队伍向南阳逃奔。长沙太守孙坚是骁勇善战的虎将，响应关东袁绍，起兵讨伐董卓，率部向洛阳进军。南阳郡太守张咨被孙坚杀死后，袁术正好没有地盘，便乘机占领了南阳郡，扩充自己的势力。

　　袁术占据南阳后，骄横霸道，放纵享乐，胡作非为，成了当地一害。后来，北部的袁绍和中原的曹操势力强盛起来，共同进攻袁术。袁术经不住两下夹攻，逃离南阳，败走扬州，从此割据扬州郡一方，建立了自己的势力范围。汉朝天下军阀割据，混战不已，占据四个州郡的袁绍同占据两个州郡的曹操又发生激烈的冲突。袁术见汉朝政权土崩瓦解，便想趁混乱之机登上皇帝宝座。这时，他想起了少年时代的好友陈珪，便写了一封信，请陈珪帮助他实现做皇帝的梦想。

　　陈珪是位很有政治见解的人，接到袁术的信后，便回信劝他不要称帝，否则会违背天意民心。陈珪在信中说："我以为你会齐心协力救助汉室，谁知你却想走上迷途，自称皇帝。以身试祸，岂不令人痛心！如果迷了路还知道返回，尚能避免祸患。"

　　袁术听不进陈珪的劝告，终于在寿春称帝。他的倒行逆施遭到天下百姓和各路军阀的强烈反对。后来，吕布、曹操先后讨伐袁术，袁术大败，向青州逃奔，中途病死。

名落孙山

宋·范公偁《过庭录》

原文　吴人孙山，滑稽才子也。赴举他郡，乡人托以子偕往。乡人子失意，山缀榜末，先归。乡人问其子得失，山曰："解名尽处是孙山，贤郎更在孙山外。"

释义　名：名次；孙山：人名。名次落在孙山的后面。比喻投考不中或选拔时未被录取。

宋朝时读书人要做官，必须参加科举考试。乡试（科举考试中地方上最高一级的考试）合格的称为举人。取得了举人的资格，就可以到京都参加更高一级的考试——会试了。

有一年秋天，省城里要举行乡试，当地有个名叫孙山的读书人，准备到省城去应试。

孙山能说会道，滑稽诙谐，人称"滑稽才子"，乡里人对他中举寄予厚望。临行前，乡里一位老人来拜访孙山，请孙山与他的儿子一起去应考，以便他儿子能得到一些照应。孙山爽快地答应了。

两人到省城后，很顺利地参加了考试，接着是等待发榜。

发榜那天，孙山怀着紧张的心情，到发榜处去观看。看榜的人很拥挤，孙山好不容易才挤到前面，一连看了几遍，都没有看到自己的名字。他灰心丧气，准备再看一遍，榜上确实无名字就离去。结果，竟在最后一行中见到了自己的名字，原来自己是以末名中举，顿时转忧为喜。至于一起来应试的乡人儿子的名字，则无论如何找不到，他肯定落选了。

孙山回到旅舍，把发榜的情况向乡人儿子说了。对方听说自己榜上无名，闷闷不乐，表示想再在省城待几天。孙山归心似箭，第二天一早就回乡了。

孙山回到家里，乡邻们得知他中举，都向他表示祝贺。那老人见儿子未回来，问孙山他是否榜上有名。孙山没有正面回答，而是诙谐地念了两句诗："解名尽处是孙山，贤郎更在孙山外。"

原来，当时中举后再去京城会试的，都由地方解送入试，所以乡试第一名称为解元，榜上的举人名字都称解名。这两句诗的意思是：举人的最后一名是我孙山，你儿子的大名还在我孙山之后呢。言下之意是他落选了。

那老人听到很有才气的孙山也只考了最后一名，感到他的儿子比孙山差远了，榜上无名是很自然的，便平心静气地走了。

明珠暗投

《史记·鲁仲连邹阳列传》

原文 臣闻明月之珠，夜光之璧，以暗投人于道路，人无不按剑相眄者，何则？无因而至前也。

释义 把闪闪发光的珍珠，投到黑暗处。比喻珍贵物品落入不识货的人的手里。也比喻有才能的人没有得到重用或误入歧途。

汉景帝即位后，没有马上立太子。他的弟弟梁孝王很想自己有朝一日能继任皇位。为此，他常和亲信羊胜、公孙诡两人秘密策划，如何收买朝廷权臣，如何刺探宫中隐事，甚至密谈如何在必要时发动政变。

梁孝王有个门客，名叫邹阳，他是一个很有才学的人。梁孝王想利用他的文名提高自己的声誉，所以把他收在门下。邹阳听到梁孝王经常与羊胜等密谋这类事，便几次向梁孝王晓以利害，劝说他不要轻举妄动，造成祸害。羊胜、公孙诡对他很疑忌，怂恿梁孝王将他投入了监狱。

邹阳知道自己受到了诬陷，便在狱中给梁孝王写了一封信。信中引用了许多史实，来说明自古以来忠臣义士无辜受屈的事是很多的，他不过是其中之一罢了。信中给人印象最深刻的是下面这段话：

"我听说世间最罕见的宝物是明月珠和夜光璧。如果暗中把它们投在路上，人们都会按着剑、斜着眼看它，而不敢去拿。这是因为谁也不知道它突然出现的原因。"

这段话的含意是，如果没有亲信帮你说话，即使你提出了很好的意见，也不会受到重视，还有可能惹出祸来。梁孝王看懂了信里隐含的意思，立即释放了他。

不久，景帝采纳了大臣爰盎等的建议，立了太子。孝王恨爰盎坏了他的事，便派刺客去刺死了爰盎。景帝料想是梁孝王指使的，便接二连三派使者去责问他，并要他交出主谋抵罪。梁孝王被逼得无法，只好迫令羊胜、公孙诡自杀。但使者还是要追查下去。最后，梁孝王还是请邹阳进京活动，请受景帝宠爱的王美人向景帝讨情，这件事才不了了之。

明察秋毫

《孟子·梁惠王（上）》

原文 明足以察秋毫之末，而不见舆薪，则王许之乎？

释义 察：看；秋毫：秋天鸟兽身上新长的细毛。比喻人很精明，目光敏锐，连最细微的事物也能看得一清二楚。

齐宣王很关心齐桓公和晋文公是通过怎样的途径达到称霸的目的的，于是就问孟子，而孟子却对他说道德统一天下的问题。齐宣王问："那需要怎样的道德呢？"

孟子回答说："百姓的生活安定了，天下才能统一，这是什么力量都抵御不了的。"

"像我这样的国君，可以使百姓生活安定吗？"

"可以"。

"你凭什么知道我可以呢？"

孟子对齐宣王说："您不忍心杀一条发抖的牛，而下令用一只羊来代替，这样的善心就足以统一天下了。百姓都认为您吝啬，而我知道您是不忍心。不过，百姓说您吝啬，您也不必奇怪，他们怎么能体会到你的真正用心是出于仁爱呢？其实从怜悯无辜被屠宰的牲畜来说，杀一头牛和杀一只羊，又有什么不同呢？"

孟子接着又说："有人向大王报告说：'我力大无比，可举起三千斤重的东西，却拿不起一根羽毛；我能把秋天鸟兽新长的绒毛的末梢看得清清楚楚，却看不见眼前的一车柴草。'您相信这话是真的吗？""当然不能相信。"齐宣王马上回答说。"您的好心使禽兽沾光，而不能使百姓得到实惠。这到底是什么原因呢？其实，举不起一根羽毛，是不用力气的缘故；没见到一车柴草，是没有用眼睛去看的缘故；百姓得不到安定的生活，是您不愿施恩惠的缘故。所以，您不用道德来统一天下，是您不愿意这样做，而不是不能这样做。"

磨杵成针

明·陈仁锡《潜确类书》

原文 李白少读书，未成，弃去。道逢老妪磨杵，白问其故。曰："欲作针。"白感其言，遂卒业。

释义 把铁棒磨成了针。比喻有恒心，有毅力，再大的困难也能克服。

唐代著名的诗人李白，祖籍陇西成纪（今甘肃省），生于中亚的碎叶。五岁时，随父亲迁居绵州昌隆（今四川江油），随即开始认字读书。他天资聪颖，到十岁时已读了很多诗书。

李白的父亲是个富商，家里很有钱。李白从小养成好玩的习惯，因此不能集中心思读书，往往读了一会儿后，就放下书本，到外面闲逛去了。

一天，李白又读得烦心起来，便走了出去。途中遇见一个老婆婆，正在磨一根铁棒。李白觉得很奇怪，问道：

"老婆婆，您这是在干什么啊？"

老婆婆抬头瞧了瞧李白，回答说：

"孩子，我这是在把它磨成针哪！"

李白惊奇极了，说：

"啊，这么粗的一根铁棒，要把它磨成针，能行吗？"

老婆婆笑笑说：

"我不停地磨下去，这铁棒会越来越细，最后一定会被磨成针，怎么不行呢？"

李白听了很受感动，于是下决心坚持读书。后来，他终于成为一位伟大的诗人。

墨守成规

《战国策·齐策六》

原文 令公又以弊聊之民,距全齐之兵,期年不解,是墨翟之守也。

释义 墨守:战国时的墨翟(dí)善于守城,后称防守者为墨守;成规:已经通行的规则。比喻思想保守,固执成见,不求改进。

战国时期鲁国有个叫墨翟的人,因为他很有学问,是百家争鸣中著名的一家,所以人称"墨子"(当时的"子"是尊称,好像现在的先生),他曾经在宋国做过小官(因此有人说他是宋国人)。原本他是木匠出身,建造过车辆和防守城池的器械,技术十分高超,和当时著名的巧匠鲁班(也就是公输般)一样有名。

墨家这一学派,主张"兼爱"、"非攻",提倡人与人互爱,不要战争。他反对儒家维护奴隶主贵族利益的那一套学说,所以经常与儒家进行辩论。墨子为了传播他的学说,推行他的主张,常常顾不上辛苦劳顿,到处忙个不停。

有一次,楚国要去攻打宋国。鲁班为楚国军队特别设计了一种攻克城堡用的云梯。

墨子在鲁国得到这个消息以后,急忙赶到楚国去劝阻这场战争。他一连走了十天十夜,"手足重茧"也顾不上休息。等到了楚国的郢都,他马上找到鲁班和他一块去拜见楚王。墨子竭尽全力劝说楚王和鲁班不要去攻打宋国。最后,楚王终于同意了,但是,楚王和鲁班又都觉得就这么放弃了新造出来的攻城器械实在可惜。

墨子说道:"那好,我们就当场试试吧。"说着,他解下衣带,围起来当作城墙,拿木片当武器,让鲁班代表进攻的一方,他代表守城的一方,两方进行防守表演。鲁班多次使用不同的方法去攻城,都被墨子挡住了。鲁班攻城的战具已经使完了,而墨子守城的器具还剩很多。鲁班仍然不肯认输,他说道:"我自然有办法战胜你,只是我不说出来。"墨子说道:"我知道你要怎样战胜我,我也不说出来。"楚王听不懂他们在说什么,就问他们是什么意思。墨子说道:"公输子鲁班是想杀害我。因为他以为只要杀了我,就没有人为宋国守城了。但是他哪里知道,我的门徒有三百人早已经守在那里等着你们去进攻。"楚王看见没有把握取得胜利,只好说道:"好了,我决定不攻打宋国了。"

南柯一梦

唐·李公佐《南柯太守传》

原文 生解巾就枕,昏然忽忽,仿佛若梦。……累日,(王)谓生曰:吾南柯政事不理,太守黜废,欲借卿才,可曲屈之,便与小女同行……二使因大呼生之姓名数声,生遂发悟如初。

释义 南柯:南柯郡。指一场大梦。比喻空欢喜一场。

相传唐代有个姓淳于名棼的人,嗜酒任性,不拘小节。一天适逢生日,他在门前大槐树下摆宴和朋友饮酒作乐,喝得烂醉,被友人扶到廊下小睡。他迷迷糊糊之时,仿佛有两个紫衣使者请他上车,马车朝大槐树下一个树洞驰去。但见洞中晴天丽日,另有世界。车行数十里,行人不绝于途,景色繁华,前方朱门悬着金匾,上书"大槐安国",有丞相出门相迎,告称"国君愿将公主许配,招他为驸马"。淳于棼十分惶恐,不觉已成婚礼,与金枝公主结亲,并被委任"南柯郡太守"。

淳于棼到任后勤政爱民,把南柯郡治理得井井有条,前后二十年,上获君王器重,下得百姓拥戴。这时他已有五子二女,官位显赫,家庭美满,万分得意。

不料檀萝国突然入侵,淳于棼率兵拒敌,屡战屡败;金枝公主又不幸病故。淳于棼连遭不测,辞去太守职务,扶柩回京,从此失去国君宠信。他心中悒悒不乐,君王准他回故里探亲,仍由两名紫衣使者送行。

车出洞穴,家乡山川依旧。淳于棼返回家中,只见自己身子睡在廊下,不由吓了一跳，惊醒过来，眼前仆人正在打扫院子，两位友人在一旁洗脚，落日余晖还留在墙上，而梦中经历好像整整过了一辈子。

淳于棼把梦境告诉众人，大家感到十分惊奇，一齐寻到大槐树下，果然掘出个很大的蚂蚁洞，旁有孔道通向南枝，另有小蚁穴一个。梦中"南柯郡"、"槐安国"，其实原来如此！

南辕北辙

《战国策·魏策四》

原文 犹至楚而北行也。

释义 辕：车前驾牲口的横木，引申指车头；辙：车轮碾过的痕迹，引申指道路。想朝南去，车轮却向北走，比喻行动和目的相反或彼此完全相反。

魏王要发兵攻打赵国，大臣季梁本已奉命出使外国，听到这个消息后，立即赶了回来。他连家也没回，衣服也没来得及换，就进宫去见魏王。魏王很奇怪，问他："你怎么回来了？有什么要紧的事吗？"

季梁说："是啊，我在太行山一带，遇到一个人，他坐着车正往北走，可却得意地对我说：'咳，我要到楚国去了！'"

魏王哈哈大笑道："楚国在南方，他怎么往北跑呢？"

季梁说："是呀，我也这么问他。可是他却说：'不要紧，我的马跑得快。'我说：'你的马虽然跑得快，但这不是到楚国的路呀！'他又说：'不要紧，我的路费带得多。'我说：'你的路费带得再多也没有用。'他还是说：'不要紧，我的车夫赶车的本领可大哩，谁也抵不上他。'"

魏王忍不住叫道："咳！天下竟有这样的糊涂人！"

季梁说："大王说得对，他的方向弄错了，即使马跑得再快、路费带得再多、驾车的本领再大，也到达不了目的地，相反却离楚国越来越远！"说到这里，季梁话锋一转，说："如今大王想成就霸业，那就应该取得各国君主的信任才对。可是，您却想凭借兵精粮足、国土广大的优越条件，去攻打赵国，以此来提高自己的威望。这样，攻打别国的次数越多，离开您的愿望就越远，这不正如那个南辕北辙的人一样吗？"

魏王沉默不语了。后来，他终于放弃了攻打赵国的计划。

囊萤映雪

《晋书·车胤传》

原文　胤……家贫不常得油，夏月则练囊盛数十萤火以照书。孙康家贫，常映雪读书。

释义　用萤火虫照明读书，借着雪光读书。比喻家境贫苦，读书勤奋刻苦。

晋代时，车胤从小好学不倦，但因家境贫困，父亲无法为他提供良好的学习环境。

为了维持温饱，也没有多余的钱买灯油供他晚上读书。为此，他只能利用这个时间背诵诗文。

夏天的一个晚上，他正在院子里背文章，忽然见许多萤火虫在低空中飞舞，一闪一闪的光点，在黑暗中显得有些耀眼。他想，如果把许多萤火虫集中在一起，不就成为一盏灯了吗！

于是，他去找了一只白绢口袋，随即抓了几十只萤火虫放在里面，再扎住袋口，把它吊起来。虽然不怎么明亮，但可勉强用来看书了。

从此，只要有萤火虫，他就去抓一把来当作灯用。由于他勤学苦读，后来终于做了职位很高的官。

同朝代的孙康情况也是如此。由于没钱买灯油，晚上不能看书，他只能早早睡觉。孙康觉得让时间这样白白跑掉，非常可惜。

一天半夜，他从睡梦中醒来，把头侧向窗户时，发现窗缝里透进一丝光亮。原来，那是大雪映出来的。

为何不借用雪光来看书呢？孙康倦意顿失，立即穿好衣服，取出书籍，来到屋外。宽阔的大地上映出的雪光,比屋里要亮多了。孙康不顾寒冷,立即看起书来,手脚冻僵了,就起身跑一跑,同时搓搓手指。

此后,每逢有雪的晚上,他就不放过这个好机会,孜孜不倦地读书。这种苦学的精神,促使他的学识突飞猛进,成为饱学之士。后来,他也当了高官。

弄巧成拙

宋·黄庭坚《拙轩颂》

原文 弄巧成拙,为蛇画足。何况头上安头,屋下盖屋。

释义 拙:笨拙,愚蠢。本想取巧,结果反而坏了事。

北宋的宋徽宗是一位很有艺术鉴赏力的皇帝。他喜爱绘画艺术,经常到画院去欣赏画家们的新作,还常常指出作品的缺点,在他的倡导下,北宋的画家们养成了求新求实的画风,绘画事业十分兴旺。

当时有一位画家叫孙知微,手下有一批随他学画的学生。有一次,他应成都寿宁寺的请求画一幅《九曜图》,内容是水星菩萨和侍童。画的轮廓出来后,孙知微急于去赴约,便吩咐他的学生为画着色,说完就走了。

学生们得到老师的信任,十分高兴。他们准备着色时,忽然发现画中侍童手中的瓶子是空的,都感到很奇怪。他们说:"老师平时画瓶子,总要画上一束美丽的鲜花,插入瓶中,怎么今日忘了呢?一定是老师走得匆忙,疏忽了。"于是,他们便在瓶中画上了一支鲜艳怒放的莲花。

第二天,孙知微回来了。学生们满心欢喜地呈上着好了色的画,期待着老师的夸奖。哪知孙知微一看那支莲花,顿时变了脸色,他气恼地问:"是谁叫你们把莲花添上去的?"学生们答:"是我们自己呀!您看,添上莲花,不是更好看了吗?"孙知微差一点骂出来:"真是胡闹!"他克制了一下自己的情绪,继续说:"你们这是弄巧成拙呵!你们不知道,《道经》上说,这水星菩萨的瓶子,是他用来镇妖伏水的宝贝,不会有也不应该有花儿草儿的。添上一枝莲花,它就不是宝贝,而是一只普通的花瓶了。你们的色虽然上得不错,可这幅画却毁掉了。"学生们这才恍然大悟,十分后悔地低下了头。

鸟尽弓藏

《史记·越王勾践世家》

原文 范蠡遂去,至齐遗大夫文种书曰:"蜚(同飞)鸟尽,良弓藏;狡兔死,走狗烹。越王为人,长颈鸟喙,可与共患难,不可与共乐。子何不去?"

释义 鸟已打尽,弹弓就要收藏起来了。比喻大功告成之后,原来借助的力量就会被一脚踢开,甚至消灭。

公元前475年,经过卧薪尝胆的越王勾践终于恢复了国力,大举伐吴。吴军连年征战,疲惫不堪,哪里是越军的对手,刚一交锋,就连连吃败仗。吴王夫差无奈,只好派人去向勾践告饶求和。勾践想起过去的事,有点动心,但范蠡却不同意。他劝越王不要留下后患。于是,勾践拒绝了吴王的求和,继续攻打吴都姑苏。夫差被逼得走投无路,用衣服遮住了自己的脸,自杀了。从此,越国更加强大起来,成为春秋时期的最后一个霸主。

勾践做了霸主,来到姑苏,开了个庆功大会,大赏功臣。可是满朝文武,恰恰少了个功劳最大的范蠡。他到哪儿去了呢?

原来,范蠡已经与西施在一天深夜,悄悄地乘着一只小船,离开越国,远走他乡了。

范蠡在临走前,给他共患难的老友文种留下了一封信,信中说:"飞鸟打完了,再好的弓箭也要藏起来了;兔子打完了,就轮到将猎狗煮来吃了。越王这个人,只可以同别人一起共患难,不可以同别人共富贵,你还是赶快走吧。"文种看完笑笑,觉得范蠡太小心多疑了。

但是过了不久,越王听信了谗言,疑心文种要谋反,认为文种很有才干,担心没有人能够制服他,于是送给文种一把剑。文种一看,原来正是当年夫差叫伍子胥自杀的那把宝剑。他顿时明白了越王的意思，长叹道："我悔不该不听范蠡的劝告啊！"于是便拿起剑自杀了。

呕心沥血

《新唐书·李贺传》

原文 母使婢探囊中，见所书多，即怒曰："是儿要呕出心乃已耳！"

释义 呕：吐；沥：滴。极费心血，像要把心吐出来，滴滴出血。比喻费尽心思，穷思苦想。

唐朝中期，有一位著名的青年诗人叫李贺。他小时候就很聪明，七岁时写的诗已受到大家的称赞。据说当时的文学家韩愈、皇甫湜（shí）等曾特地对小李贺进行面试，说这孩子确实是个天才。因此，他年纪轻轻就有了名气。

但李贺在政治上却不得志，一直不被朝廷重用。他精神上苦闷抑郁，便把全部精力放在诗歌的创作上。李贺作诗，通常不是先定题目，而是注重实地考察，积累资料。他经常带着一名书童，骑着一匹弱马，一面在郊外慢慢地散步闲走，一面就即景吟咏。遇到好的题材，随即写成诗句，放进书囊，回家以后，再将锦绣书囊中的诗句整理成篇。他作诗非常刻苦、认真，每夜都睡得很晚，他曾说："长歌破衣襟，短歌断白发。"意思是说：他为了写一首长诗，衣襟都磨破了；为了写一首短诗，白发弄断了许多根。李贺身体很弱，他母亲很心疼他，所以每天李贺回家，母亲便让婢女查看他的书囊，如果发现里面写的诗句太多，就生气地说："你这孩子，要把心呕出来才罢休吗？"

李贺由于写诗过于劳累，再加上怀才不遇，心境不好，只活了二十六岁就去世了，他留下的二百四十余首诗歌，可谓佳作迭出。

韩愈曾写过这样两句诗："刳（kū）肝以为纸，沥血以书辞。"意思是说：把肝剖出来作为纸，让血滴出来作为墨水，来书写文章。后来，人们就根据这两位诗人的故事,概括出"呕心沥血"这个成语,以形容创作的穷思苦索、费尽心血。

盘根错节

《后汉书·虞诩传》

原文 志不求易,事不避难,臣之职也。不遇盘根错节,何以别利器乎?
释义 比喻事情复杂,不易处理。也形容势力根深蒂固,不易消除。

东汉时有个读书人名叫虞诩,他从小是个孤儿,由祖母把他养大。他为了报答祖母的恩情,一直侍奉祖母到九十岁高龄寿终正寝后,才应太尉李修的聘请到他府里任职。

这时,西羌和匈奴突然入侵,北方的并州和西方的凉州同时受到严重的威胁。大将军邓骘(zhì)认为与其兵分两地驻守,分散实力,还不如把兵力集中防守并州而弃凉州,朝廷中不少大臣也附和邓骘的意见。只有虞诩独排众议,他对太尉李修提出自己的看法说:"凉州的百姓不但熟习军事,而且个个英勇善战;西羌之所以不敢入侵关中,也是因为畏惧凉州的百姓,而凉州百姓一向认为自己是大汉的一脉,才义无反顾地牺牲一切来捍卫国家。今天如果照邓将军意见,舍弃凉州,那对整个局势恐怕只有害处而没有好处吧!"

邓骘听到了虞诩的意见,认为虞诩是故意和自己作对,怀恨在心,一直想找机会进行报复。

过了没有多久,朝歌一带发生民变,老百姓纷纷武装起来与地方政府对抗,常常有地方官吏被杀的事情发生,朝廷虽然一再派兵去镇压,却始终没法平息。

邓骘看到这是一个很好的报复机会,便找了个理由,把虞诩调去当朝歌的县令。虞诩的亲朋好友知道后,都很为他担心,认为这次去一定凶多吉少,没有一个不替他抱不平的。可是虞诩却很有信心地笑着说:"一个有抱负、有志气的人,绝不会避开困难的事而专门去找容易的事来做。这就像我们在砍树时，如果不遇到坚硬牢固的盘根错节，就显不出斧头的锋利一样。我去出任朝歌县令，又有什么可怕的呢？"

后来，虞诩到了朝歌，很快表现出他出色的政治才能，平息了当地官民之间的纠纷和动乱。朝廷认为他有将帅之才，把他升为武都太守。不久以后，他又率兵大破羌人，为国家立下了不少大功劳，官至尚书仆射。

抛砖引玉

宋·释道原《景德传灯录·赵州东院从谂禅师》

原文 大众晚参，师云："今夜答话去也，有解问者出来。"时有一僧便出，礼拜，谂曰："比来抛砖引玉，却引得个墼（jī）子（砖坯）。"

释义 抛出砖头，引来美玉。比喻先发表粗浅的作品或不成熟的意见，以引出别人的佳作或高见。

唐朝时，有个叫作从谂（shěn）禅师的高僧，主持赵郡观音院多年，他对和尚参禅的要求很高。

一天傍晚，僧人们又在听禅师说法，从谂禅师在参完禅后故意说道："我刚才所讲解的佛经之中，让你们思考的问题，有解悟者吗？"

此时众僧理应盘腿正坐，不动不摇。但此时却有一位僧人沉不住气了，从蒲团上站了起来。

他向从谂禅师行完礼，刚要说话，谁知从谂禅师瞟了他一眼，没等他说话就拦住了他的话头，对众僧说道："我刚才所提的问题，让大家回答，是想让大家能对佛经理解得更深，这就像抛出了砖头，想引美玉一样。但是我抛出的砖头不但没有引出美玉，却引出了一块比砖还差的土坯！"

那位僧人依然迷惑不解地站在众僧的面前，不知道自己怎么惹到了禅师。因为他一句话也没说呀！

披荆斩棘

《后汉书·冯异传》

原文 （冯）异朝京师。引见，帝谓公卿曰："是我起兵时主簿也，为吾披荆棘，定关中。"

释义 披：拨开，劈开；荆、棘：丛生多刺的灌木；斩：砍去。劈开荆木，砍去棘条。比喻在前进的道路上或在开创事业的过程中克服种种困难，扫除重重障碍。

东汉王朝的建立者光武帝刘秀，起兵初期势力单薄，参加者生活非常艰苦，有些人因此离他而去。但曾任主簿的冯异却毫不动摇，坚持战斗，从不叫苦。

一次，刘秀带队伍路过饶阳的芜蒌亭（今属河北），又饥又冷，军士们都支撑不住了。晚上，冯异设法煮了一大锅豆粥让大家吃，饥寒顿时消除。后来队伍来到南宫县，遇到大风雨，上上下下的衣服都被雨水淋湿，大家冻得直打哆嗦。就在众人难以忍受的时候，冯异又设法找来一些柴草，点起火让大家烤干衣服，暖和身体；又为大家煮了麦饭，填饱肚子。冯异在艰难处境中做的这两件事，给刘秀留下了难以忘怀的良好印象。

公元25年，刘秀做了皇帝后，派冯异平定关中，冯异很好地完成了任务。当时有人向刘秀上书，劝他提防冯异权重谋反。刘秀不仅不信，反把所上的书送给冯异看，并要冯异不必疑心害怕。

公元30年，冯异从长安来到京城洛阳朝见光武帝。光武帝指着他向满朝公卿大臣说：

"他便是我起兵时的主簿，曾为我在创业的道路上劈开丛生的荆棘，扫除了重重障碍，又为我平定了关中之地！"

朝见结束后，光武帝赐给冯异许多金银财宝，还写了一封信给他。信中说：

"我还时时记着当年将军在芜蒌亭端给我的豆粥,在南宫县递给我的麦饭。这些深情厚谊,我至今还未报答呢!"

平易近人

《史记·鲁周公世家》

原文 (周公)乃叹曰:"呜呼,鲁后世其北面事齐矣!夫政不简不易,民不有近;平易近民,民必归之。"

释义 平易:原指道路平坦宽广,后比喻态度平和,容易相处。态度和蔼可亲,让人容易接近。也指文章内容浅显明白,容易接受。

周武王的弟弟周公,曾为周武王攻灭商朝,建立西周王朝立下了大功。周公被封在曲阜为鲁公,但他没有到那里去,而仍旧留在都城辅佐王室。他派长子伯禽去接受封地,当了鲁公。

伯禽到鲁地后,过了三年才向周公汇报在那里施政的情况。周公很不满意,向他说:"为什么这么迟才来汇报?"

伯禽答道:"改变那里的习俗,革新那里的礼法,三年后才能看到效果,所以来晚了。"

在这以前,曾辅佐文王、武王灭商有功的姜尚被封在齐地。他只过了五个月,就向周公来报告在那里的施政情况了。当时,周公感到惊奇,便问他说:"你怎么这样快就报告情况呀?"

姜尚回答说:"我简化了君臣之间的礼节,一切按照当地风俗去做,所以这样快。"

后来周公听了伯禽过三年后才来作的汇报后,不由叹息道:"唉,鲁国的后代将要当齐国的臣民了!政令不简约易行,百姓就不会对它亲近;政令平和易行,百姓就必定会归附。"

破釜沉舟

《史记·项羽本纪》

原文 项羽乃悉引兵渡河,皆沉船,破釜甑,烧庐舍,持三日粮,以示士卒必死,无一还心。

释义 釜:锅。把锅子打破,使舟船沉没。形容下定决心,不留后路,不达目的绝不停止的精神。

在秦朝末年,爆发了规模巨大的农民起义。项羽也在吴县(今江苏省吴县)发动起义。

项羽是下相(今江苏省宿迁西)人,出身于楚国贵族。少年的时候跟随叔父项梁生活,力气特别大,能够扛起大鼎,而且非常有才气。秦朝二世元年(公元前209年),陈胜、吴广发动起义,项羽帮助项梁建立了起义军。没多久,他率领八千名战士,渡过长江,在淮河下游作战。

后来,另一支农民起义军刘邦的军队和项羽的军队汇合到一起,壮大了军事力量。他们一起推选了楚怀王的孙子熊心当了楚王。这时候,以前被秦国灭掉的魏国、赵国、燕国、韩国等,也都恢复起来。这些新建的弱小的国家,都同刘邦、项羽拥护的楚国结成了反对秦国的联盟。

那时候,秦朝为了维护自己的统治,对农民起义军实行残酷的镇压,对诸侯各国更是异常痛恨。秦王朝派遣大将军章邯带领二十万人的强大军队,把赵国国王包围在巨鹿。赵王马上派人向楚王请求救援,楚王就让宋义做上将军,项羽当次将,率领军队援救赵国。主帅宋义带领军队,故意慢慢地前进,到了安阳以后,竟然停下来住了四十六天。宋义的想法是,先让秦、赵两军打得两败俱伤,然后再去捡便宜。

项羽多次劝说宋义,要他赶快到巨鹿去和秦军战斗,但根本没有什么效果,最后,项羽气极了,就把宋义杀了。

项羽夺取了指挥权,就派黥布和蒲将军,带领两万士兵,渡过漳水,去救援被围困的赵国,但没有取得胜利。这个时候,赵国再次要求楚国派遣救兵。项羽就率领全部士兵渡过漳水去救赵国。

士兵们刚上岸,项羽就下达了命令:"大家只带三天的粮食,把釜甑(釜是锅,甑是用来煮饭的陶质炊具)全部砸碎,把住宿用的帐篷等器具全部烧掉!"

士兵们惊讶地问:"以后大家不要吃饭,睡觉了吗?"

"这是上面的命令!赶快砸,赶快烧!"刚刚"破釜"完毕,又传来了项羽"沉舟"的命令:"大家再把船全部凿沉!"

士卒们叫喊起来:"没有渡船怎么回去呢?请您求求将军,给我们留一条后路吧!"

军事命令威严得像大山一样,谁敢不听。项羽下令"破釜沉舟",清楚地向大家表示:锅破了,船沉了,将士们就必须拼死战斗,不能后退一步。

楚军将士们冒死向前进攻,一个顶得上十个,一下子就击败了二十多万秦军,解了赵国的围,使它转危为安。从此以后,项羽成了非常著名的将军。

破镜重圆

唐·孟启《本事诗·情感》

原文 陈太子舍人徐德言之妻,后主叔宝之妹,封乐昌公主……乃破一镜,各执其半……及亡,其妻果入越公杨素之家……有苍头卖半镜者,大高其价,人皆笑之。德言……出半镜以合之……

释义 比喻失散后的夫妻又得到团圆,或夫妻感情破裂后又和好如初。

南北朝末年,隋文帝杨坚为统一全国,举兵南下,准备灭掉南方的陈朝。陈朝的最后一个皇帝陈叔宝只知饮酒赋诗,寻欢作乐,不理政事。隋军大兵压境时,朝廷上下乱作一团,人人自危。

有一位名叫徐德言的,是陈后主的妹妹——乐昌公主的丈夫。他预感到陈国即将灭亡,夫妻在一起的时间不会太久了,便流着泪对公主说:"国破家亡就在眼前，你我不能相守了，以你的美貌与才能，陈国灭亡后，你必定会落入帝王富贵人家。倘使我俩不死，希望能有重新团聚的日子。"他取出一面圆形的铜镜，一破两半，一半交给乐昌公主，另一半自己留下，互相约定：在离散后的第五个元宵节，趁人们热闹地在长安街头活动的时候，假装出售破镜子，以寻访对方。

陈国不久被隋灭掉，乐昌公主果然被俘，送往隋都长安，成为隋朝大臣越国公杨素的侍妾。徐德言怀念妻子，不惜长途跋涉，上京寻访。元宵节那一天，他如约拿着半面铜镜上街去卖，在灯市上转来转去，忽然发现一位老仆人也在叫卖半面铜镜。他上前拿过来看，与自己的正吻合。徐德言睹物思人，不觉泪流满面，问了老仆人，才知道乐昌公主已落入杨府，料想无法再见，愈加伤心起来。他忍不住在半面镜子上写下了一首《破镜诗》，托老仆人带回去。诗中写道：

镜与人俱去，镜归人未归；
无复嫦娥影，空留明月辉。

乐昌公主见了徐德言的诗，一连几日不吃不睡，以泪洗面。杨素发现后，问明了原委，十分同情这对患难夫妻，便召来徐德言，把乐昌公主还给了他，并设宴祝贺"破镜重圆"。

扑朔迷离

宋·郭茂倩《乐府诗集·木兰诗》

原文 雄兔脚扑朔，雌兔眼迷离。

释义 扑朔：跳跃的样子；迷离：眼睛半闭，不明。本意是说两兔并走，无法分辨出雌雄。比喻事情错综复杂，真相不明。

西魏的时候，我国北方有位勤劳勇敢的姑娘，名叫木兰。一日，木兰在家织布，传来了朝廷征兵的紧急文书。虽然木兰的父亲年纪已大，但是应征者的名单中仍然有她父亲的名字。木兰没有兄长，谁能代替父亲去应征呢？

木兰毅然说道："我女扮男装，替父从军。"

木兰到街市上买来骏马、鞍垫、马笼头与长鞭，拿起武器出发了。她随大军转战黄河边、黑山头，栉风沐雨，与战友们奋勇杀敌。由于她作战勇敢、屡建功勋，被提升为将军。

经过十二年的戎马生涯，木兰归来了。天子坐在大堂上，重赏功勋卓著的木兰。天子问她有什么要求，木兰说："我不愿留在朝廷做大官，只愿天子赏我一匹千里马，送我回故乡。"天子满足了她的要求。

听说木兰从军回来了，喜不自禁的父母迎出城外，激动地流下了眼泪，姐姐弟弟也欢喜得杀猪宰羊，款待木兰。木兰回到自己的闺房，百感交集。她脱下战袍，对镜梳妆，又恢复了女儿装。

不久，战友们来看望木兰了。当木兰走出闺房的时候，他们都愣住了。他们怎么也没有想到：朝夕相处十二年的木兰，那位英俊潇洒、武艺高强的将军，竟是一位女子！木兰调皮地对他们说："你们没有听说过吗，'雄兔脚扑朔，雌兔眼迷离，两兔傍地走，安能辨我是雄雌？'"

战友们都哈哈大笑，对这位爱祖国、孝父母的女英雄更加敬佩了。

骑虎难下

《晋书·温峤传》

原文 今之事势，义无旋踵，骑猛兽安可中下哉！（唐人避讳，改"虎"为"兽"。）

释义 骑在老虎背上，难以下来。比喻做事遇到困难，但迫于形势无法中止，不得不做下去。

晋成帝成和三年（公元328年），镇守历阳的将领苏峻和镇守寿春的将领祖约，以诛杀辅佐成帝的中书令庾亮为名，率军攻入都城建康，专擅朝政。

在这危急时刻，担任江州刺史的温峤挺身而出，和逃到他那里的庾亮共推征西大将军荆州刺史陶侃为盟主，起兵讨伐叛军。由于叛军势众，又挟持了成帝，陶侃接连打了几个败仗。不久，军粮也发生了困难。

由于战争一再失利，陶侃产生了畏惧心理，信心不足。他责备温峤说：

"起兵时，您说要将有将，要粮有粮，只要我出来当盟主就行了。可是现在将在哪里？粮在何方？如果粮食再接济不上，我只能带领本部人马回老家去了，待到以后条件具备后再干。"

温峤反驳说：

"您的看法不对。战胜叛军最要紧的是靠队伍自身的团结。当年刘秀、曹操所以能以寡敌众，因为他们是正义之师。苏峻、祖约这帮家伙欺世盗名，有勇无谋，我们定能战胜他们。现在皇上蒙难，国家正处在危急关头，我们仗义讨伐逆贼，决不能改弦易辙。这就好比骑在猛兽身上，不把它打死，怎么能半途下来呢！如果您违背大众意愿，独自带兵回老家，必然会影响士气，使讨伐失败。这个罪责您是推卸不了的！"

陶侃听了温峤这席话，觉得很有道理，只好打消回老家的念头。接着，温峤和他仔细地商讨了作战计划，从水陆两路进攻叛军。温峤又亲自率领一支精壮的骑兵，突然袭击叛军。最后讨伐终于取得胜利，苏峻被杀，祖约逃到别处后也被杀死。

旗鼓相当

《后汉书·隗嚣传》

原文 如今子阳（公孙述）到汉中、三辅，愿因将军兵马，旗鼓相当。

释义 旗鼓：古代军队用以发号令的工具；相当：不相上下。比喻势均力敌或力量不分上下的意思。

公元 25 年，刘秀在洛阳建立了东汉政权，称为光武帝。但当时，边远地区尚未完全统一，隗嚣在甘肃一带自称上将军，公孙述在四川一带自称皇帝，双方都握有重兵，时常为争夺地盘而发动战争。这两派势力对东汉王权构成了严重的威胁。

由于东汉王朝刚刚建立，暂时还拿不出足够的兵力去平息叛乱，刘秀就想方设法拉拢隗嚣，以孤立公孙述势力，进而一统天下。

隗嚣为了寻求政治出路，就乘机上书刘秀，表示愿意向东汉投降称臣。于是，刘秀便派大司徒邓禹赶赴四川，封隗嚣为四川大将军。

不久，吕鲔（wěi）在陈仓发动叛乱，拥兵数万，接着，吕鲔又与公孙述勾结在一起，出兵攻打陕西中部一带，进逼长安城，形势万分危急！

这时，隗嚣率领大军及时赶来，隗嚣的军队配合刘秀部队顽强抗敌，结果将叛军杀得大败而逃。

刘秀听说前线告捷，十分高兴，就亲自写了一封措辞委婉的信给隗嚣，希望他能凭借自己的兵力，与汉军联合起来共同对付公孙述。刘秀在信中说："我现在忙于在东方作战，大部队都布置在那里。眼下我在西方的兵力极其薄弱，如果公孙述侵犯长安的话，我希望与将军的兵马联合在一起，这样便能与公孙述旗鼓相当了。"

隗嚣接受了刘秀的意见，不久，他与刘秀共同出兵讨伐公孙述，结果把公孙述打得大败。

杞人忧天

《列子·天瑞》

原文 杞国有人，忧大地崩坠，身亡所寄，废寝食者。

释义 比喻多余而没有必要的忧虑。

传说古时候杞国有一个人，他时常担心天会坠落下来，地会塌陷下去，弄得自己无处藏身，因此整天愁眉不展，心惊胆战，急得睡不着觉，吃不下饭。

杞人的一位朋友见他这样忧愁，很同情他，就跑来开导他说："天不过是堆积在一起的气体罢了，天地之间没有一个地方没有这种气体。你一举一动、一呼一吸都与气体相通。你整天生活在天的中间，怎么还担心天会塌下来呢?"

杞人听了这番话,更加惶恐不安,忙问:"如果天真的是由气体堆积起来的,那么日月星辰挂在气体的上面,难道不会坠落下来吗?"

朋友答道:"日月星辰也是由气体聚集而成的,只不过会发光发亮罢了。即使掉下来,也绝不会砸伤人的。"

杞人沉思了一会儿,仍不放心,又问:"如果大地塌陷下去,那可如何是好呢?"

朋友耐心地解释说:"大地也不过是堆积起来的土块罢了。这些泥土、石块四面八方到处都有,塞满了每一个角落。你可以在它上面随心所欲地奔走跳跃,为什么要担心大地会塌陷下去呢?"

经过这么一番开导,杞人恍然大悟,这才放下心来,又快快乐乐地过日子了。"杞人忧天"这个成语就由此而来。

千金买骨

《战国策·燕策一》

原文 臣闻古之君人,有以千金求千里马者,三年不得。涓人言于君曰:"请求之。"君遣之,三月得千里马,马已死,买其首五百金,反以报君。君大怒曰:"所求者生马,安事死马而捐五百金?"涓人对曰:"死马且买之五百金,况生马乎?天下必以王为能市马,马今至矣!"于是不期年,千里之马至者三。

释义 比喻求贤若渴。

战国时期,诸侯国间纷争不休,燕国一度被强大的齐国打败。燕昭王即位后,决心招贤纳士,兴复燕国,向齐国报仇。

一次,燕昭王召见了极有才略的谋士郭隗,虚心请教道:"当前燕国面临困境,你看如何才能求得有才能的贤士,辅助我治理国家,重振旗鼓,以实现复仇的宏愿呢?"郭隗没有直接回答昭王的问题,而是先给昭王讲了一个

故事：

　　从前有位国王，一心想得到一匹千里马，就派人在全国各地张贴布告，说他愿出一千两黄金购买一匹千里马。三年过去了，一匹马都未买到，国王为此不悦。这时，国王身边有个侍臣，请求让他带上一千两黄金，出外寻找千里马。国王同意了。

　　于是侍臣带着千两黄金，四处奔走寻马。他花了三个月的时间，才打听到一点讯息，可等他赶到时，那匹千里马已经死了。侍臣毫不犹豫地拿出五百两黄金，买下了那匹千里马的尸骨，带回来献给了国王。

　　国王斥责道："我要的是一匹日行千里的活马，可你却白白花掉五百两黄金，买回一堆千里马的尸骨，这有何用处呢？"侍臣不慌不忙地回答说："大王，您不是要买千里马吗？可是您买了好几年都没买到，这并非因为世上没有千里马，而是人们不相信您真的会出千金买呀！如今我花掉五百两黄金，为您买了一堆千里马的尸骨，消息传开后，天下人都知道您珍爱千里马，等不了多久，就会有人把活的千里马给您牵来的。"

　　果然，不到一年，就有好几匹千里马送到了国王的手上。

　　郭隗讲完故事后，意味深长地说："大王若真的想招贤纳士，不妨先从我开始，天下贤人见像我郭隗这样的人都被您重用，那么，比我更有才能的人便会主动来找大王了。"

　　燕昭王觉得郭隗言之有理，当即拜他为师。诸侯各国的贤士闻讯，纷纷前来向昭王自荐。昭王任用各国的能人贤士治理国家，后来，终于击败了强大的齐国，收复了全部失地。

千万买邻

《南史·吕僧珍传》

原文　僧珍问宅价，曰："一千一百万。"怪其贵。季雅曰："百万买宅，千万买邻。"

释义　比喻住要好邻，好邻居难得与可贵。

在我国南北朝时期,南朝到了公元502年的时候,萧衍掌握了南齐的政权,建立了"梁"王朝。在这个时候,出了个很有名气的人物,名叫吕僧珍,字元瑜,老家在东平(在今山东省东平西北),他在齐朝的时候做过一任小官("书佐"),后来在萧衍的手下担任中军参军。萧衍建立梁朝以后,他做过左卫将军(负责保卫宫廷),被封为平团县侯。吕僧珍非常有学问、有见识,对人谦虚诚恳、热情,又没有官架子,很多人愿意和他交往。

有一天,吕僧珍发现一个名叫宋季雅的官僚搬进了他家附近的一所房子,就过去向他表示欢迎。

这个宋季雅本来是南康郡的太守,任期刚刚结束,他又没有得到新的任命,就回到京城来等待安排。因为他在京城里没有合适的住宅,就买下了吕僧珍家旁边的一座大宅院,和吕僧珍做了邻居。

吕僧珍和宋季雅互相问候几句,就问起了这所新房子的价格,说道:"您买这所宅子花了多少钱哪?"

宋季雅回答道:"一共用了一千一百万钱。"

吕僧珍听了感到很奇怪,因为当时的房价并没有那么高,就又问:"怎么那么贵呀?这座宅子最多花一百万钱多一点就能买得下来呀!"

宋季雅笑着说道:"我是花了一百万钱买这座宅子,另外又花了一千万钱买您这位邻居呀!"

前功尽弃

《史记·周本纪》

原文 今又将兵出塞,过两周,倍韩,攻梁,一举不得,前功尽弃。

释义 事情将要成功时,却遭到失败。也比喻对以前所做的一切努力和成绩全部报废,感到惋惜。

白起是秦国一位骁勇善战的大将,他善于用兵,曾领兵打败过韩、魏、赵等国,攻占了许多城池,立下了赫赫战功。公元前281年,秦国又派白起率军攻打魏国，秦军直逼魏都大梁。

纵横家苏厉为抑制秦国侵略扩张的野心，就到各国去游说，劝说列国诸侯联合抗秦。有一次，苏厉到周赧（nǎn）王那里去游说，极力奉劝周赧王派人去劝阻白起攻魏。在谈及正题之前，苏厉先给周赧王讲了一个故事：

从前，楚国有个叫养由基的人，他精通箭术，身怀百步穿杨的绝技。一天，养由基站在距一棵杨柳树百米远的地方，为大家表演箭术。养由基的箭术果然高超不凡，他射出去的一百枝箭，箭箭都射中了瞄准好的杨柳叶。众人见了齐声叫好，纷纷要求养由基再表演一次。养由基心中很得意，就想继续表演下去。这时，他身旁有个人劝阻他道："你距柳叶百步，搭箭而射，能够百发百中，的确令人钦佩。可如果你不趁此停下来，过一会儿你的力气减弱了，弓也拿不稳了，箭也射歪了，那么只要有一次没射中，前面所中的百发都会白费了。你还是见好就收吧！"于是，养由基收起了弓箭，不再表演。

苏厉讲完了故事，话锋一转，意味深长地说："秦国大将白起为秦国攻下许多城池，打了不少胜仗，如今他又兴兵攻打魏都大梁，大梁若被秦军攻克，周朝就很危险了。您应派人去劝阻白起，这样对他说：'将军身经百战，功勋卓著，如今又起兵攻魏，但如果这一仗打不赢，那么就会前功尽弃。您不如告病，不要去冒险攻魏。'如果白起听从您的忠告，停止发兵，那么大梁之围可以解除，周王朝也便太平无事了！"

可当时，周王室已严重衰败，根本无力制止各诸侯之间的战争，因此，周赧王没有听取苏厉的建议。

前车之鉴

《汉书·贾谊传》

原文 鄙谚曰："前车覆，后车鉴。"秦民所以亟绝者，其辙迹可见，然而不避，是后车又将覆也。

释义 比喻先前的失败，可做其后的教训加以借鉴。

贾谊是西汉时洛阳人。他从小就有天才儿童的美誉。当他十八岁的时候，他所写的文章就已经远近驰名了。

汉文帝听说贾谊很有才学，于是他就特别派人把贾谊请到京都担任博士。那时，贾谊才二十岁。

有一次，贾谊上书给汉文帝，讲述治理国家的道理说：

"秦朝的时候，宦官赵高教导秦始皇的次子胡亥，单教他怎样去处决囚犯，所以胡亥所学习的，不是斩杀犯人，就是怎样灭族。

秦始皇死后，胡亥当上了皇帝。他在即位的第二天就杀人，有人用忠言劝告他，他认为是诽谤；有人向他呈送治国安民的计策，他认为是妖言。他杀起人来，简直就像割草一样。

那么，难道胡亥天生就是这样残暴的吗？不是的。这完全是教导他的人教得不合理，才造成的恶果呀！俗语说：'不熟悉做官的，只要看看他所办的公事成绩如何，就可以知道了！'

俗话又说：'前车之覆，后车之鉴——看到前面的车子翻下来，后面的车子就作为警戒！'

秦朝灭亡的前车之覆，应该作为我们的后车之鉴呀！"

汉文帝看了上书，认为贾谊讲得很有道理，不久便把贾谊升为大夫。后来，汉文帝想继续提拔贾谊，却遭到绛侯周勃等人的反对。于是汉文帝派贾谊出任长沙王太傅，后又调任梁王太傅。

贾谊一直郁郁不得志，死时年仅三十二岁。

黔驴技穷

唐·柳宗元《三戒·黔之驴》

原文 黔无驴，有好事者船载以入。至，则无可用，放之山下。虎见之，庞然大物也，以为神，蔽林间窥之。……稍近，益狎，荡倚冲冒。驴不胜怒，蹄之。虎因喜，计之曰："技止此耳！"

释义 黔：今贵州；技：技能，本领；穷：完了，尽。比喻已把有限的本事用完,再也没有别的能耐了。

从前,贵州一带没有驴子,有个好奇的人就用船运来了一头毛驴。因为不能派它什么用场,便把它放牧在山脚下。

山里的老虎发现了这头毛驴,觉得它看上去很高大,不知道它有些什么本领,不敢靠近它,只是远远地躲在树林里,偷偷地观察它的动静。

过了一些时间,老虎放大了胆子,走出树林,一点一点地靠近毛驴,再仔细地瞧瞧它,但仍然不知道它究竟是什么东西。

一天,毛驴突然大叫一声,把老虎吓得一大跳,以为它要来吃自己了,急忙逃得远远的。可是,结果并非如此。过了几天,老虎又靠近毛驴,发现它并没有什么特别的本领,对它的叫声也听惯了。于是,老虎向毛驴靠得更近些,在它面前转来转去,结果还是平安无事。后来,老虎靠毛驴更近了,甚至碰撞上毛驴的身子,故意冒犯它。毛驴终于被惹得发怒,用蹄子去踢老虎。

这一来,老虎反而高兴起来了。它估计驴的技能就这么一点儿,没有什么可怕的,便大吼一声,猛扑上去,咬断了毛驴的喉管,美美地吃了个饱,才高高兴兴地离去。

巧夺天工

元·伊士珍《琅嬛记》引《采兰杂志》

原文 甄后既入魏宫,宫庭有一绿蛇,口中恒吐赤珠……每日后梳妆则盘结一髻形于后前,后异之,因效而为髻,巧夺天工。故后髻每日不同,号为"灵蛇髻"。

释义 巧:精巧;夺:胜过、超过。人工的精巧超过大自然的创造。形容技艺高超、精湛。

在东汉末年,上蔡甄县令有个女儿,长得异常漂亮。一天,有个算命先生来到甄家，说他能未卜先知。甄夫人对此很信，请他为自己和女儿算命。

算命先生见到甄姑娘后，说她将来贵不可言，甄夫人很高兴。因为古时候女人富贵的重要前提是有一个好丈夫，于是甄夫人就留心给甄姑娘找个好夫家。

当时，出身于四世三公的袁绍，有一子袁熙还未成家。甄家于是托人前去说亲。袁熙听说甄姑娘很美丽，就求其父去提亲。于是，甄姑娘嫁给了袁熙。

后来，袁绍在混战中取胜，握有四州。但好景不长，袁绍在官渡败于曹操，不久就病死了；袁熙不久也被杀死了。

当时，袁绍夫人和甄姑娘住在邺城。曹丕攻破邺城进入袁府，见到甄姑娘时，被其美貌惊呆了。他当即让甄姑娘理了理头发，并递过干净的手巾让她擦脸。他在临走之时，还留下卫兵保护袁府。

袁绍夫人看到曹丕的举动，暗暗高兴。她在曹丕走后，对甄姑娘说，咱们的命保住了。不久曹丕就派人将甄姑娘接到府里和他成了亲。

曹丕对甄姑娘宠爱无比。后来曹丕在称帝时，立了甄姑娘为皇后。当时甄姑娘已四十岁，为了得到曹丕的宠爱，她每天都花费许多时间来打扮自己。

据说在她宫室前的庭院中，有条绿色的蛇，它嘴里含有一颗红珠。甄皇后每次打扮时，它就在甄皇后面前盘成奇巧的形状。一天，甄皇后梳妆完，心情很好，仔细观看了这个蛇的形状，觉得很漂亮，就命人将其头发梳成蛇所盘之形；第二天一看蛇所盘之形与昨天又不一样。经过一段时间的观察后，她发现蛇所盘之形从不重复。于是，甄皇后每天的头形就模仿蛇所盘的形状梳。

时间久了，甄皇后所梳的头发的精致巧妙胜过了天然的，她每天的头形都不同。曹丕见了，觉得她非常漂亮，依然宠爱她。

但是，再精巧的梳妆，也无法改变年华的消逝，也无法改变甄皇后的失宠的命运。最终由年轻貌美的郭皇后替代了她的地位。而她最后被曹丕下诏赐死了。

锲而不舍

《荀子·劝学》

原文 锲而舍之，朽木不折；锲而不舍，金石可镂。

释义 比喻持之以恒，坚持不懈。

荀子名况，战国末期赵国人，是我国古代著名的哲学家。他反对天命，不信鬼神，认为大自然的运行是有它的规律的，人的力量可以制服天；并主张因地制宜，使天时为农业服务，发挥人的才能，促使万物增长变化。这些见解在当时是非常进步的。

荀子又是一位有名的教育家。他写过一篇名叫《劝学》的文章，运用许多贴切的比喻，来劝导人们坚持不懈地认真学习。其中许多议论精辟透彻，富有启发性。

文章一开始就写道：人接受教育、寻求学问，是不可废弃的，靛青这种染料是在蓝草中提炼出来的，但它的颜色却比蓝草更深。这是荀子用来比喻学生胜过老师，或者后人胜过前人。这就是所谓"青出于蓝，而胜于蓝"。

荀子又用镂金石来比喻学习要持之以恒，坚持不懈。他写道：刻一下就停下手来，烂木头也刻不断；不停地刻下去，即使是坚硬的金属和石头，也可以把它们刻穿。所以人们要用"锲而不舍"的精神来学习，这样就一定能取得成功。

倾城倾国

《汉书·孝武李夫人传》

原文 一顾倾人城，再顾倾人国。

释义 形容绝色的美女，足以使全国全城的人为她着迷。又作"倾国倾城"。

从秦朝起，国家就设立了音乐官署，称为乐府。到汉武帝时，乐府的规模已很大，掌管朝会宴请、道路游行时所用的音乐，同时收集民间的诗歌和乐曲。当时有位名叫李延年的宫廷乐师，他父母兄弟都当乐工，妹妹也是一位歌伎。

李延年很受武帝赏识，经常在武帝面前边唱歌边跳舞。有一次，他动情地唱道：

"北方有佳人，

绝世而独立。

一顾倾人城，

再顾倾人国。

宁不知倾城与倾国，

佳人难再得。"

歌词的意思是，北方有个非常漂亮的姑娘，她是绝代佳人，全城、全国的人看了她，都为之倾倒。这种倾城倾国的美人再也难得见到。

汉武帝听了很感兴趣地问李延年：

"难道世上真有这样的绝代佳人？"

李延年还未回答，武帝的姐姐平阳公主笑着说道：

"有这样的佳人啊，她就是李乐师的妹妹呀！"

武帝立即传令，把这位佳人带进宫来。一看，其美貌果然举世无双，于是将她留在身边，称为李夫人。李夫人不仅漂亮，而且能歌善舞，很受武帝宠爱。

不幸的是，李夫人在武帝身边的时间不长，就患了绝症去世。武帝非常悲痛，把她的画像悬挂在宫里，以示怀念。

请君入瓮

《资治通鉴·唐纪·则天皇后天授二年》

原文　或告文昌右丞周兴与丘神勣通谋，太后命来俊臣鞫之，俊臣与兴方推事对食，谓兴曰："囚多不承，当为何法？"兴曰："此甚易耳！取大瓮，以炭四周炙之,令囚入中,何事不承!"俊臣乃索大瓮,火围如兴法,因起谓兴曰:"有内状推兄,请兄入此瓮。"兴惶恐,叩头伏罪。

释义 瓮:大坛子。请你进坛子。比喻用他整治别人的办法来整治他自己。

武则天是中国历史上唯一的一位女皇帝,她为了维护自己的统治,采取高压的恐怖政策,并且奖励告密。假如告密者所举发的事是真的,武则天就给他升官晋级;如果是诬告,也不会受到处分。因此,告密的人越来越多。

也正因为武则天采取这种政策,所以她手下的一些酷吏,便想尽办法诬陷政敌,并不断改进刑具来逼迫人犯认罪。这些酷吏中,最有名的要数大臣周兴和来俊臣了。然而,武则天对这些酷吏也不过是加以利用,当他们没有利用价值时,便也劫数难逃。

有一次,酷吏周兴被人密告伙同别人谋反,武则天便派来俊臣去审理这件案子,并且定下期限要得到结果。来俊臣一向和周兴关系不错,感到很棘手,他苦苦思索,终于想出一个办法。

一天,来俊臣故意请周兴来他衙中聊天,说:"唉!最近审问犯人老是没有结果,不知老兄可有什么新的绝招?"

周兴一向对刑具很有研究,时常研究出一些稀奇古怪的酷刑来逼供,所以,这一次他也没想到来俊臣是针对自己而来,便很得意地告诉来俊臣说:

"我最近发明了一种新方法,你只要准备一个大瓮,四周放满炭火烧红,再把犯人放进去,无论他们多么狡猾,也受不了这个滋味,一定会招认的。"

来俊臣听了,便吩咐手下人去抬来一个大瓮,照着刚才周兴所说的方法,生上火,等大瓮已经被炭火烧得通红以后,他便站起身,突然把脸一板,阴鸷地对周兴说:

"有人告你谋反,现在太后命我来审问你,如果你不老老实实招认的话,那么我只好请你进这个大瓮了!"

周兴听了大惊失色,知道这次自己绝对无法逃脱,只好俯首认罪。

罄竹难书

《旧唐书·李密传》

原文 罄南山之竹，书罪无穷；决东海之波，流恶难尽。

释义 罄：用尽；竹：竹子，古代写字用的竹简；书：写。就是用尽了竹子也写不完。比喻罪恶太多，难以说完。

隋朝末年，炀帝杨广残暴统治，荒淫奢侈，大兴土木；又连年对外用兵，使百姓无法活下去，迫使他们揭竿而起，从而到处掀起农民起义。

在众多的农民起义军中，有一支是翟让领导的义军。它以瓦岗寨（今河南滑县南）为根据地，称为瓦岗军。起义军中有许多是渔猎手，勇敢善战。翟让骁勇而有胆略，队伍很快发展到万余人。

早在炀帝大业九年（公元613年），越国公杨玄感就乘农民起义纷起的时候，起兵反隋，但不久即败死。他的手下李密，在失败后被捕，但在押送途中逃脱。大业十二年，李密投奔瓦岗起义军，游说翟让联合附近各起义军，取得对隋军的作战胜利，从而取得了翟让的信任。次年，李密取得全军领导权，称魏公。

李密取得大权后，为了进一步联合各路起义军，以及吸引隋朝的文武官员来投奔他，便在进攻隋都洛阳的时候，发布了一篇讨伐炀帝的檄文（一种用以晓谕、征召、声讨等的文书），号召各方人士推翻隋朝的统治。檄文在历数炀帝残暴统治、祸国殃民的十大罪状之后写道：

"用尽南山所有的竹子制成竹简，也写不完杨广的罪过；决出东海的水，也冲洗不清他的罪恶。"

翟让后被李密所杀，这对瓦岗军起了严重的破坏作用。大业十四年，炀帝在江都（今江苏扬州）被禁军将领宇文化及等缢杀。同年，李密入关降唐，但不久因反唐而被杀。

趋炎附势

《宋史·李垂传》

原文 今已老大,见大臣不公,常欲面折之,焉能趋炎附势,看人眉睫,以冀推挽乎?

释义 趋:奔向,趋向;炎:比喻有权贵的人;附:承附。比喻奉承依附有权有势的人。

宋朝有个叫李垂的人,为人忠厚耿直,刚正不阿。他在宋真宗赵恒咸平年间,登进士及第,上《兵制》、《将制》书(即向皇帝提出有关兵、将制度的具体倡议),从湖州录事参军(一种军队里的官职)召为崇文校勘,再升官当了著作郎,馆阁校理。他既有才干,又很尽职尽责。他对历来黄河水灾很是关心,一心一意想治理,因此,经过大量的调查和深刻的思考,写出了长达三卷的《导河形胜图》,想要恢复九河故道。他将书送给朝廷,真宗将他的奏章下放到朝会让众官评议,很受重视,当时的舆论也都说他很好。只是由于他不肯依靠权贵,无进身的门路,一直屈尊下位。因此,有许多好心人劝他去拜访丁谓。

丁谓在真宗景德年间由于善于奉迎皇帝,权力大得震惊朝野,炙手可热,百官升降都要听他的意思。正是由于许多远不如李垂的人都因巴结丁谓而升居要职,所以才有人劝李垂开丁谓的后门。李垂却不屑地说道:"丁谓作为宰相,不凭公道来报答天下百姓对他的厚望,却依恃权力作威作福,我才不去拜见他呢!"

李垂不但不去巴结,反而往往直截了当抨击丁谓,也正因为如此,才得罪了丁谓,被贬出京。直到宋仁宗赵祯明道年间,已经六十岁的李垂才被召回京城任职。

有个叫李伯康的阁门祗侯(典司皇帝诏诰的官)一向敬佩李垂,十分同情他,就劝李垂去拜见新宰相,请求得到新宰相的了解,肯定会被重用。

李垂说道:"过去我若是肯去拜见丁谓,早已是翰林学士了!现在年纪大了,只想在见到大臣们不讲公道时,当面指责他们的过失,怎么能趋炎附势,看人家的脸色行事,以求得引荐呢?"

曲突徙薪

《汉书·霍光传》

原文 臣闻客主人者,见其灶直突,傍有积薪,客谓主人,更为曲突,远徙其薪,不者,且有大患。主人嘿然不应。俄而家果失火,邻里共救之,幸而得息。于是杀牛置酒,谢其邻人,灼烂者在于上行,余各以功次坐,而不录言曲突者。人谓主人曰:乡使听客之言,不费个酒,终亡火患。今论功而请宾,曲突徙薪亡恩泽,焦头烂额为上客耶?主人乃寤而请之。

释义 突:烟突,即烟囱;徙:迁徙,搬走;曲:使弯曲;薪:柴草。改烟囱为弯曲,搬走灶旁的柴草,以防失火。比喻事先采取措施,以防患于未然。

汉宣帝时,有个叫徐福的人几次上书,提醒宣帝限制大司马、大将军霍光的权力,以防他的家人谋反。霍光死后,他的家人果然谋反,幸亏有人告状,才未酿成大乱。事后,宣帝对告发的人大加赏赐,而对早就劝告他的人却没有一点赏赐。有位大臣觉得不公平,特地向宣帝上书。在上书中,这位大臣特地举了"曲突徙薪"的事作例子:

有个人到朋友家作客,见主人家的烟囱是直的,灶边又堆了不少柴草,觉得这样很危险,向主人建议说:

"你这烟囱要改砌成弯曲的,柴草要搬到远处去,不然容易发生火灾啊!"

主人不以为然,没有作声。不久,主人家果然失火,亏得邻居及时赶来把火扑灭,才没有造成更大的损失。

事后,主人杀牛摆酒,酬谢前来救火的邻居。他特地请那些被火烧得焦头烂额的人坐在上首,其他的则按照出力大小安排座次,偏偏没有请不久前建议他改砌烟囱、搬走柴草的那位客人。

席间，有人对主人说：

"如果当时你听从那客人的话，把烟囱改砌成弯曲的，并把柴草搬到远处，那么就不会失火，也就不必杀牛摆酒了。今天你论功请客，却把你那客人忘了，这岂不是曲突徙薪亡（没有）恩泽，焦头烂额为上客了吗？"

主人听了这番话，顿时省悟过来，马上把那客人请来，并奉他为上宾。

汉宣帝看到这里，明白了这位大臣的意思，马上重赏了徐福。

曲高和寡

《文选·宋玉〈对楚王问〉》

原文 客有歌于郢（yǐng）中者，其始曰"下里巴人"，国中属而和者数千人；其为"阳阿"、"薤露"，国中属而和者数百人；其为"阳春白雪"，国中属而和者不过数十人；引商刻羽，杂以流徵（zhǐ），国中属而和者不过数人而已。是其曲弥高，其和弥寡。

释义 曲：乐曲曲调；和（hè）：跟着别人唱；寡：少。指乐曲越高雅，跟着唱的人就越少。比喻言行超凡，知音难得；或作品深奥，能接受理解的人便很少。

宋玉是战国时期楚国著名的文学家、政治家，他不仅极有文学修养，而且很有治国才略，因而深受楚襄王的赏识。

朝中一些嫉贤妒能的人见宋玉年轻有为，十分忌妒，纷纷跑到楚襄王身边进谗言。楚襄王听了，心里很不高兴，就召来宋玉，厉声呵斥："我听人说，你近来干了许多欺下瞒上的坏事，这该当何罪呀？"

宋玉是个能言善辩的聪明人，他见楚王措词严厉，气势汹汹，就避开话题，为楚王讲起故事来。故事的大意是这样的：

从前，楚都郢城来了一位乐师，他精通音律，天生具有一副迷人动听的歌喉。一天，他在郢城大街上为楚人献技演唱。一开始，乐师为楚人高歌

《下里》、《巴人》这两首十分通俗流行的曲子,那嘹亮的歌声、欢快的旋律引起在场楚人的共鸣,一时间应声唱和的人竟达几千,气氛热闹非凡!乐师一唱完,大家齐声喝彩叫好,请求他再演唱一二首。

乐师异常兴奋,特意挑了《阳阿》、《薤露》这两首比较文雅的曲子唱给大家听,谁知,这次随他歌唱的人仅几百。其余的人因欣赏不了这种文绉绉的乐声,纷纷离开。

两首歌又唱完了,乐师准备收场离去,在场的人又苦苦哀求乐师再表演一次。于是乐师就献出自己的看家绝技,为众人唱起了《阳春》、《白雪》这两首格调高雅、意境深远的曲子。不料,这次能够随他一起哼唱的不过几十人而已。乐师见此情景,大惑不解,连连摇头叹息……

宋玉讲完故事,话锋一转:"这是为什么呢?还不是曲高和寡的缘故吗?那些庸俗之人怎能理解我宋玉的品行?"

楚襄王听了宋玉的辩解,会心地点点头,不但没有追究他,反而将他大大夸赞了一番。

群策群力

汉·扬雄《法言·重黎》

原文 汉屈群策,群策屈群力。

释义 大家出力想办法。

西汉的哲学家、文学家杨雄有口吃的毛病,不能与人长久谈话,但写的文章非常有名。他早年爱作辞赋,后来又看不起辞赋,转而研究哲学,模仿孔子的《论语》,著作了《法言》。

在《法言·重黎》中,杨雄论述了汉王刘邦与西楚霸王项羽争斗的情况。

项羽兵多将广,但在楚汉战争中被刘邦的军队包围起来。后来他虽然突出重围,但到乌江边时,跟随他的只有二十八名骑兵了,而追杀的汉军却有好几千。他知道末日已到,感叹地说,这是老天爷要他灭亡。说罢,拔出宝剑自杀。

项羽把自己失败的原因归结为"天之亡我",这是一种天命观。杨雄反对这种观点。他在《法言·重黎》中假托一个人问自己:"项羽兵败垓下(今安徽灵璧东南),临死时还说'天之亡我',这话对吗?"

杨雄回答说:

"汉王刘邦善于采纳大家的计策,大家的计策又增强了众人的力量;项羽不采纳大家的计策,只靠自己的勇猛行事。凡是善于采纳别人计策的就能胜利,只靠自己勇猛之力的就会失败。这与天有什么关系呢?"

应该说,杨雄对汉楚相争中项羽失败、刘邦获胜的评价和看法是很正确的。

人言可畏

《诗·郑风·将仲子》

原文 岂敢爱之,畏人之多言。仲可怀也,人之多言,亦可畏也。

释义 人的流言蜚语是很可怕的。

古时候,有个名叫仲子的男青年,爱上了一个姑娘,想偷偷地上她家幽会。姑娘因他们的爱情还没有得到父母的同意,父母知道后会责骂她,所以要求恋人别这样做。于是她唱道:

"请求你仲子啊,

别爬我家的门楼,

不要把我种的杞树给弄折了。

并非我舍不得树,

而是害怕父母说话。

仲子,我也在思念你,

只是怕父母要骂我呀。"

姑娘想起哥哥们知道了这件事也要责骂她,便接着唱道:
"请求你仲子呀,
别爬我家的墙,
不要把我种的桑树给弄折了。
并非我舍不得树,而是害怕哥哥们说话。
仲子,我也在思念你,
只是怕哥哥要骂我呀。"
姑娘还害怕别人知道这件事要风言风语议论她,于是再唱道:
"请求你仲子呀,
别爬我家的后园,
不要把我种的檀树给弄折了。
并非我舍不得树,
而是害怕人家说话。
仲子,我也在思念你,
只是怕人家风言风语议论我呀。"

任人唯贤

《韩非子·外储说左下》

原文 如子之言,我且贤之用,能之使,劳之论。我何以报子。

释义 表示用人只凭才干这一标准。

齐襄公有两个弟弟,一个叫公子纠,另一个叫公子小白,他们各有一个很有才能的师傅。由于襄公荒淫无道,公元前686年,公子纠跟着他的师傅管仲到鲁国去避难,公子小白则跟着他的师傅鲍叔牙逃往莒国。

不久,齐国发生大乱,襄公被杀,另外立了国君。第二年,大臣们又杀了新君,派使者到鲁国去迎回公子纠当齐国国君,鲁庄公亲自带兵护送公子纠回国。

公子纠的师傅管仲，怕逃亡在莒国的公子小白因为离齐国近，抢先回国夺到君位。所以经庄公同意，先带领一支人马去拦住公子小白。

果然，管仲的队伍急行到即墨附近时，发现公子小白正在赶往齐国，便上前说服他不要去。但是，小白坚持要去。于是管仲偷偷向小白射了一箭。小白应声倒下，管仲以为他已被射死，便不慌不忙地回鲁国去护送公子纠到齐国去。

不料，公子小白并未被射死，鲍叔牙将他救治后，赶在管仲和公子纠之前回到了齐国都城，说服大臣们迎立公子小白为国君。这就是齐桓公。

再说管仲回到鲁国后，与公子纠在庄公军队的保护下来继任君位。于是，齐、鲁之间发生了战争。结果鲁军大败，只得答应齐国的条件，将公子纠逼死，又把管仲抓起来。齐国的使者表示，管仲射过他们的国君，国君要报一箭之仇，非亲手杀了他不可，所以一定要将他押到齐国去。庄公也只好答应。

管仲被捆绑着，从鲁国押往齐国。一路上，他又饥又渴，吃了许多苦头。来到绮乌这个地方时，他去见那里守卫边界的官员，请求给点饭吃。

不料，那守边界的官员竟跪在地上，端饭给管仲吃，神情十分恭敬。等管仲吃好饭，这位官员私下问道："如果您到齐国后，侥幸没有被杀而得到任用，您将怎样报答我？"

管仲回答道："要是照您所说的那样我得到任用，我将要任用贤人，使用能人，评赏有功的人。我能拿什么报答您呢？"

管仲被押到齐国都城后，鲍叔牙亲自前去迎接。后来齐桓公不仅没有对他报一箭之仇，反而任命他为相国，而鲍叔牙自愿当他的副手。原来，鲍叔牙知道管仲的才能大于自己，所以说服齐桓公这样做。

如火如荼

《国语·吴语》

原文 万人以为方阵，皆白裳，白旗，素甲，白羽之矰（zeng），望之如荼……左军亦如之，皆赤裳，赤旗，丹甲，朱羽之矰，望之如火。

释义 荼：一种开白花的茅草。像火一样红，像荼一样白。比喻军容盛大。现在多用来形容气势特别旺盛，声势特别浩大。

春秋末年，吴国国力渐渐强盛，先后战败了楚、越、齐三国，一时威震诸侯。于是吴王夫差就打算召集各国诸侯会盟，企图通过炫耀武力的办法来压服晋国的晋定公，以此来争取诸侯霸主的地位。

公元前482年，夫差率大军赶到卫国的黄池，与各国君主会盟。晋定公一向是诸侯的盟主。他不甘示弱，就借两国君主出场先后的问题，与吴国争执不休，双方谁都不肯让步。

夫差恼羞成怒，却又不知如何是好。帐前谋士王孙雒（luò）提议：把吴国的军队统统集合起来，威逼晋定公让出盟主地位，由夫差当诸侯的领袖。

夫差听取了王孙雒的建议，当天深夜，突然命令全体将士手执兵器，身披铠甲，出营列阵。吴军共分左、中、右三路。每路一百行，每行一百人，共一万人组成一个方阵。三路组成三个方阵，共计三万兵马，浩浩荡荡。夫差摆好阵势，亲自高举斧钺，在熊虎帅旗的引导下，领中路军马率先向晋营进发。

夜幕下，只见中军将士人人穿着白色战袍，白色铠甲，手执白色旗帜，腰佩带有白色羽毛的箭矢，远远望去，就像漫山遍野盛开着的白色荼花，令人眼花缭乱，好不壮观！

再看左路军马，将士们全都身穿红色的铠甲和战袍，高举红色的旗帜，佩挂着带有红色羽毛的箭矢，在灯笼火把的照耀下，远远望去，就好像一片正熊熊燃烧的烈火，好不威武！右路军马则一律身着黑衣，犹如天边一片乌云，充满着杀气！

晋定公从睡梦中惊醒，他望见吴军如火如荼的阵容，听到吴军惊天动地的叫喊，早已闻风丧胆，连忙派人去见夫差，表示退让。吴王夫差终于如愿以偿，当上了盟主。

如鱼得水

《三国志·蜀书·诸葛亮传》

原文 于是与亮情日如密。关羽、张飞等不悦,先主(指刘备)解之曰:"孤之有孔明,犹鱼之有水也。愿诸君勿复言。"羽、飞乃止。

释义 如同鱼儿得到了水。比喻得到跟自己很投合的人或对自己很合适的环境。

东汉末年黄巾起义,引起诸侯割据,刘备虽然从汉献帝刘协那里弄了个"名正言顺"的"皇叔",讨了个"左将军宜城亭侯领豫州牧"的头衔,可一直兵员和将领都很稀少,连个固定的根据地也没有;好不容易夺得了个徐州,又被曹操夺回去了,只好跑到同族刘表的荆州去暂时栖身,刘表给了他一块不大的地盘:新野(今河南新野)。

刘备这个人很有远大的志向,又很有心计。他一心想创建大业,因此开始注意为自己搜罗人才。经过司马徽、徐庶两个人的一再推荐,刘备下决心邀请诸葛亮出山当自己的军师。

诸葛亮,字孔明,是汉代司隶校尉诸葛丰的后代,此时年龄刚好二十七岁,正在隆中(湖北襄阳西)耕种土地,名声却很大。刘备不辞劳苦,亲自到隆中三次登门拜访("三顾茅庐"即谓此),由于刘备的真诚与礼贤下士感动了诸葛亮,诸葛亮决心出山辅佐刘备创建宏图伟业,在草庐中他就高瞻远瞩地、透彻地分析与估计了当时天下的形势与发展动向。刘备很高兴,也对诸葛亮十分看重,把他请回新野后,更是对他言听计从。他根据诸葛亮的意见招募强壮的男子当兵,组编与训练新军。刘备与诸葛亮的关系一天比一天亲密,以致关羽、张飞等一班武将不满。刘备就向他们解释,他用非常自豪的口吻说道:"我有了孔明,就像鱼儿得了水一样,希望各位不要再说了。"

诸葛亮也确实为他做了许多大事,如果没有诸葛亮,刘备要获胜,简直难以想象；也难以形成后来三分天下的局势。刘备得了诸葛亮才成为历史上的刘备，就像他所说的：如鱼得水。

如坐针毡

《晋书·杜锡传》

原文 后置针著锡常所坐处毡中，刺之流血。
释义 好像坐在针垫上一样。形容人坐立不安。

晋武帝司马炎晚年最担心的，就是他的次子司马衷，本来他已依制被立为太子，但他太缺心眼，也就是今天所说的严重弱智。（司马衷即位后闹了两个大笑话："蛙鸣"、"肉糜"。元康七年关中闹灾荒，大臣上奏说饿死了不少人，他问为什么会饿死，大臣回答因为缺粮，他竟不解地问："那为什么不吃肉粥呢?）故在封几个儿子为王时，特地将司马衷的长子、皇太孙司马睿（字熙祖），也封了个广陵（今江苏扬州东北）王，希望借此加强他的势力，巩固后两代的地位，并托付杨皇后的父亲杨骏一定多加关照。

晋武帝死后，司马衷当了皇帝，历史上称晋惠帝，依照制度立广陵王司马睿为太子，叫做愍怀太子；并遵武帝遗嘱任命杨骏为太傅，总揽朝政。

可是，愍怀太子虽然不傻，但很不争气。他不喜欢学习，贪玩好耍，甚至在宫中开市场，卖菜、卖鸡、卖面。他当太子虽不行，倒很有经商本事，用手一掂货物就能准确地判断出重量，他做正事却一塌糊涂，更是奢侈浪费。而杨骏又刚愎自用，不得人心，更重要的是贾皇后一个劲儿地想掌握朝政大权。

贾后名叫南风，是著名学者贾充的女儿，《晋书》记载她为人"性暴戾酷虐，荒淫放恣"。贾后生了两个儿子，两个女儿，却因为不是长子，不能立为太子，因而总是记恨在心。她先后巧设圈套害死了杨骏与杨太后，实际上控制了朝政大权。

朝臣们都很焦急，见太子还那么贪图享乐，大肆挥霍，更为忧心，就出面劝谏，特别是杜锡。

杜锡是名将杜预的儿子，当时任太子中舍人（辅佐太子的官），每天都力劝太子，声泪俱下。太子却嫌他啰嗦，想整整杜锡，故意在坐垫上插针让杜锡坐，扎得杜锡臀部流血。

太子嘲讽杜锡是自作自受："谁让你喜欢责备别人呢？"最后，太子终究被贾后废了，后被害致死。

孺子可教

《史记·留侯世家》

原文 良尝闲从容步游下邳圯（yí）上，有一老父衣褐至良所，直堕其履圯下。顾谓良曰："孺子下取履。"良愕然欲殴之，以其老强忍下取履。父曰："履我。"良业为履，因长跪之，父以足受，笑而去。良殊大惊，随目之。父去里所，复还曰："孺子可教矣！"

释义 孺子：孩子。指年轻人能接受教诲，可以造就成材，有培养前途。

张良是战国末期韩国的一位青年，一次，他刺杀秦始皇未成，就只身一人逃亡到了下邳。

一大清晨，张良在汜（sì）水桥头遇见了一位头发花白的老人。老人故意把一只鞋子掉到桥下，然后用命令的口吻对张良说："喂，小子，去给我把鞋捡上来！"

张良见老人年岁已高，出于礼貌，就走下桥捡来鞋子，递给了老人。张良原以为老人会感谢他，谁知老人翘起了一只脚，又得寸进尺地对张良说："喂，小子，再给我把鞋穿上啊！"

张良心里十分不快，可转念一想：自己已经帮了老人的忙，索性帮到底吧！于是，他又按老人的要求照办了。

张良给老人穿好了鞋，老人冲他微微一笑，理理衣衫，一句话也不讲，就扬长而去了。张良觉得这位古怪的老人一定有些来历，就悄悄跟着他，一起走了一里多路。忽然,老人回身对张良说:"孺子可教啊!"说罢,老人与张良约定,五天后的黎明,两人在圯水桥相见。

第五天黎明时分,天刚麻麻亮,张良穿好衣衫,赶到圯水桥赴约。谁知老人已先他而来了,正气恼地守候在桥头。老人责备张良道:"年轻人,怎么迟到了?五天以后再来吧!"

又过了五天,张良半夜就起了床,匆匆赶到桥边。可他发现,老人已经守在桥头等候他多时了。张良的心里羞愧万分,红着脸请求老人原谅。老人拍着他的肩膀,嘱告他:"你回去吧,五天以后再来,可千万不能再迟到啊!"

这一次,张良丝毫不敢怠慢,赴约那天,他一整夜都待在桥上等候老人。三更时分,老人赶来了。他见张良这次表现得很好,就从怀里拿出一本兵书,郑重地递给张良说:"我叫黄石公,这本兵书是我珍藏多年的《太公兵法》,其中讲的是当年姜太公辅周灭商时用兵的谋略,你好好读它,将来会有用的!"

张良接了兵书,如获至宝。从此,他不忘黄石公的教诲,潜心学习,终于成了一名出色的谋略家。

日暮途穷

《史记·伍子胥列传》

原文 伍子胥曰:"为我谢申包胥曰:'吾日暮途远,吾故倒行而逆施之。'"

释义 莫:古通假字,通"暮",日落之时;途:路;穷:尽。天快黑了,路也走到尽头了。比喻力竭计穷,到了无路可走,行将灭亡的地步。

春秋时期,楚国国力日渐强盛,到庄王时达到顶点,成了诸侯国中疆域最大的一国。

庄王的孙子取了其兄的王位后,做了楚王,他就是楚平王,立蔡女所生的儿子建为太子,并任命两个人辅佐:伍奢为太傅,费无忌为少傅。费无忌为人阴险，他既不甘居于伍奢之下，又恨太子不喜欢他。他就等待时机，妄图除去伍奢和太子。

楚平王二年（公元前527年），费无忌奉平王命到秦国为太子建找媳妇，见到那新娘美艳非常，就心生毒计，回来在楚平王面前再三夸那女子是如何的美丽动人，诱使楚平王把本是他儿子的媳妇纳为自己的妾。而后费无忌又故意对平王说太子心怀不满。

本来楚平王就不太喜欢这个太子，于是就把他废了。费无忌又劝平王杀死太子以绝后患，同时说伍奢也心怀不轨。平王就又把伍奢下了狱，并把伍奢的大儿子伍尚召来，一道处死。

伍奢二儿子伍员，字子胥，保护太子建一起逃出楚国，经宋到郑，太子建死了，伍员又保护太子建的儿子信历尽千辛万苦，辗转到吴国，费了好大劲儿才找了个叫专诸的刺客刺杀了吴王僚，帮助吴公子光做了吴国国王，就是吴王阖闾。

伍子胥十分精通兵法，他运用自己的聪明才智为吴练兵，请了著名的大军事家孙武帮忙。吴国军队战斗力迅速增强，几年后大举伐楚，一直打到楚国的国都郢（在今湖北江陵县北）。可是此时不但楚平王已经不在人世了，而且费无忌也被楚王杀了。伍子胥只觉得压抑多时的仇恨无处发泄，就把楚平王的坟挖开，把他的尸首拖出来，左脚踏着他的肚子，右手抠出他的眼睛，骂道："你听信谗言，杀我父兄，今天叫你死无葬身之地！"

说完，狠狠地打了那尸首三百鞭子，方才解恨。

伍子胥的朋友申包胥听说这件事后，写信责备他做得太过分了，他派人回答说道："吾日暮途远，吾故倒行而逆施之。"

三顾茅庐

诸葛亮《出师表》

原文 先帝不以臣卑鄙，猥自枉屈，三顾臣于草庐之中。

释义 顾：拜访；茅庐：草房。三次去茅草房拜访人。比喻请人的恳切之心。

东汉末年，刘备攻打曹操失败，投奔荆州刘表，失意一时。为了日后成就大业，他留心访求人才，请荆州名士司马徽推荐。司马徽说："此地有'伏龙'、'凤雏'，二人得一，可安天下。"

刘备多方打听，得知"伏龙"就是诸葛亮，此人隐居在襄阳城西二十里的隆中，住茅庐草棚，耕作自养，精研书史，是个杰出人才，便专程到隆中去拜访。

他前后一共去了三次，头两次诸葛亮避而不见，第三次才亲自出迎，就在茅庐中和刘备共同探讨时局，分析形势，设计如何夺取政权统一天下的方略。刘备大为叹服，愿以诸葛亮为师，请他出山相助，重兴汉室。诸葛亮深为刘备"三顾茅庐"的诚意所打动，答应了刘备的请求，离开隆中一展自己的政治抱负。

此后，诸葛亮成为刘备的主要谋士，帮助刘备东联孙吴，北伐曹魏，占据荆、益两州，北向中原，建立蜀汉政权，形成与东吴、曹魏三国鼎立的局面。

刘备去世后，诸葛亮秉承刘备遗志，继续出兵伐魏。他在向后主刘禅（阿斗）上的一道奏表中写道：

"先帝不嫌臣卑微鄙陋，屈尊枉驾，前后三次亲自登门，访臣于草庐之中……"流露出对刘备的知遇之恩念念不忘，感情真挚动人。

三令五申

《史记·孙子吴起列传》

原文 （吴王）出宫中美女，得百八十人。孙子分为二队……乃设铁钺（铁钺：古代军法用以杀人的斧子），即三令五申。

释义 "三"和"五"都是约数，指多次；令：命令；申：说明，申诫。再三地命令告诫的意思。

春秋时期，有位军事家叫孙武。他写了一部《孙子兵法》，吴王读了十分欣赏，就召孙武进宫。一见面，吴王就问："你的兵法非常精妙，你能用它操练宫中女子吗？"孙武知道，吴王是想试试自己的指挥才能，他毫不含糊地说："当然可以。"

于是，吴王集合一百八十名宫女，交给孙武操练。孙武将宫女分成两队，叫吴王的两个宠姬担任队长。他站在指挥台上，高声发令："我叫前，你们就向前走；叫左，就向左；叫右，就向右；叫后，就向后。"号令交待清楚了，孙武吩咐人在一旁摆下铡刀，然后又向宫女们讲了几遍号令。

一切都已就绪，孙武击鼓传令："右！"谁知宫女们把孙武的命令当做儿戏，没人听从号令，反而都哈哈大笑起来。看台上，吴王和那些王公贵族也大笑不已。宫女们见此情景笑得更加起劲，一时间，操练场上笑声连成了一片。

孙武不动声色，说："号令可能没交待清楚，这是我的过错。"于是复述了一遍，然后再次击鼓传令："左！"那些宫女仍嬉笑个不停，特别是那两位宠姬，笑得前俯后仰。

这下，孙武恼怒了，厉声喝道："号令不明是为将之罪，可我已经三令五申了，你们却没遵命，这是头领之罪，按军法当斩！"说着他下令要将两位宠姬斩首示众。

吴王见孙武要斩两位宠姬，慌忙命人传令："我已知道将军善于用兵了！那两位宠姬，将军就不要斩了吧！"孙武叫传令人回复吴王："臣已受命为将，将在军中，君王的命令可以不听！"说完，便下令斩了两个宠姬。

孙武重新击鼓传令，这回宫女们个个规规矩矩，服从指挥。

从此，孙武的用兵才能受到了吴王的重视。吴王授命孙武全权指挥吴军，终于使吴国成为春秋时期的强国。

三人成虎

《战国策·魏策二》

原文　庞葱曰："夫市之无虎明矣，然而三人言而成虎。"

释义　比喻谣言或讹传一再重复出现，便可能使听者信以为真。

战国时期，魏国和赵国订了友好盟约，魏王要把太子送到赵国国都邯郸去做人质。魏王不放心年幼的太子，就派亲信大臣庞葱陪同前往。

庞葱担心离开魏国以后，有人会到魏王那里去说他的坏话。他又不好直接向魏王讲明自己的忧虑，临行之前，他就很婉转地问魏王："大王，如果有人向您报告，我们大梁的街上跑来了一只斑斓猛虎，您相信吗？"魏王不假思索地说："老虎一向生活在山林里，怎么会跑到大街上来呢？我不会相信！"

庞葱接着问："如果紧接着又来了第二个人，他把这只老虎说得活灵活现，大王会相信吗？"魏王缓缓答道："嗯，如果两个人都这样讲，我倒有些将信将疑了！"

庞葱又问："要是马上又有第三个人前来报告，说那只猛虎闯入民宅，已咬死好几个人了，大王，您会怎么想呢？"魏王无奈地说："大家都这么讲，我也就深信不疑啦！"

庞葱话锋一转，讲了自己的心思："现今我要陪太子去邯郸，邯郸离我们的都城大梁，比王宫离大街远得多啦。我走后，到您那儿说我坏话的人一定不止三个，请大王明察！"

魏王听明了庞葱的话意，紧紧拉着庞葱的手说："我信任你，你就放心去吧！"

庞葱陪同太子到邯郸不久，果然有不少嫉贤妒能的人对魏王说庞葱的坏话。魏王开始时不信，可后来，讲坏话的人越来越多，魏王也就信以为真了。

太子期满回国了，庞葱随太子一道回到大梁。可这时，魏王已不再宠信他了，甚至不见他。庞葱从此抑郁不得志，常常一人独自叹息："唉，人心险恶，果真是'三人成虎'啊！"

塞翁失马

《淮南子·人间训》

原文 近塞上之人有善术者，马无故亡而入胡，人皆吊之。其父曰："此何遽不为福乎？"居数月，其马将胡骏马而归，人皆贺之。其父曰："此何遽不为祸乎?"家富良马,其子好骑,堕而折其髀,人皆吊之。其父曰:"此何遽不为福乎?"居一年,胡人大入塞,丁壮者引弦而战,近塞之人,死者十九,此独以跛之故,父子相保。故福之为祸,祸之为福,化不可极,深不可测也。

释义 塞:边塞;翁:老人。塞翁走失了一匹马。比喻坏事可能变成好事。

古时候,北方边塞附近有个善于骑马的人,人们管他的父亲叫塞翁。

有一天,塞翁家的一匹马撒起野来,跑到塞外胡地去了。他的邻居们得知此事,都替他惋惜,并跑到他家里,劝慰他不必过于伤心。谁知塞翁听了众人的话,满不在乎地说:"不就是丢了一匹马吗,没什么大不了的!依我看,马儿跑走了,说不定会给我带来好处呢!"邻居们听得目瞪口呆,谁都不相信会有什么奇迹发生。

过了一段日子,塞翁家的那匹马由于过不惯胡地的生活,自己跑了回来,并且还带来了一匹胡人的骏马。邻居们知道后,又都不约而同地赶来向塞翁庆贺。他们拍着那匹胡马,啧啧称赞。可塞翁并不为此感到高兴,而是皱着眉头叹息道:"这有什么值得庆幸的。没花分文得了一匹胡马,弄不好会给我家引来灾祸啊!"邻居们听了不以为然,心想:塞翁肯定是老糊涂了,不然怎会连好事坏事都分不清了?

塞翁的儿子很喜欢骑马,自从家里添了那匹胡马,就整天骑出去游玩。谁知那匹胡马未经驯化,很不服人管教。一天胡马把塞翁的儿子掀翻在地,使他摔断了一条腿,落得个终生伤残。

邻居们闻此不幸的消息,纷纷赶来向塞翁表示慰问。可塞翁一点也不难过,反而劝慰大家:"各位不必为我的孩子忧伤,他的腿瘸了,虽然很不幸,但也可能因祸得福啊!"

果然,一年之后,胡人挥戈南下,大举入侵边塞。边塞上的所有青壮男人都应征入伍,与胡人展开激战,其中绝大部分的人都死在了战场上。塞翁的儿子因伤致残,是个瘸子,就没有去当兵打仗,因而和年迈的塞翁一起保全了性命。

声东击西

《通典·兵典六》

原文 声言击东，其实击西。

释义 作战中虚张声势使敌人产生错觉，而突然袭击其不备之处。

秦朝灭亡以后，刘邦和项羽打起仗来。

有一年夏天，刘邦在彭城被项羽的楚军杀得大败，许多将官也投降了项羽。本来已经归顺刘邦的魏王豹，这时看到楚军的势力强大，便借口回去看望生病的亲人，离开汉军，到达河关后，就与项羽和好，宣布反汉。

魏王豹投降楚军，这对刘邦在军事上造成极大的威胁，有被他们左右夹击的危险。刘邦派郦先去说服魏王豹，动员他重新回到汉军来，可是他哪里肯呢？没有办法，刘邦只好派韩信为左丞相，领兵去攻打魏王豹。

魏王豹得知汉军进攻的消息，就任命柏直为大将，统率兵马扼守在黄河东岸的薄坂，封锁黄河渡口临晋津，阻止汉军渡河。柏直还命令部下，把老百姓的船只全部搬走，不许民船下河。他把薄坂防守得十分严密，自以为汉军就是插上翅膀，也难以飞过黄河，魏王豹可以高枕无忧了。

韩信带领汉军来到前线，看到薄坂地势险要，柏直又有重兵坚守，知道从这里硬攻很难获胜。经过反复考虑，他想出一个"声东击西"的战术。他将军营扎在蒲坂对岸，军营四周插上旗帜，又弄来一些船只。白天让士兵操练、呐喊，夜里掌灯举火，调兵遣将，作出要从这里强渡黄河的架势。背地里他却把汉军主力偷偷向北移动，选择了夏阳作为偷渡黄河的据点。

魏王看到黄河对岸的汉军，调动繁忙，喊杀震天，以为韩信真要从薄坂渡河。柏直乐得拍手大笑：

"韩信之辈真是一伙笨蛋，我这里坚如磐石，固若金汤；再加上黄河水深流急，休想渡过河来！"

于是他便放心睡觉去了。

汉军开到夏阳以后，韩信命令士兵赶紧做木桶。木桶做好后，韩信又让士兵把几个木桶连在一起，上面拴上木排，倒扣在水面上，就成了渡筏。汉军乘着这些渡筏，偷渡到对岸。因为魏军在那里没有派兵防守，所以汉军顺利地渡过黄河，攻陷了魏军后方要地安邑。

魏王豹毫无准备，慌忙领兵迎战，结果让汉军打得惨败，他自己也被韩信活捉了。

生灵涂炭

《晋书·苻丕载记》

原文 先帝晏驾贼庭，京师鞠为戎穴，神州萧条，生灵涂炭。

释义 百姓仿佛陷于泥潭火坑。形容人民处于极端困苦的境地。

十六国时期，前秦在苻坚的统治下，加强中央集权，注意农业生产，增加了财政收入，逐步统一了北方大部分地区，并夺取了东晋的一小部分土地。但是，由于连年用兵，百姓负担沉重，加深了境内的阶级矛盾。特别是建元十九年（公元383年）苻坚征调九十万大军攻伐东晋，结果在淝水大败，使国家元气严重受损，各族首领乘机反秦自立。

两年后，前秦受到后燕和后秦的攻伐，都城长安被困。苻坚被迫退到五将山，不久被后秦王姚苌的军队活捉，囚禁在一个寺庙里。姚苌威逼苻坚交出玉玺，苻坚不仅坚决拒绝，而且痛骂姚苌。于是姚苌下令处死了苻坚。

前秦的幽州刺史王永得知这个消息后，立即派人通知苻坚的儿子苻丕，并拥立他即皇帝位。第二年，苻丕大封群臣，王永被加封为左丞相。

王永就任后，写了一篇檄文，号召前秦在各地的武装力量联合起来，讨伐后秦的首领姚苌和后燕的首领慕容垂。檄文中写道：

"先帝不幸在贼人控制的地方被害，京师长安成为敌人的巢穴，国家凋敝，百姓生活在泥沼、炭火之中，痛苦不堪。各地文武官员见到本檄文后，要马上派兵马前来会师，准备作战。"

尽管如此，但由于后秦兵力强大，王永指挥的各地兵马实力不强，终于失败。公元394年，前秦被后秦攻灭。

生死存亡

《左传·定公十五年》

原文 子贡曰："以礼观之，二君者，皆有死亡焉。夫礼，死生存亡之体也。将左右周旋，进退俯仰，于是乎取之！"

释义 表示情势十分危急，已经到了非存即亡的关键时刻。

公元前495年，邾国的君主隐公来到鲁国，会见鲁国的君主定公。鲁定公举行隆重的仪式欢迎他。当时，孔子的学生子贡名声很大，也被邀请观礼。

欢迎仪式开始后，邾隐公仰着脸，把玉器高高举起，态度很傲慢。鲁定公接受玉器的时候，俯着脸，弯着腰。两位君主不同的神情和态度，形成了极为鲜明的对照。

在旁观礼的人们都非常惊讶。子贡对此发表了看法：

"诸侯相见要手执玉器，这是从周朝就开始施行的礼节，所以今天这件事情要用礼来看待。用礼来看待这件事，两位君主都快要死亡了。礼，是死亡或生存的主体，人的一举一动，或左或右，以及揖让、进退和俯仰等等，就从这里选取；朝会、祭祀、丧事、征战等等，也要用礼来观察。眼下是正月，在一年之初诸侯相互朝见，是不顾规定的礼仪，说明他们心里已经没有礼了。朝会不合于礼，哪里能够长久？邾国君主的高和仰是骄傲，鲁国君主的低和俯是衰废。骄傲接近动乱，衰废接近疾病。鲁国的君王是主人，恐怕也会先死去！"

手不释卷

《三国志·吴志·吕蒙传》

原文 光武当兵马之务,手不释卷。

释义 释:放下;卷:书。手中拿着书本阅读,不肯放下来。形容酷爱读书,勤奋好学。

吕蒙是三国时吴国大将。他善于带兵作战,为孙权立下过汗马功劳。孙权也很喜欢他。

吕蒙虽然能征善战,但他有个最大的弱点,就是没有文化。一天,孙权语重心长地对吕蒙和蒋钦说道:

"现在你们已经是大将军了。要多读些史书和兵书,熟知兵法,才能独当一面。"

吕蒙听了觉得很为难,说道:

"军政方面的事都办不完,哪有空闲读书啊?"

孙权关切地说道:

"不是这样的,时间是挤出来的。我自幼就爱读书,当政以来,虽然日理万机,但还是千方百计地挤点时间读些史书和兵书,有很大收获。当年,汉光武帝南征北战,比我们时间紧得多了,但他仍然手不释卷。你怎么能不读书呢?"

听了孙权教诲,吕蒙才知道忙中也可偷闲的道理。于是,他弄来不少史书和兵书,如饥似渴地读了起来。

不久,吕蒙的学问渐渐多了起来,读书的兴趣更浓厚了。后来有一年,东吴主将鲁肃和吕蒙一起讨论用兵大事,他见吕蒙讲得头头是道,见解高明,就高兴地说道:

"我以为你还是个大老粗哩,想不到你已经通晓各家兵法,再不是当年的吴下阿蒙了。"

吕蒙笑着说道:

"士别三日,即更刮目相待啊!"

两人话逢知己千句少,终于成了莫逆之交。

视死如归

《吕氏春秋·勿躬》

原文 管子复于桓公:"……平原广城,车不结轨,士不旋踵,鼓之,三军之士视死如归,臣不若王子城父,请置以为大司马……"

释义 形容为了正义事业,不惜牺牲生命。

管子,即管仲,春秋初期政治家。春秋初期,齐桓公任命当时的大夫鲍叔牙为宰相,鲍叔牙婉言辞谢,却举荐了管仲。齐桓公问管仲治理政治、复兴国家的方针大略,管仲答复齐桓公说:

"开垦大量的土地,扩大城镇的规模,发展生产,利用土地创造尽可能多的财富,我不如宁越,请派他去做管理经济的官;能审时度势,说话有分寸,举止得体,礼仪娴熟,我不如隰朋,请派隰朋去管理外交;能不辞辛劳,不惜个人生命,不计较个人富贵名利,直言耿直,敢冒犯进谏,我不如东郭牙,请派他做主管监察的大臣;整肃军队,打仗英勇,战鼓一鸣,全军将士毫不畏惧,一致英勇挺进,把死看成回家一样,我不如王子城父,请派他去管理军队;断案英明,不杀无辜的人,不冤枉无罪的人,我不如弦章,请派他管理司法。您如果想治国强兵,有这五个人就足够了,若您还想称霸的话,那么,还有我管仲在这里。"

齐桓公听了管仲的话,觉得很有道理,连连称赞管仲,任他做宰相,并依照管仲的意见,分派了这五个人的官职,让他们接受管仲的统一领导。这五个人果然在自己的职位上干得很好。在管仲的辅佐下,十年以后,齐国渐渐地强大了起来,成了诸侯国的霸主。

"视死如归"是管仲答复齐桓公治国方略时说的一句话,意思说不怕死,把死看作像要回家一样,用以形容为了正义事业,不惜献出生命。

司空见惯

唐·刘禹锡《赠李司空伎》

原文 䰀(wǒ)鬌(duǒ)梳头宫样妆,春风一曲《杜韦娘》。司空见惯浑闲事,断尽江南刺史肠。

释义 司空:古官名。指某事常见,不足为奇。

刘禹锡是我国唐代著名诗人,他的诗作颇为出色,被白居易推崇为"诗豪"。

刘禹锡从小就很爱学习,二十二岁时就考中了进士,与柳宗元是同榜进士。他雄心勃勃,立志干一番大事业。

贞元二十一年(公元805年),唐顺宗当上皇帝,重用主张革新的王叔文。刘禹锡支持王叔文的改革,也受到提拔,皇帝让他参与管理全国财政。

刘禹锡勤于处理政事,不辞劳苦,满腔热情,以为可以一展宏图、安民济世了。不料守旧派大臣极力反对,迫使顺宗退位,拥立太子李纯,就是历史上的宪宗。

宪宗即位后,当即赐死王叔文。刘禹锡作为改革派代表人物也被逐出长安,贬往江南边远山区。

刘禹锡贬官之后,与老百姓打成一片,研究民歌,从中汲取养料,因而诗的风格发生剧变,名气也大振。

刘禹锡的诗精练含蓄,生活气息浓郁,在当时的诗坛上独树一帜,大受赞赏。司空李绅就是其追捧者之一,他很仰慕刘禹锡的才名。

刘禹锡回京后,李绅专门设宴,邀请刘禹锡。宴席过后,李绅叫来家里一个年轻的歌伎,让她唱了一首当时的名曲——《杜韦娘》,来为刘禹锡送行。刘禹锡非常感动,当即吟了一首诗:

䰀鬌梳头宫样妆,

春风一曲《杜韦娘》。

司空见惯浑闲事,

断尽江南刺史肠。

这首诗说的是歌伎宫样妆的打扮,她梳着高高的像一团乌云一样的发型,迎着春风唱了一曲《杜韦娘》。这在司空眼中,本是一件屡见不鲜平淡无奇的事情,但对我来说却令我这个江南刺史愁肠寸断啊!

李绅听罢,当即把歌伎送给了他。

死灰复燃

《史记·韩长孺列传》

原文 (韩安国)坐法抵罪,蒙狱吏田甲辱安国。安国曰:"死灰独不复然(燃)乎?"田甲曰:"然(燃)即溺之。"

释义 死灰:熄灭的火灰;复燃:又烧起来。燃烧后熄灭的灰烬,又燃烧起来。比喻已经消失的人或物又重新活动起来。多指坏人或坏事。

汉景帝在位时期,朝中有位足智多谋、谦逊厚道的能臣叫韩安国。他曾领兵平息了以吴王刘濞(bì)为首的七国叛乱,因而深得景帝的赏识,成了皇帝的宠臣。

有一年,韩安国受到一件案子的牵连,被关进蒙县狱中,等候判决。蒙县狱吏田甲是个心术不正的势利小人,他见韩安国失了权势,就经常找借口欺侮韩安国,对韩安国百般凌辱。

韩安国哪里受过这样的侮辱。一次,田甲又借故辱骂韩安国,韩安国实在忍受不住了,就指着田甲的鼻子大骂道:"你这个卑劣无耻的小人,不要以为我韩某从此再没出头之日了,你把我看作为灭了火的灰烬,难道死灰就不可能重新燃烧起来吗?"

田甲听了,嘻嘻冷笑几声,满不在乎地说:"倘若真的死灰复燃了,我就撒泡尿浇灭它!"说完扬长而去。

过不多久,景帝的兄弟梁孝王感念韩安国的功劳,就请求景帝赦免韩安国。景帝同意了，将韩安国从蒙县狱中释放了出来。韩安国出狱后，当了梁孝王的内史，官职比以前还高。田甲听到这个消息，吓得魂不附体，忙逃之夭夭了。

韩安国一出狱，就命手下人寻找田甲，准备好好戏弄他一番，还故意放出风声，如果田甲不来见他，就将田甲满门抄斩。

田甲慌了神，只好硬着头皮去韩安国那儿请罪。一见面，田甲就扑通跪倒在地，一个劲地磕头求饶。

韩安国见田甲这副丧魂落魄的狼狈样，忍不住笑了起来："田甲，现在死灰复燃了，你来撒泡尿浇灭它吧！"

田甲吓得面无人色，瘫软在地上……

四面楚歌

《史记·项羽本纪》

原文 夜闻汉军四面皆楚歌，项王乃大惊，曰："汉皆已得楚乎？是何楚人之多也！"

释义 形容人的环境险恶，已处于孤立无援的地步。

秦末农民大起义后期，刘邦的汉军和项羽的楚军为争夺天下，在中原大地展开了一场殊死决战。公元前202年，刘邦率领汉军，将项羽的楚军重重包围在垓下。

楚军被围困了好多天，形势十分危急。骁勇善战的西楚霸王项羽领着楚军突围了好几次，都没能冲出去。一天深夜，项羽正在帐中阅读兵书，寻找策略。忽然，四面八方传来了阵阵楚地的民歌。项羽听了，不由大吃一惊，心想：汉军难道已完全占领了楚地？不然，汉军阵地上怎么有那么多楚人！其实，汉军并没有完全占领楚地，这四面楚歌，是刘邦命令汉军用楚地的方言唱的，目的是为涣散楚军的军心。果然，楚军士兵听到汉军阵地上传来了乡音，都以为自己家乡被汉军占领了。这四面楚歌激发了他们的思乡之情，就跟着汉人哼唱起来，不少人一边唱，一边哭泣，一时间，楚营上空哭声一片。

项羽坐在帐中，眼看着军心涣散，再也不可收拾，不禁心乱如麻。这时，他所钟爱的妃子虞姬为安慰他，就一边舞剑，一边用凄楚的嗓音唱起楚歌。项羽听着看着，忍不住泪流满面。虞姬为了不拖累霸王，唱完就刎颈自杀了。

当天夜里，项羽带领一支几百人的江东子弟兵，杀开一条血路，突围南逃。万余名汉军紧紧追杀上来。项羽逃到乌江边上，身边仅剩下二十余骑。

在这危急时刻，乌江亭长撑着小船赶到江边，他苦苦劝说项羽渡江，回到江南重振旗鼓。项羽认为大势已去，自觉没有面目重见江东父老，宁死不愿渡江逃生。他挥舞着宝剑，同追杀上来的汉军进行了殊死格斗，一个人杀死数百名汉军将士，最后，他自刎在波涛汹涌的乌江边上。

贪得无厌

《左传·襄公三十一年》

原文 既而政在大夫，韩子懦弱，大夫多贪，求欲无厌。

释义 贪心没有满足的时候。

春秋末期，周天子的权力已不再为大家所重视，一些当初受封的诸侯，都纷纷闹独立，扩展自己的领土。

那时，晋国是一个大诸侯国。国中有六个上卿：赵、魏、韩、范、智、中行。在六个上卿中，智伯是个野心勃勃的人，他总是处心积虑地想扩展自己的势力范围。

有一次，智伯联合韩、赵、魏去攻打中行氏，在把中行氏消灭后，他便把中行氏的土地侵占了。过了几年，智伯又派人去向韩康子要求割地，韩康子惧怕智伯，便忍气吞声地割了一块有一万户人家的地方给他。

智伯得到这块土地以后，很是喜欢。接着，他又派人去向魏桓子要求割地，魏桓子本不想给他，但怕他起兵攻打，也不得已割让了一块土地给他。

这时候，智伯得意极了。他以为所有的人都怕他，于是他又派人去要赵襄子割让蔡和皋狼这两个地方。

可是，赵襄子却不答应，说："土地是先人的产业，我不能随便送人！"

智伯得知赵襄子不肯割让土地，十分生气，便约韩康子和魏桓子一同去讨伐赵襄子。

赵襄子知道自己寡不敌众，便采纳了谋士张孟谈的计策，迁到晋阳城中坚守。结果智伯围攻晋阳三年，却一直没能攻下来。

但这时候，晋阳城里粮食快要吃完了，智伯又用水淹城，形势十分危急。赵襄子便派张孟谈去游说韩康子和魏桓子，说动他们反过来反攻智伯。

韩康子和魏桓子本来就对智伯不满，知道智伯贪得无厌，灭了赵襄子对他们没什么好处，便答应和赵襄子一起联合起来，灭掉智伯，然后平分智伯的土地。

于是，三家约定由赵襄子乘夜出兵袭击，韩康子和魏桓子做内应。结果，三家联合，终于击败了智伯，并将他杀死。

就这样，贪得无厌的智伯落得了一个可悲的下场。

谈笑自若

《三国志·吴书·甘宁传》

原文 宁受攻累日，敌设高楼，雨射城中，士众皆惧，惟宁谈笑自若。

释义 自若：跟平常一样，从容自如。形容情势异常而仍和平常一样谈笑，从容镇静。

三国时，东吴的名将甘宁，因有战功，被任命为西陵太守、折冲将军。

曹操在赤壁之战中失败后，孙权和刘备的联军乘胜追击，一直追到南郡。驻守南郡的魏将曹仁以逸待劳，击败了吴军的先头部队。吴军大都督周瑜大怒，准备与曹仁一决雌雄。甘宁上前劝阻，认为南郡与夷陵互为犄角，应该先袭取夷陵，然后再进攻南郡。周瑜接受了他的建议，命他领兵攻取夷陵。甘宁率军直逼夷陵城下，与魏军守将曹洪激战。曹洪败走，甘宁命令部下迅速夺取夷陵。当时他的兵力很少，只有几百人。他入城后立即招兵，但也不过千人。当天黄昏，驻守南郡的魏将曹仁，派曹纯和牛金引兵与曹洪汇合，共聚五千余人，把夷陵城团团围住。曹军架设六梯攻城，被甘宁守军击退。

第二天，曹军堆土构筑高楼，然后在高楼上向城中射箭。箭如雨下，射死射伤不少吴兵。将士们都恐惧起来，唯独甘宁跟平时一样，谈话笑容非常自然。他命人收集曹军射来的数万枝箭，选派优秀射手，与魏军对射。由于甘宁率军沉着顽强地固守，曹军无法攻破城池。

叹为观止

《左传·襄公二十九年》

原文 公子札来聘……见舞《韶箾簫须》者，曰："'德至矣哉！'大矣，如天之无不帱（dào，覆盖）也，如地之无不载也，虽甚盛德，其蔑以加于此矣。观止矣，若有他乐，吾不敢请已！"

释义 叹：赞叹；观止：看到这里就够了。称赞所看到的事物好到了极点。

吴国君主寿梦病危时，把四个儿子诸樊、余祭、余昧、季札召集到病床前，安排后事。寿梦认为幼子季札最贤能，想让他作君主，可是季札拒绝了。于是，寿梦立下遗规，由四个儿子依次传位，最终由季札为君。

寿梦死后，诸樊为君十三年死了，余祭在位十七年被刺杀，三弟余昧继位，拜季札为相。季札主张罢兵安民，结交齐、晋等中原诸侯，余昧同意季札主张，派他出使鲁、齐、郑、卫、晋等国。这一年，吴公子季札来到鲁国，表示愿与鲁国世代友好相处。鲁国很高兴，用舞乐招待季札。季札精通舞乐，一边观赏，一边品评，当鲁国演出《韶箾》舞时，季札便断定这必然是最后一个节目了。观罢《韶箾》，季札赞叹一番，然后非常得体地道谢："这舞乐好极了,我们就观看到这里为止吧!"鲁国人感到非常惊奇,季札竟能预知这是最后的一个节目!

螳臂当车

《庄子·人间世》

原文 汝不知夫螳螂乎?怒其臂以当(挡)车辙,不知其不胜任也。

释义 螳臂:螳螂的前腿;当:阻挡。螳螂举起前腿,妄图把前进的车子挡住。比喻不估计自己的力量,去做办不到的事情。

有一次,齐庄王乘着马车,带着随从到郊外去打猎。这支浩浩荡荡的队伍马蹄得得、车轮滚滚,势不可挡地急速向前行进。

突然,有一只青色的小虫子横在了大路中间,高高地举起两只前爪,气势汹汹地向车队迎面扑过来。

齐庄王觉得眼前这情景很滑稽,这么一只小小的虫子,怎么能挡得住飞速奔驰的马车呢?他侧身问自己的车夫:"你看见没有,那是什么虫子?怎么如此狂妄自大、不可一世?"

车夫耸了耸肩膀,回答道:"陛下没有听说过吗,这就是螳螂呀!这种虫子虽然个头不大,力气很小,可是却目空一切。它只知道前进,不知道退却。它从来都不估计一下自己有多大力量,也不懂得掂量一下对方是强大还是弱小,总是一味地拼命进攻,企图把别人吓退。这正是它的可悲之处。陛下不是看到了吗,它刚才张牙舞爪地想挡住我们的去路哩!"

齐庄公听罢一言不发,若有所思。

说话间,沉重的马车早已隆隆地从大路上驰过,飞速而去,将这只目空一切的螳螂碾得粉碎。

螳螂捕蝉

《吴越春秋》

原文 螳螂捕蝉,志在有利,不知黄雀在后啄之。

释义 比喻一心只想得到眼前的利益,而不顾即将到来的祸患。全句作"螳螂捕蝉,黄雀在后"。

春秋时期,吴国逐渐强大起来,可楚国是吴国的主要竞争对手,吴王于是萌发了派兵攻打楚国的念头。他怕别人动摇自己的决心,就对身边的大臣们说:"这件事就这么决定了,军队先去做准备,谁要是敢提出反对意见,我就把他处死!"

大臣们面面相觑,谁也不敢吭声。有一个年轻的皇家侍卫官,想劝吴王放弃进攻楚国的打算,但又不敢直说,苦思冥想了几天,终于想出一个办法。

吴王有早晨散步的习惯。于是每天早晨天一亮,这个侍卫官就拿着弹弓,到王宫的花园里转来转去。吴王忍不住产生好奇心了,对他喊道:"喂,小家伙,你在忙什么?"

侍卫官招手请吴王过去,说:"陛下,您瞧,那棵树上有一只知了,正在一边品尝着晨露,一边站在高高的树枝上唱歌,满足得不能再满足了;可是知了却不知道有一只螳螂正在它的身后,已经弓起身子,举起前爪,正打算钳住它;可怕的是,螳螂也不知道有只黄雀正埋伏在它的头顶上,黄雀伸长脖子想把螳螂当成腹中的美餐,得意得不能再得意了;可是黄雀并不知道我正拿着弹弓,已经牢牢地瞄准了它!它们三个都犯了同一个错误,这就是都只想着眼前的利益,而没考虑到隐藏在身后的危险。"

吴王听罢拍拍脑袋,恍然大悟,连声说:"你讲得很有道理呀!"于是,他就把攻打楚国的计划搁下了。

天衣无缝

五代·前蜀·牛峤《云怪录：郭翰》

原文 徐视其织女衣，并无缝，翰问之，曰："天衣本非针线为也。"

释义 天仙的衣裳没有衣缝。比喻文章写得十分周密、严谨、完整，没有什么漏洞和破绽。也形容事物的细致周到，严密完备。

传说有个名叫郭翰的读书人，一个夏天的夜晚，独自在院子里乘凉。

忽然一阵清风拂面而来，郭翰抬头一看，惊奇得说不出话来。只见一位如花似玉的姑娘，从半空中飘然而至，落到了他的面前。郭翰心想，这准是位天上的仙女。一问果然不错，她是牛郎的妻子织女，织布织累了，到人间来解解闷。

郭翰目不转睛地打量着织女，不禁被她的服装吸引住了。这身衣裳色彩斑斓，闪烁不定。最令人叫绝的是，整套衣裳浑然一体，竟看不出一丝儿线缝。郭翰不禁纳闷：这衣服是怎么裁剪的，又是怎么做出来的呢？什么人有这么好的手艺？

织女仿佛看出了郭翰的心事，抿嘴笑着说："这是天衣。天衣和你们人间穿的衣服可不一样，从来不用剪刀裁，也不用针线缝，当然找不到接缝的地方。"

郭翰第二天把夜里的奇遇告诉了左邻右舍，人们不禁啧啧称奇。

同仇敌忾

《诗·秦风·无衣》；《左传·文公四年》

原文 《诗·秦风·无衣》：王于兴师，修我戈矛，与子同仇。《左传·文公四年》：诸侯敌王所忾，而献其功。

释义 表示对敌人怀有共同的仇恨，一致对付敌人。

东周春秋时期，有一首流传于军中的歌谣，表现了士兵们慷慨从军、同心对敌的乐观精神和保卫祖国的英雄气概。这首歌谣分为三节，可以反复咏唱。其中第一节是这样的："谁说没有衣服？我的战袍就是你的。国王兴兵打仗，快把刀枪修好。我与你共同对付仇敌。"

"同仇"这个词就来源于上面的歌谣。

公元前623年，卫国的宁俞出使鲁国，鲁文王设宴招待。席间，文王让乐工演唱《湛露》和《彤弓》。宁俞一听就知道，这是周天子对诸侯恩赐、褒奖时的宴乐。为此，他在席间不作任何答谢之辞。

文王对宁俞在席间表示沉默不理解。宴饮完毕后，命人私下询问他是什么原因。宁俞回答说："当年诸侯以周天子对敌人的愤恨为愤恨，所以为天子献上战功。天子为了酬谢诸侯，在酒宴中赐《彤弓》，赋《湛露》，这是应该的。但如今我们卫国来到鲁国表示友好，大王学天子赐诸侯的礼节，也命乐工演唱《湛露》和《彤弓》。在这种情况下，我只好沉默不言了。"

"敌忾"这个词就来源宁俞说的话。

投笔从戎

《后汉书·班超传》

原文 （班超）家贫，常为官佣书以供养，久劳苦，尝辍业投笔叹曰："大丈夫无他志略，犹当效傅介子、张骞立功异域，以取封侯。安能久事笔砚间乎？"

释义 戎：军队。扔掉笔去参军。比喻弃文就武，为国立功。后遂以此指文人从军。

班超，是东汉明帝时代著名的军事家和外交家，是著名史学家班彪的小儿子、《汉书》的编撰者班固的弟弟。他从小胸怀大志，虽然不注意修饰外表，不拘细节，但很孝顺长辈，常常在家干粗活、累活。他擅长辩论，并且阅读过各种典籍。

汉明帝永平五年（公元 62 年），班固被召到京城洛阳做官，三十岁的班超与母亲随同前往。由于家境贫寒，他经常替官府抄写文书，以取得一些收入。

时间久了，班超对整天抄抄写写非常厌烦，觉得长期干这种事没有出息。一天，他正在埋头抄书，突然心有所感，把笔一扔，感叹地说：

"大丈夫纵然没有雄才大略，也应当像傅子介、张骞一样，到西域去建功立业，获得封侯的赏赐，怎么能老是这样埋头在笔砚之间抄书呢！"

同他一起抄写的人听他说这话都不以为然，讥笑他是异想天开。班超反感地说：

"你们这些庸碌的小人，怎么能理解壮士的志向呢？"

不久，班超参加了军队。他作战英勇，身先士卒，得到了升迁。

后来，汉明帝又派班超出使西域。在多次出使西域的过程中，他只带着数十个随从，凭着自己的勇敢和智慧，克服了重重困难，为加强汉朝和西域各国在政治、经济、文化等各方面的联系，作出了重要贡献。

推心置腹

《后汉书·光武帝纪上》

原文 降者咸不自安，光武知其意，命各归营勒兵，乃自来轻骑按行部陈，降者更相语曰："萧王推赤心置人腹中，安得不投死乎！"由是皆服，悉降人分配诸将，率队遂数十万，故关西号光武为"铜马帝"。

释义 置：放入。将自己的心放入别人的腹中。比喻真心待人。

汉平帝的大司马王莽篡夺汉朝政权以后，各地爆发了农民起义，其中声势最大的是赤眉军和绿林军。公元 23 年，农民军在昆阳（今河南叶县）与王莽的四十二万大军展开决战，其中有一个叫刘秀的将领十分活跃。在这一战役中，王莽被打得惨败，几乎全军覆没。不久，农民军就攻进了京城，杀死了王莽。皇族刘玄被拥立为更始帝，刘秀因为立了大功，被封为萧王。

刘秀是一个很有城府的人，并不甘心让刘玄做皇帝。刘秀在黄河以北一边与反对刘玄的零散农民军作战，一边扩充自己的势力。公元24年，刘秀在魏州和蒲阳大败赤眉军，收编了投降的部队，封降军的主帅为列侯，其他带兵的军官也都任命了官职。

可是这些投降的官兵很不放心，担心将来被刘秀消灭。刘秀看出他们的心病，便采取了一项出人意料的措施：下令每位降将仍回旧部，统率原来所属的兵马；他自己则只带很少的随从，到各投降部队去巡视，并不对他们加以戒备，以表示自己对他们绝对放心。这些投降的官兵见刘秀把他们当做自己人，立即解除了心中的疑虑，互相议论说："萧王把自己的心都掏出来，放在别人的腹中，我们还有什么可担心的？难道还不该为他赴汤蹈火吗？"于是，官兵对刘秀十分服从。

刘秀这种惯于给人以"推心置腹"感觉的本领，帮助他获得了帝位。他称帝后，没有像汉高祖刘邦那样诛杀功臣，而是赏给他们封地、钱帛与特权，然后劝他们一律回到自己的封地上，去过荣华富贵的生活，不用再过问朝政。他还不时派官员带着异域进贡给他的奇珍异宝，去慰问这些隐退的功臣。这样，刘秀既巩固了皇权，又落得个不杀功臣的美名。

玩物丧志

《尚书·旅獒》

原文 玩人丧德，玩物丧志。

释义 人如果沉湎于所爱的事物就会丧失积极进取的志向。

姬发攻灭商朝后，建立了周朝，历史上称他为周武王。武王把占领的土地分封给有功的大臣和诸侯，并且派出大批使者到各边远地区，去宣扬自己的武功文治，号召远方各国和部族都来臣服。不少远方的国家和部族慑于武王的威名,派使者来到周朝称臣,同时带来了许多贡物。在这些贡物中,有一只被称为獒的狗。这獒身体大,尾巴长,四肢比较短,毛呈黄褐色,凶猛善斗,可做猎犬。

这畜生很有灵性,见到武王就匍伏在地,似乎在行拜礼。武王很高兴,吩咐侍从好好喂养它,并重赏了献獒的使者。接着,武王就乐滋滋地与它逗玩起来。

太保召公姬奭(shì)觉得,作为一个君王,对此要有所节制,于是作了一篇名叫《旅獒》的文章呈给武王。文中写道:沉湎于侮辱和捉弄别人,会丧失自己崇高的德行;沉湎于所喜爱的事物,会丧失自己进取的志向。创业不易,不能让它毁于一旦啊!武王读了这篇文章,想到纣王荒淫无度导致商朝灭亡的教训,觉得召公姬奭的文章有道理,于是下令将贡物分赐给了各功臣和诸侯。

完璧归赵

《史记·廉颇蔺相如列传》

原文 相如曰:"王必无人,臣愿奉璧往使。城入赵而璧留秦;城不入,臣请完璧归赵。"

释义 完:完整无缺。比喻把原物完好地归还给原主。

秦昭王听说赵惠文王得到一块稀世宝玉——和氏璧,便派人送信给赵王,说愿意以十五座城来换这块璧。

赵王怕秦王有诈,不想将璧送去,但又怕秦王借口派兵来犯。再者,可以派到秦国去答复的人,一时也物色不到。

就在这时,有人向赵王推荐了蔺相如。赵王召见了他,听他分析了这件事情,蔺相如认为还是答应秦国的要求为好。赵王很满意他的分析,问他谁可以出使秦国。蔺相如回答说:

"想必大王还未找到可以出使的人。我愿意捧着璧出使秦国,并向大王保证：秦国将城池给赵国，我就把璧留给秦王；如若秦国不将城池给赵国，我就一定将完整无损的璧送归赵国。"

于是，赵王派蔺相如出使秦国。

蔺相如向秦王献上和氏璧后，秦王满心欢喜，只顾给左右大臣和姬妾们传看玉璧而无意交城。蔺相如借口璧上有小斑点要指给秦王看，取回和氏璧，随即愤怒地指责秦王不提交城之事，显然不是诚心交换。如强行逼迫他，他将让玉璧与自己的脑袋一起在柱上撞个粉碎。

秦王怕他真的这样做，马上表示道歉，并当场叫人拿出地图，划出十五座城池。但蔺相如料到他这是做做样子，不会真的交城，因此表示秦王必须斋戒五天，在朝廷上举行最隆重的仪式，方能献璧。秦王被迫同意。

蔺相如估计到，秦王虽然答应斋戒五天再受璧，但肯定不肯给赵十五座城。因此他让一个随从人员换上普通百姓穿的粗布衣服，藏着和氏璧，从小路逃回赵国，从而实现了自己完璧归赵的诺言。

等到秦王发觉受骗，已经来不及了，他虽然很恼火，但认为就是杀了蔺相如，也不能得到这块璧。于是就此作罢，将蔺相如好好送了回去。

亡羊补牢

《战国策·楚策四》

原文 襄王曰："寡人不能用先生之言，今事至如此，为之奈何？"庄辛对曰："臣闻鄙语曰：'见兔而顾犬，未为晚也；亡羊而补牢，未为迟也。'"

释义 亡：丢失；牢：关牲口的圈。羊丢失了，就去修补羊圈。比喻出了差错后，及时纠正、设法补救。

战国时期，楚怀王因为不听屈原的忠告，沦为秦国的囚徒。怀王死后，他的儿子顷襄王即位，仍是一个不成器的国君，丝毫未汲取父亲的惨痛教训，和怀王一样贪图享乐，重用权臣，对如狼似虎盯着楚国的秦王，竟然无动于衷，丧失警惕。大臣庄辛心中十分焦急，有一次终于忍不住了，对襄王大声疾呼道:"大王,您整天和州侯、夏侯、鄢陵君、寿陵君四个小人在一起鬼混,吃喝玩乐,不操心国家的大事。照这样下去的话,只怕楚国的都城究竟能存在多久,也快成问题了!"襄王哪里听得进去,大骂庄辛老糊涂,故意耸人听闻。庄辛说:"既然您不愿听,就让我到赵国去,看我的话会不会变为事实。"

五个月以后,秦国果然出兵入侵楚国,接连占领了许多城池。最后,楚都也沦陷了,襄王流亡到城阳,这才相信了庄辛的话,于是派人到赵国把庄辛请回来,恳切地说:"过去我没有听先生的话,结果落到这步田地,还求您给指条路吧。"庄辛见襄王确有悔过之意,便给他讲了一个故事:

从前有个牧民养了一群羊,忽然一天早晨发现羊少了一只。他围着羊圈转了一圈儿,原来是圈栏上破了个洞,夜间狼钻进羊圈,把羊叼走了。邻居劝他说:"暂且把其他的活儿放一放,先堵上这个窟窿吧。"牧民气呼呼地说:"羊已经丢了,还修羊圈干啥?"第二天早上,羊圈里又少了一只羊,狼又重演了前一天的把戏。牧民这下才后悔未听邻居的劝告,赶快结结实实地修好了羊圈,狼再也不能钻进羊圈吃羊了。牧民感慨万分,逢人就谈"亡羊补牢"的道理。

庄辛讲完故事,对襄王说:"牧人尚且知道亡羊补牢的道理,何况楚国还剩有几千里的国土。只要您肯改过自新,还怕治理不好国家?"

望梅止渴

南朝·宋·刘义庆《世说新语·假谲》

原文 魏武(指曹操)行役,失汲道,军皆渴,乃命曰:"前有大梅林,饶子,甘酸可以解渴。"士卒闻之,口皆出水,乘此得及前源。

释义 比喻某种愿望无法实现,只能用空想来安慰自己或别人。

曹操是个有雄才大略的政治家、军事家,带兵作战时常会急中生智,出奇制胜。

有一年夏天,曹操率兵远途出征,去攻打张绣。这天烈日当空,暑气逼人,照得人心里火辣辣的,喘不过气来。将士们半天滴水未进,行军速度越来越慢。曹操见状命令部队停止前进,派士兵四下找水。可这地方是一片荒野,没有河流,没有池塘,土地焦得裂开了口。

曹操焦急万分,无论如何得想个办法鼓起劲来,让部队走出这个死亡地带。他眉头一皱,忽然有了一个主意,便勒马跃上一个小土丘,高声对士兵们喊道:"有水啦!有水啦!"

将士们一听说有水了,骨碌翻身从地上爬起来,顿时来了精神,东张西望地问:"在哪儿?在哪儿?"

曹操挥动马鞭往前面一指,说:"我看见前面有一大片梅林,这个季节正是梅子成熟的时候,大家走到那里便可以大吃一顿了。"一听说有梅子吃,将士们马上联想到梅子酸溜溜、甜滋滋的味道,嘴里的口水直往外分泌,顿时觉得不那么渴了。部队振作起精神,大步流星往前赶,终于走出了这片沙漠一般的荒野,来到了有水源的地方。

曹操凭着自己的才智,带领部队战胜了行军途中的艰难险阻,顺利到达了目的地。

望洋兴叹

《庄子·秋水》

原文 河伯欣然自喜,以天下之美为尽在己。顺流而东行,至于北海,东面而视,不见水端。于是焉,河伯始旋其面目,望洋向若而叹曰:"野语有之曰,'闻道百,以为莫己若者',我之谓也。"

释义 望洋:抬起头来看的样子;兴:发出。抬头仰望而发出感叹。比喻条件或能力不够,无可奈何。

庄子是先秦时期的人,很有学问,想象力特别丰富。他在《秋水》篇里讲了个河伯的寓言故事。

河伯，也就是传说中掌管黄河的神，他以为自己的力量是天下最了不起的。难道这世界上还有什么东西，能比黄河更汹涌澎湃？更波澜壮阔？更气势宏伟？

河伯兴高采烈地顺着黄河的水流，浩浩荡荡向东奔去，一直奔到了北海边。他放眼向大海望去，不觉吓得舌头直缩：只见水连天，天连水，茫茫一片，碧海滔天，根本就望不到大海的尽头。河伯感到惭愧万分，抬起头来，仰望着大海上空灿烂的太阳，望洋兴叹道："常言说，'一桶水不响，半桶水晃丁当'。我从未见过大海，原以为自己很了不起，如今到了大海身边，才知道大海如此洪波万里，浩瀚无穷。我真是孤陋寡闻呀，差点闹了个大笑话。"

海神听到了，便浮出海面，对河伯鞠了一躬，讲出一番既浅显又深刻的道理来：

"河伯先生，如果您去对井里的青蛙说，大海无风也会掀起三尺大浪，它是不会相信您的，这是因为它常年居住在井中的缘故；如果您去对夏日里啁啾（zhōu jiū）的虫子说，冬天里的水会结成坚硬的冰，它也是不会相信的，这是因为它活不到冬天便死了的缘故；如果去对偏执的人讲那些新鲜的道理，他们也不会相信您的，因为他们已经被教条与成见束缚住了。您走出了河岸，来到了我的面前，才知道我的无穷无尽，可是宇宙中还有比我更无穷无尽的东西哩！"

河伯久久不语，他仿佛一下子懂得了很多很多。

危如累卵

《战国策·秦策四》

原文 当是时，卫危如累卵。

释义 累：堆积；卵：蛋。危险得就像堆积起来的蛋一样。形容情况极其危险。

晋灵公是晋国历史上有名的不成器的君主。他为了自己享乐，下令建造一座九层高台。为此，他征用了无数的民夫，拿出了巨款，还下达了一道杀气腾腾的命令："有谁敢来劝阻我，统统杀掉。"

大臣荀息知道了这件事后，去求见晋灵公。晋灵公料定他是来规劝的，便坐在殿前，拉开了弓，搭上了箭，然后让人叫荀息进来。只要听见荀息说半句规劝的话，就将他一箭射死。

荀息笑嘻嘻地走进来，完全不像要谏劝的样子，他慢条斯理地对灵公说："我来给您表演一套小把戏逗逗乐，我能把十二个棋子，一个一个叠起来，上面再放九个鸡蛋，您信不信？"灵公是个不务正业的家伙，他顿时很感兴趣，连忙让荀息当众表演。

荀息先作了一下深呼吸，然后小心翼翼地垒完了棋子，最后又颤颤悠悠地把鸡蛋搁了上去。旁边观看的人都目不转睛、提心吊胆，气都不敢出一口。晋灵公也情不自禁大叫："好危险！好危险！"

荀息却不慌不忙地说："还有比这更危险的哩！"晋灵公兴奋得直催他："你快表演，快表演嘛！"荀息沉下脸来，严肃地说："您建造的九层高台，比刚才叠起来的鸡蛋还危险。为了建造它，男人耽误了耕种，妇女耽误了纺织，国库差不多用空了，而邻国正虎视眈眈地准备侵略我们呢！您不觉得晋国随时都有可能像那滚下来的鸡蛋一样，跌得粉身碎骨吗？"

晋灵公哑口无言，又不能不承认荀息的话很有道理。这个荒淫无度的君主毕竟不愿丧失自己的王位，只好下令停掉了九层高台的施工。

围魏救赵

《史记·孙子吴起列传》

原文 孙子曰："……今梁赵相攻，轻兵锐卒必竭于外，老弱罢于内。君不若引兵疾走大梁，据其街路，冲其方虚，彼必释赵而自救，是我一举解赵之围而收弊于魏也。"

释义 魏、赵：战国时的两个诸侯国。比喻在战争中避实击虚，迫使敌人撤兵，变被动为主动的战法。

公元前353年，魏国名将庞涓统率大军进攻赵国，大破赵国的军队，包围了赵国的首都邯郸。赵国急忙向齐国求救，齐威王就派田忌为主将，孙膑为军师，出兵援救。

孙膑是春秋时期著名军事家孙武的后裔，年轻时曾和庞涓一起学习兵法。庞涓嫉妒孙膑的军事才能，就捏造罪名，私用刑法砍断了他的两脚。这次齐军救赵，孙膑坐在有篷帐的车子里，暗授机宜，不让魏军知道。

开始，田忌打算直奔邯郸解围，孙膑不赞成，说："排解别人打架，不能自己参加进去打；救兵解围也应该避实击虚，避强击弱。敌人感到形势不利，有后顾之忧，自然就会撤兵解围。如今魏国进攻赵国，精锐部队必定都在战场上，国内一定兵力空虚。我们不如直接打进魏国，袭击它的都城大梁，魏军闻讯后必定拼命赶回国来。这样既可以使邯郸的重围不攻自解，又可使我军以逸待劳，痛击长途跋涉疲惫不堪赶回本土的魏军。"

田忌觉得很有道理，就与孙膑率领大军一直冲到大梁城下，把魏国留守本土的军队杀得七零八落。庞涓获得情报后，又羞又怒，急忙从邯郸撤退回国。当魏军退到桂陵（今山东省菏泽县东北）时，又中了齐军的埋伏，伤亡了许多人马，几乎全军覆灭，庞涓在混乱中突围逃跑了。

在这次战争中，孙膑使用的"围魏救赵"的战术，为后来兵家所研究和运用。

未雨绸缪

《诗经·豳（bīn）风·鸱鸮（chī xiāo）》

原文 迨天之未阴雨，彻彼桑土，绸缪牖（yǒu）户。

释义 绸缪（chóu móu）：本意为缠捆得紧牢，引申为事先准备。天未下雨时，鸟类就取桑树根修补鸟巢。用来形容事先做好准备，以防灾难发生时手忙脚乱。

周武王攻灭商朝后,没有杀掉商纣王的儿子武庚,而继续封他为殷君,让他留在商的旧都,但对他又不放心,所以把自己的三个弟弟管叔、蔡叔和霍叔,分封在商旧都的东面、西面和北面,以便监视武庚和商朝的遗民,称为"三监"。

武王的弟弟周公旦以及太公、召公等,帮助武王灭商立了大功,武王把他们留在京城镐辅政,其中周公旦最受武王宠信。

过了两年,武王患了重病,大臣们都非常忧愁。忠于武王的周公旦特地祭告周朝祖先,表示愿意代替哥哥去死,只望武王病愈。祝罢,命人将祝辞封存在石室里,不准任何人泄密。

说来奇怪,周公旦祝祷后,武王的病情一度有了好转。但是,不久又发病去世。年幼的太子姬诵被拥立为成王,周公旦受武王遗命摄政。

周公旦的摄政,引起了管叔等三个叔叔的妒忌。他们放出话说,周公旦企图夺取成王的王位。这些流言蜚语很快传到成王耳朵里,从而引起了成王的疑虑。周公旦知道后,对太公、召公说:"如果我不讨伐他们,就无法告慰于先王!"

但是,周公旦考虑到一时很难向成王说清楚,又为了解除他对自己的疑虑,就离开镐京,前往东都洛邑。

武庚不甘心商朝的灭亡。他见周氏兄弟之间发生了矛盾,就派人和管叔等"三监"联络,挑拨他们与周公旦的关系。与此同时,他积极准备起兵反叛。

周公旦在洛邑住了两年,其间他调查清楚了武庚暗中与管叔等勾结的情况,便写了一首诗送给成王。这首诗的诗名叫《鸱鸮》,它的前两节是这样的:

"鸱鸮啊鸱鸮!你已抢走了我的儿,不要再毁我的家。我多么辛苦殷勤哟,为哺育儿女已经完全累垮!趁着天还没有下雨,我就忙着把桑根剥下,加紧修补好门窗。因为下面的人呀,有时还会把我欺吓!"

这首诗以母鸟的口吻哀鸣,反映了周公旦对国事的关切和忧虑。诗中的鸱鸮是指武庚,哀鸣的母鸟则是周公旦自己。

不料,年轻的成王并没有看懂这首诗的含义,因此没有理解周公旦的苦衷。后来,他无意之中在石室里发现了周公旦的祝辞,深受感动,立即派人把周公旦请回镐京。这时,成王才知道武庚与三个叔叔相勾结的内情。他即派周公旦出兵讨伐。最后，杀了武庚、管叔和霍叔，蔡叔在流放中死去，周王朝得到了巩固和发展。

为虎作伥

《正宇通·听雨记谈》

原文 相传虎啮人死。死者不敢他适，辄隶事虎，名为伥（chāng）鬼。伥为虎前导，途遇暗机伏陷，则迁道往。人遇虎，衣带自解，皆伥所为。虎见人伥而后食之。

释义 伥：伥鬼（旧时迷信，认为被老虎咬死的人，他的鬼魂又帮助老虎伤人，称为伥鬼）。充当老虎的伥鬼。比喻做恶人的帮凶。

从前，在某一个地方的一个山洞里，住着一只凶猛无比的老虎。有一天，它因为没有食物充饥，觉得非常难过。于是，它走出山洞，到附近的山野里去猎取食物。

山野里各种各样的动物很多，但是，当它们一闻到老虎身上那股特殊的难闻气味时，全都敏感地逃开了。

老虎眼见这些大好的食物都无法到口，心中有说不出的懊恼。正在这时候，它看到山腰的不远处有一个人正蹒跚地走来，便猛扑过去，把那个人咬死，把他的肉吃光。

但是老虎还不满足，它抓住那个人的鬼魂不放，非让他再找一个人供它享用不可，不然，它就不让那人的鬼魂获得自由。

那个被老虎捉住的鬼魂居然同意了。于是，鬼魂就给老虎当向导。当遇到猎人暗设的机关和陷坑时，它就带老虎绕过去；当碰到人时，它就上前把人的衣带解开，以便老虎吃人肉。这个先受虎害，反过来又帮老虎干恶事的人的鬼魂，人们管它叫"伥鬼"。

闻鸡起舞

《晋书·祖逖传》

原文 （祖逖）与司空刘琨俱为司州主簿，情好绸缪，共被同寝。中夜闻荒鸡鸣，刘琨觉曰："此非恶声也。"因起舞。

释义 听到鸡叫就起床舞剑练武。形容有志报国的人奋发振作的精神。

西晋时期，封建朝廷极其腐败，连连内讧。北方匈奴乘机入侵，消灭了晋军主力，攻陷了晋都洛阳，俘虏了晋愍帝带回国去。

匈奴教晋愍帝身穿奴才的服装，宴会时为匈奴贵族端茶倒酒，打猎时命令他充当猎犬，徒步在马队前奔跑，追捕猎物。晋愍帝受尽了匈奴的奚落与侮辱，最后还被匈奴杀掉了。西晋皇帝的命运尚且如此，普通百姓的痛苦就可想而知了。

这时有一位爱国志士名叫祖逖，发誓要为国家报仇雪恨。他与好友刘琨住在一起，每天深夜刚听到鸡鸣，两人就互相唤醒对方，出屋练武。在皎洁的月光下，两位热血青年刀光剑影，比翼对舞，直到皓月西沉、东方发白才收剑回屋。多少年来他们一直坚持"闻鸡起舞"，无论酷暑严冬，无论刮风下雨，从不间断。就这样，他们练就了高强武艺，磨砺了坚定意志。

公元317年，司马睿在建康（今南京市）建立了东晋政权，称晋元帝。东晋朝廷满足于在江南占有一席之地，不思积极收复失陷的国土。祖逖十分焦虑，专程从沦陷区赶到建康求见司马睿，要求领兵北伐，收复中原。

司马睿不好拒绝祖逖的要求，就任命祖逖为豫州刺史，只拨给他一点点粮食与布匹，要他自己招兵买马，建立军队。

豫州的地盘在北方，恰恰是敌人的占领区，祖逖毅然带领部属乘舟渡江去上任。在江中心，祖逖用船桨猛击江水，发誓要收复中原。他的豪壮气概激励了跟随他的人。

渡江后，祖逖赶造兵器，招募兵士。他的队伍纪律严明，作战勇敢，很快就收复了黄河以南的大片失地。

刎颈之交

《史记·廉颇蔺相如列传》

原文 卒相与欢，为刎颈之交。
释义 比喻即使杀头也不变心的朋友。表示友谊深厚，可以同生共死。

战国时，赵国宦者令（宫中太监的首领）缪贤的门客蔺相如，受赵王派遣，带着稀世珍宝和氏璧出使秦国。他凭着智慧与勇气，完璧归赵，得到赵王的赏识，封为上大夫。

后来，秦王又提出与赵王在渑池相会，想逼迫赵王屈服。蔺相如和廉颇将军力劝赵王出席，并设巧计。廉颇以勇猛善战给秦王以兵力上的压力，蔺相如凭三寸不烂之舌和对赵王的一片忠心使赵王免受屈辱，并安全回到赵国。赵王为了表彰蔺相如，就封他为上卿，比廉颇将军的官位还高。

这下廉颇可不乐意了，他认为自己英勇善战，为赵国拼杀于前线，是赵国的第一大功臣，而蔺相如只凭一张嘴，居然官居自己之上，很是不服气，就决心要好好羞辱他一番。

蔺相如听到这个消息，便处处回避与廉颇见面。到了上朝的日子，就称病不出。

有一次，蔺相如有事出门，遇到廉颇。廉颇就命令手下用各种办法堵住蔺相如的路，最后蔺相如只好下令回府。廉颇就更得意了，到处宣扬这件事。

蔺相如的门客们听说了，纷纷提出要回家，蔺相如问为什么，他们说：

"我们为您做事，是为了敬仰您是个正直崇高的君子，可现在您居然对狂妄的廉颇忍气吞声，我们可受不了！"

蔺相如听了，哈哈一笑，问道：

"你们说是秦王厉害还是廉颇将军厉害？我连秦王都不怕，又怎会怕廉颇呢？秦国现在不敢来侵犯，只是慑于我和廉将军一文一武保护着赵国。作为赵王的左膀右臂，我又怎能因私人的小恩怨而不顾国家的江山社稷呢？"

廉颇听说后，非常惭愧，便袒胸露背背着荆条向蔺相如请罪。从此，他们便成了同生死共患难的好朋友，齐心为国效力。

卧薪尝胆

《史记·越王勾践世家》；苏轼《拟孙权答曹操书》

原文　《史记》：吴既赦越，越王勾践反国，乃苦身焦思，置胆于坐，坐卧即仰瞻，饮食亦尝胆也。《拟孙权答曹操书》：仆受遗以来，卧薪尝胆。（注：《史记》只记载"尝胆"其事，并无"卧薪"之说，"卧薪"一语，始见北宋苏轼《拟孙权答曹操书》。）

释义　卧：睡；薪：柴草。比喻刻苦自励，发愤图强。

春秋末年，吴越两国交战，吴军大胜，乘势攻破了越国的都城会稽。越王勾践夫妇以自身作抵押，向吴王夫差求和。吴王夫差为了实现霸业，显示自己宽宏大量，决定不杀勾践，带回吴国作马夫。夫差每次坐车出去，勾践总是给他牵马，吴国的老百姓跟在后面指着勾践说："瞧呀，咱们大王的新马夫！"勾践羞辱万分，装作没听见。

就这么过了三年，勾践住在石屋里，整天干着喂马、扫马粪的脏活，百般小心地伺候夫差，尽力装得非常驯顺，脸上从不流露怨色。

夫差见勾践如此忠诚，倒觉得过意不去了，对勾践说："你待我不错，我放你回国吧。"

勾践被释放回国后，发誓要报仇雪恨。他唯恐宫廷里舒适的生活会磨掉自己的志气，下令把软绵绵的褥子揭去，换成硬柴草，睡在上面。他还在餐桌上方挂了一只苦胆，每到吃饭时，总要先尝尝苦胆的滋味。经过十年苦熬，越国的实力越来越强盛，渐渐超过了吴国。

在勾践卧薪尝胆、发愤图强之际，吴王夫差却穷兵黩武，纵情声色。公元前482年,他不听大臣的忠告,派兵攻打齐国,国内怨声载道。勾践乘机发兵攻打吴国,攻进了吴都姑苏。夫差急忙派人求和。勾践估计自己的兵力一时还不能彻底消灭吴国,就答应了议和的条件。几年后,勾践再次率军进攻吴国,以横扫千军之势,长驱直入,歼灭了吴国的军队。夫差被逼得走投无路,叹息道:"我还有什么脸见先人呢?"说罢就自杀了。

物以类聚

《周易·系辞上》

原文 方以类聚,物以群分。

释义 类:同类;聚:聚集。比喻同一类的事物常常聚集在一起。多比喻坏人臭味相投,勾结在一起。

《战国策·齐策》里有这样的故事:

战国时,齐国有个很聪明的人,名叫淳于髡(kūn)。他身材比较矮小,为人滑稽,但屡次出使诸侯国,从未受过屈辱。齐威王死后,他的儿子齐宣王继位。宣王为招纳贤士,让淳于髡推举人才。淳于髡在一天之内,就向宣王推举了七位贤能之士。宣王感到惊讶,向淳于髡招招手说:"你过来,我有话对你说。我听说人才是很难得的,方圆千里之内能选出一位贤士,那就好像贤士多得肩并肩站着一样了;百年之中出现一位圣人,那就好像圣人多得一个跟着一个来了。现在,你一天之内就推荐了七位贤士,这样看来,有才能的人不是太多了吗?"

淳于髡回答说:"不能这么说。要知道,同类的鸟儿总是在一起聚居,同类的野兽总是在一起行走。到水泽洼地里去寻找柴胡、桔梗这类药材,永远也找不到一点;而到睾黍山、梁父山的背面去寻找,就可以成车地装载回来。这是因为,凡是同类事物总是相聚在一起。我淳于髡也可以算是贤士吧,您到我这儿来寻找贤士,就好比到河里去汲水、用火石去打火那样容易。我还可以给您再推荐一些贤士呢,何止这七个!"

下笔成章

《三国志·魏志·陈思王植传》

原文 太祖尝视其文,谓植曰:"汝倩(请别人代自己做事)人邪?"植跪曰:"言出为论,下笔成章,顾当面试,奈何倩人?"

释义 提笔就能把文章写成。形容文思敏捷写文章很快。

曹植是曹操的第三个儿子,自幼聪明好学,十岁多的时候,就熟读诗、辞、赋、论数十万言,写起文章来又快又好,语言清新流畅,知道的人无不惊讶他的文思敏捷。

曹操本人就是一个杰出的文学家,他对曹植的才华十分惊喜。有一次,他故意问曹植:"你的文章我看过了,写得不错,是不是找别人帮你写的呀?"曹植赶忙给父亲跪下,禀告说:"父亲大人,儿能出口成论,下笔成章,干吗要请别人帮忙?父亲如不信,就请当面试我一试。"

不久,曹操在邺下建造的铜雀台竣工了。曹操有心要试试几个儿子的文采,就叫他们都登台游览一番,然后要每人以铜雀台为题,当场写一篇辞赋给他看。曹植拿起笔就写,思如行云,辞如流霞,一会儿工夫就交给了曹操。曹操读罢赞赏不已,更加宠爱曹植,一度很想立他做太子,继承自己的事业。

曹植虽然很有文学才华,但性情孤傲,不修边幅,喜欢饮酒,不如哥哥曹丕稳重、成熟、有城府。曹操通过长期观察,最后认定曹植在政治上不如曹丕精明能干,决定由曹丕做继承人。后来曹丕做了魏文帝。

曹丕即位后,曹植备受曹丕的猜忌和排挤,在提心吊胆和郁郁寡欢中活到四十一岁,郁郁而终。他留下的《白马篇》、《送应氏》、《赠白马王彪》、《洛神赋》等作品,都是当时和后世广为流传的名篇。

先发制人

《史记·项羽本纪》

原文 先则制人,后则为人所制。

释义 发:开始行动;制:制服。原指打仗时抢先发动进攻的一方处于主动地位,便于制服对方。原来泛指抢先行动,争取主动以制服对方。

秦朝末年,爆发了陈胜、吴广农民大起义。起义风暴横扫全国,秦王朝的统治摇摇欲坠。一些贵族宗室和地方官吏,也趁机起兵反秦。

会稽郡守殷通也想反戈一击,但觉得单靠自己势单力薄,便把在吴中一带颇有威望的社会名流项梁请去商量。

殷通说:"现在长江中游两岸都造反了,这是老天爷要灭掉秦朝,时机不可错过。我听说,先动手可以制服对方,后动手就要被对方制服。我想趁早宣布起义,请你和桓楚两人带兵,意下如何?"

殷通没想到,项梁的野心比他更大。项梁觉得殷通无能,成不了气候,哪里肯当他的下属!但是他掩饰住内心的意图,不动声色地说:"很好。但是桓楚逃亡在外地,只有我的侄儿项羽知道他的下落,让我带他来一起商量。"殷通当即高兴地同意了。

不一会,项梁把项羽带来了。进屋后,项梁向项羽使个眼色,武艺超群的项羽立刻拔出佩剑,杀了殷通。叔侄俩取出殷通的官印,喝令殷通官府里的部众投降。有不服从命令的,当即被项羽连斩数十人。其余的人见项羽勇猛难当,便全部归顺。

项梁宣布自己继任会稽郡守,收编了郡下属县的兵丁,招募了大批江东子弟。他组织起一支八千多人的军队,宣读了反秦声明,渡江西进,去打天下了。

殷通想"先发制人",不料却落了个人头落地、命丧黄泉的下场。

相敬如宾

《左传·僖公三十三年》

原文 臼季使过冀,见冀缺耨(nòu)(古时锄草的农具),其妻馌之(给在地里耕作的人送饭)。敬,相待如宾。

释义 相:互相;宾:客人。形容夫妻之间互相敬重,就像对待宾客一样。

春秋时代,晋国大夫胥臣(又名"臼季")奉命出使,路过冀地(今山西河津东北),遇见一人正在田间锄草,他妻子把午饭送到田头,恭恭敬敬双手捧献给丈夫,丈夫庄重地接住,祝祷后进食,妇人侍立一旁等他吃完,收拾餐具辞别丈夫而去。胥臣十分赞赏,认为夫妻之间尚能如此互相尊敬,如同对待宾客一样,何况对待别人。他深信此人必是有德之士,上前请教姓名,才知原来是前朝旧臣郤芮的儿子郤缺。郤芮原先因功封在冀地,被人称作冀芮,后犯谋逆罪被杀,他的儿子郤缺也被废为平民,以耕种为生,但人们仍习惯称他为冀缺。

胥臣完成使命回国,这时晋国两位贤臣狐偃、狐毛相继去世,晋文公好似失去了左右手,闷闷不乐。胥臣便向文公推荐郤缺,担保他才德兼备,如能起用,一定不比狐毛、狐偃差。文公却认为,罪臣的儿子不能重用。胥臣进言道:

"古代尧、舜是贤君,可是尧的儿子丹朱、舜的儿子商君都是不肖。大禹的父亲鲧治水九年不成,被舜处死,可是禹却把洪水治平,舜便传位给禹,使他成为一代圣君。可见贤与不肖并不父子相传,主公何必计旧恶而抛弃有用之才呢?"

晋文公被说服了,拜胥臣为下军元帅,任命郤缺做他的助手,为下军大夫。不久文公去世,襄公继位,晋国在国丧期间遭外族侵犯,郤缺迎战有勇有谋,立下退敌头功。晋襄公嘉奖郤缺,升任他为卿大夫,重新把冀地封赏给他。

萧规曹随

汉·扬雄《解嘲》

原文 夫萧规曹随,留侯画策,陈平出奇,功若泰山,响若坻隤。

释义 萧:萧何;规:政策法规;曹:曹参。曹参遵循萧何制定的法规,没有更改。比喻照着前人已定的规则做事。

萧何跟随刘邦起义反秦,忠心耿耿地为刘邦筹集粮草、招募士兵、搜集敌方情报、消灭异己,为建立汉朝江山做出了巨大的贡献,所以建立汉朝后被刘邦任命为相国。

汉惠帝三年(公元前192年),萧何得病去世,由曹参担任相国之职。曹参上任以后,完全按照萧何当相国时制定的政策和法规办事,一点儿也没修改。

汉惠帝见曹参安于现状,没有一点贡献,觉得他是个无所作为的人,所以心里很不高兴。

有一天,汉惠帝私下里对曹参的儿子说道:

"你回家以后,假装很随便的样子问你父亲:'大行皇帝刚刚去世,现在皇上又十分年轻,父亲大人身居相位,却毫无建树,这样怎么能够为天下做出贡献呢?'但是你不要告诉他这是我说的。"

曹参的儿子也在朝廷里做官,官职是中大夫。听了汉惠帝的话,曹参的儿子赶快说道:"我一定照皇上说的做!"

当天晚上,曹参的儿子就按照汉惠帝教给他的话去问他父亲,结果却被曹参打了二百板子。曹参还一边打一边骂:

"给我滚回去好好侍候皇上,这种天下大事也是你所能议论的!"

第二天上早朝的时候,汉惠帝责备曹参说道:

"你为什么要打你的儿子?那是我教他问你的。"

曹参赶快脱帽谢罪,然后问汉惠帝道:

"陛下您觉得自己和大行皇帝相比,谁更英武?"

汉惠帝回答道:

"我哪里敢和父皇相提并论!"

曹参又问:

"那么陛下觉得臣和萧何相比,谁更能干?"

汉惠帝说道:

"你好像比不上萧何。"

曹参说道:

"陛下说得很对。大行皇帝和萧何当初平定天下,把一切法令制度都规划好了,现在我们只要照着办就行了。"

汉惠帝听了以后,才恍然大悟说道:

"对!对!对!我明白了。"

小心翼翼

《诗·大雅·大明》

原文 维此文王,小心翼翼

释义 翼翼:恭敬慎重的样子。形容举动十分谨慎,一点不敢疏忽。

宋朝时有个很有学问的人,名叫贾黄中。他五岁起跟父亲读书。由于父母的严格要求,贾黄中十五岁就考中进士,当了校书郎。

贾黄中为官清廉正直。他在任宣州太守时,有一年闹灾荒,百姓饿死不少。贾黄中就用自家的米做饭,救活了几千人。他在金陵任职的时候,发现府库内藏有几十匣金银宝贝,价值连城,马上清理上报朝廷。宋太宗十分高兴,夸奖他说,若不是他廉洁奉公,这些前朝的宝贝一定会丢失;还召见贾黄中的母亲,赞扬她教子有功,可以比作孟子的母亲。

但是,贾黄中办事过分认真、慎重,遇到大事往往不能当机立断。后来他被派往外地任职,在向太宗辞行时,太宗告诫他说:"做事恭谦,小心谨慎，不论是做君的还是做臣的都应该这样，但是太过分了，就失去了大臣的身份。"

贾黄中死时，家中很穷，皇帝特地赐钱三十万，又给他老母亲白银三百两，以表彰他为官廉洁无私，他母亲教子有方。

笑里藏刀

《旧唐书·李义府传》

原文 义府貌状温恭，与人语必嬉怡微笑，而褊忌阴贼。……故时人言其笑中有刀。

释义 形容人表面上和善，内心狠毒。

唐朝有个名叫李义府的人，出身寒族，但潜心读书，关心时政。唐太宗时，他在科举考试中因对策（对答皇帝有关政治、经义方面的策问）良好而被朝廷录用，当了一个小官。

唐高宗继位后，擅长奉承拍马的李义府升了官。过了几年，高宗想把武则天立为皇后，李义府百般支持，博得了高宗的欢心，很快升任右丞相，成为掌握朝政大权的高级官员。

李义府表面上待人和蔼谦恭，脸上总是带着微笑，但心底里却褊狭阴险，冒犯过他或不顺从他的人，都会遭到他的迫害。为此，大家在背后给他一个外号："笑中刀"。

有一次，李义府听说大理寺（最高司法机构）的监狱里关着一个犯死罪的女囚，长得非常美，便想霸占她。他目无国法指使狱吏毕正义私下放了她，然后把她弄到手。事情被发觉后，主管大理寺的官员向高宗奏告，毕正义畏罪自杀。李义府以为死无对证，不把这件事放在心上。侍御史（掌管监察官员工作的官职）王义方了解内情后，向高宗奏告此案的主谋是李义府，要求朝廷对他严加惩处。但是，高宗加以偏袒，不仅不拿住李义府问罪，反而将王义方贬到外地去做小官。事后，李义府还恬不知耻，皮笑肉不笑地讽刺了王义方。

在这之后，李义府枉法的胆子越来越大。一天，他在宫中看到一份任职名单，便默记在心。回家后，就指使儿子找名单上的一个人，向他透露了这件事，并乘机索取了一大笔钱。这件事不久被揭发出来，高宗终于认清了这个一贯奉承拍马、笑里藏刀的家伙的真面目，将他父子流放到巂州（今四川境内）去。后来天下大赦，也不准他返回京都。

心旷神怡

宋·范仲淹《岳阳楼记》

原文 登斯楼也，则有心旷神怡，宠辱皆忘，把酒临风，其喜洋洋者矣。
释义 旷：开阔；怡：愉快。指心胸开阔，精神愉快。

岳阳楼在现在湖南省的岳阳市，也就是原旧县城的西门城楼。该楼高三层，向下可看到波光粼粼的洞庭湖。此楼初建于唐朝初年，到北宋滕子京又加以重修。

滕子京和范仲淹是好朋友，他们两人都在公元1015年考取进士。公元1044年（宋仁宗庆历四年）滕子京担任了岳州（今湖南岳阳）知州，次年就重修岳阳楼，并请好友范仲淹为他写篇文章，来记叙这件事。范仲淹就欣然接受了好友的请求，写成了《岳阳楼记》这篇传诵千古的文章。文中写到了在不同的时令、气候条件下登上岳阳楼所看到的景色和不同的感受。

"至若春和景明……登斯楼也，则有心旷神怡，宠辱皆忘，把酒临风，其喜洋洋者矣。"写的就是在春风和煦、阳光明媚的时候登上岳阳楼所看到的景色。这时，就会觉得心胸开阔，心情开朗，精神十分愉快；这时，所有的一切荣辱得失都会忘记得一干二净；这时，再端起酒杯，在阳光的沐浴下，清风的吹拂下，举杯畅饮，这乐趣，真是无穷无尽啊！

信口雌黄

《文选》刘孝标注引晋·孙盛《晋阳春秋》

原文 王衍,字灵甫,能言,于意有不安者,辄更易之,时号"口中雌黄"。

释义 信口:随口乱说;雌黄:即鸡冠石,黄赤色,可作颜料。古人写字用黄纸,写错了就用雌黄涂上后重写,借指乱写乱改。比喻不顾事实,随口胡说。

魏晋时期,上层社会清谈之风大盛,西晋大臣王衍就是一个出名的清谈家。此人少年时就伶牙俐嘴,他在文学名家山涛府上作客,以清秀的仪表、文雅的谈吐,赢得四座赞赏。山涛却感叹道:

"日后耽误天下的,未必不是此人啊!"

王衍成年后,爱好老子、庄子的学说,善于用老、庄的道家思想解释儒家经义,讲授玄理。讲授的时候,他总是身穿宽袍大袖的衣服,手执玉柄麈尾(用鹿的尾毛制成的拂尘),轻声慢语,满嘴都是玄妙空虚的怪话,每逢义理讲得不恰当时,便随口更改,毫不在乎。人们因此称他是"口中雌黄"。

王衍做事也惯于随便更改。他先把女儿嫁给太子为妃,后来太子遭陷害,他怕受牵累,赶快上表请求离婚;太子冤案昭雪,他因丧失气节被判禁锢终身。西晋皇族争权斗争愈演愈烈,酿成历史上著名的"八王之乱",王衍却在乱中被两位得势王爷看中,官拜尚书令。但他颠三倒四的习性不改,身居要职却不以天下为念,只顾扩张自己的权势。西晋王朝败亡,王衍推卸责任,随口说自己"一向不干预朝政,罪不在我",结果还是难逃一死。他被敌军俘去监禁在民舍内,半夜敌将下令推倒屋墙,把他活埋在瓦砾堆中。

胸有成竹

宋·苏轼《文与可画筼筜(yún dāng)谷偃竹记》

原文 故画竹,必先得成竹于胸中,执笔熟视,乃见其所欲画者,急起从之,振笔直遂,以追其所见,如兔起鹘(hú,一种凶猛的鸟)落,少纵则逝矣。

释义 成竹:现成的、完整的竹子。画竹子前脑子里早已有了完整的竹子形象。比喻做事已有成熟的计划和打算。

北宋时期有一位著名画家叫文与可,他的画有花鸟、山水和人物,但是以墨竹最为有名。他画的墨竹,深墨为叶面,淡墨为叶背,潇洒清秀,意趣横生,逗人喜爱,受到了同时代画家的推崇。连大文学家苏轼都说:"我的墨竹画,是学习文与可的。"

文与可的艺术创作态度极其认真。为了画好竹子,他特意在自己的窗前种了许多青竹,每天都仔细观察竹子的枝叶形态和生长情况,了解竹子在不同季节和不同天气里的形态变化。经过长期种竹实践和观察、揣摩,他不仅对竹子的特征了如指掌,而且在脑海中形成、积累了各种各样竹子的轮廓。正因如此,他在动笔作画之前,早已有数不尽的栩栩如生的竹子形象烂熟于胸,达到了呼之欲出的地步。当他悬腕于画卷之上,挥笔作画时,便能挥洒自如、出神入化地画出挺立于枯木怪石之间、形神皆备、风采各异的竹子形象。

文与可的一位艺术同行晁补之曾对他的墨竹艺术作过这样的评价:"与可画竹时,成竹已在胸。"意思是说,文与可的竹子之所以画得炉火纯青,是因为完美的竹子形象,早就在他心里构思好了,所以才有了百分之百成功的把握。

后世画竹者学习文与可的很多,这一派就被称为"湖州竹派"。宋代保存下来的珍贵名画《墨竹图》,相传就是文与可的作品。

休戚相关

《国语·周语下》

原文 晋国有忧，未尝不戚，有庆，未尝不怡……为晋休戚，不背本也。

释义 休：喜悦，吉利；戚：忧愁，悲哀。彼此之间福祸、喜忧都共同承受。现形容彼此关系密切，利害一致。

春秋时期，晋国的晋悼公周子，又叫姬周，年轻的时候曾因受到族人晋厉公的排挤，不能留在国内，而客居到周地洛阳，在周朝世卿单襄公手下做事。周王的大夫单襄公很器重他，把他请到自己家里，就像对待贵宾一样地招待他。

周子虽然年纪轻轻，却表现得十分老成持重。他站立的时候稳稳当当，毫无轻浮的举动；看书的时候全神贯注，目不斜视；听人讲话的时候恭恭敬敬，很有礼貌；自己说话时总是忘不了忠孝仁义；待人接物时总是十分友善、和睦。他自己虽然身在周地，可是听说自己的祖国晋国有什么灾难时就忧心忡忡，听说晋国有什么喜庆的事情时就非常高兴。所有这些表现，单襄公都看在眼里，喜在心里，认为他将来一定大有前途，很有希望回到晋国去做个好国君。因此，单襄公对周子更加关心、爱护。

后来，单襄公身患重病，卧床不起，知道自己离死期不会远了，于是就把儿子单顷公叫到床前，嘱咐他说：

"我看周子是个很有出息的年轻人，他身在异国他乡却不忘自己的国家，常为祖国的命运担忧，他很可能会回到晋国去接替国君的位置。现在晋国的国君又不怎么好，道德品质很差，我看他倒是一个非常合适的继承者。我死后，你可要好好地照顾他呀！"

单顷公按照父亲的嘱咐，在他父亲死后就很好地照顾着周子，使周子感到十分满意。

不久，晋国国内果然发生了内乱，原来一直害怕失去权力而排挤王室公子的晋厉公被杀死了。于是。晋国大夫就派人到洛阳来，把周子接了回去，让他做了晋国的国君。

削足适履

汉·刘安《淮南子·说林训》

原文 夫所以养而害所养，譬犹削足而适履，杀头而便冠。

释义 适：适应，适合；履：鞋子。把脚削小，使它适合鞋子的尺寸。比喻勉强迁就，不知变通。也指生搬硬套。

春秋时代，楚灵王灭掉蔡国后，派他的弟弟弃疾去管理蔡国的地方，封为蔡公。楚灵王又继续率兵去攻打东方的解国。弃疾不讲情面，心狠手辣，突然回国杀害了楚灵王的两个儿子。因为弃疾还有两个哥哥，所以他不敢马上继承王位，就拥立他哥哥的儿子子午做国君。以后，当楚灵王得知这个消息，就气得上吊身死。后来，弃疾知道灵王已死，又用朝吴的奸计，硬逼子午自杀，自己做国君，历史上称为楚平王。

与此同时，晋国也发生了类似的事件。昏庸的国君晋献公很宠爱美妾骊姬，把她立为夫人，并打算立骊姬的儿子奚齐为太子。骊姬表面上装得很一本正经，背后却使坏主意陷害原来的太子申生。一天，骊姬设计要太子申生去祭奠已死去的亲娘，事后又使人在祭肉中放上毒药，正当晋献公准备吃点祭肉时，骊姬又设法阻止，随即当着晋献公的面将祭肉扔给狗吃，狗吃了不一会儿就死了。于是骊姬便号啕大哭，说太子申生是故意要害死献公，并挑拨献公与另外二位世子重耳、夷吾的关系。晋献公听得此话，信以为真，便赐申生自尽；接着又挥兵去捉拿重耳、夷吾。后来重耳、夷吾都逃出了晋国。重耳最终返国做了国君，他就是春秋五霸之一的晋文公。

《淮南子·说林训》在评述这两件因为听信谗言，以致造成弟弟逼死哥哥、父亲杀死儿子的事件时说："这种骨肉相残的事，如同把脚削去一块以适应鞋子尺寸，把脑袋削去一块以适应帽子大小一样愚蠢。"

雪中送炭

宋·范成大《大雪送炭与芥隐》

原文 不是雪中须送炭，聊装风景要诗来。

释义 下雪天给人送炭。比喻在别人极端困难和危急时刻，给以帮助。

范成大，字致能，吴郡（今江苏苏州）人，曾任参知政事。他是南宋时期的著名诗人，一生写了许多诗歌，晚年退居故乡石湖，自称石湖居士。他留下一本《石湖居士诗集》，其中有一首诗，题目是《大雪送炭与芥隐》。这首诗中有这样两句：

不是雪中须送炭，聊装风景要诗来。

《宋史·太宗纪》记载，有一年天降大雪，天气非常寒冷。宋太宗在皇宫中忽然想起了穷人的可怜，就派官员拿着粮食和木炭，送给那些穷人和孤苦伶仃的老人，让他们有米做饭吃，有木炭生火取暖。

栩栩如生

《庄子·齐物论》

原文 昔者庄周梦为蝴蝶，栩栩然蝴蝶也。自喻适志与！不知周也。

释义 栩栩：生动活泼的样子。比喻形象生动逼真，就像活的一样。

战国时代的哲学家庄周，人们尊称他为庄子。他常在自己的哲学著作《庄子》中讲寓言故事，借以说明自己的哲学观点，读来很容易懂也容易信服。

庄子讲过一个名叫"庄生梦蝶"的寓言，说的是这样一个故事：

一天夜里,庄子梦见自己变成了一只蝴蝶。这是一只欣然自得、轻快舒畅的蝴蝶,觉得很称心如意,这时,他已经完全忘记了自己是庄周。

过了一会儿,庄周从梦境中醒了过来,惊喜不已。他不知道究竟是庄周梦见自己变成了蝴蝶,还是蝴蝶梦见自己变成了庄周。

庄周为什么讲这个寓言呢?原来他要借此说明,天下万事万物的差别都是相对的,说到底都是一样的。这种观点在哲学上叫"相对论"。

言过其实

《三国志·蜀志·马良传》

原文 弟谡字幼常,才器过人,好论军计,诸葛亮深加器异。先主临薨谓(诸葛)亮曰:"马谡言过其实,不可大用。"

释义 语言浮夸,超过了实际。形容好说大话,与真实情况不符。

马谡是三国时的将领。他与哥哥马良,都在刘备手下做官。马谡爱好谈论军事,丞相诸葛亮很看重他。但是,刘备总觉得马谡好高谈阔论,说话不踏实。刘备临死前,曾经对诸葛亮说:"马谡这个人言语浮夸,超过他的实际能力,不可重用。丞相要留意才是!"

公元227年,诸葛亮向刘禅上了一篇奏章,即著名的《出师表》。次年春,他率军伐魏。由于他忘记了刘备的忠告,派马谡去驻守战略要地街亭,致使街亭失守,伐魏失败。

事后,诸葛亮向后主刘禅上表,要求免去自己丞相职务,降级三等,以右将军行丞相事,以处罚自己用人不当,造成败绩的重大过失。这时他才想起,刘备临终时嘱咐自己的话:马谡此人言语浮夸,超过他的实际能力,不可重用,要留意才是。由于自己没有照此办理,结果铸成了大错。

掩耳盗铃

《吕氏春秋·自知》

原文 范氏之亡也，百姓有得钟者，欲负而走，则钟大不可负。以椎（chuí）毁之，钟况然有音。恐人闻之而夺己也，遽（jù）掩其耳。

释义 掩：遮掩；盗：偷。捂住耳朵偷铃铛。比喻自欺欺人的行为。

春秋时期，有个贪心而又愚蠢的人，自己不愿劳动，却整天窥视着别人的财物，见什么爱什么，总要想办法弄到手才心安。

有一天，他听说晋国的智伯灭掉了范氏，范氏逃出了晋国，便急忙赶到范氏家去，想趁乱捞点油水。谁知范氏家所有值钱的东西都被洗劫一空，他好不懊恼，真后悔不该白跑这一趟。

突然，他发现院中柴堆里露出一片亮光，便走过去，扒开横七竖八的木柴，一看，原来是一口大钟。他仔细审视了一番，断定这大钟是用上等的青铜做成的，不禁喜出望外，眼睛笑得眯成了一条缝儿。他迫不及待地去背钟，可是那钟又大又高，沉甸甸的，不要说背了，连移动一下都不可能。眼看快到手的东西不能占为己有，他急得团团转。

就在这时，他在院墙角看见了一把大铁锤，心中顿时有了主意，他高兴地自语道："真是天助我呀！"他忙不迭地抡起铁锤，狠狠地朝大钟砸下去，想把大钟砸成若干个碎块，然后再用麻袋装回去。可是，大钟发出的巨响把他吓了一大跳，并且，那"嗡嗡嗡"的余音久久地在院子上空回荡，把他的耳朵都要震聋了。他很害怕别人听见了钟声会跑来抢他的钟，就赶快用双手紧紧捂住自己的耳朵，于是，他听不见钟声了。他以为自己听不见，别人也一定听不见，就放心大胆地砸起钟来。每砸一下，他都要用双手捂住耳朵，待钟声响过后，才松开手再砸。结果，他当然被人捉住了。

偃旗息鼓

《三国志·蜀书·赵云传》裴松之注引《赵云别传》

原文 公（曹操）军追至围，此时沔阳长张翼在云围内，翼欲闭门拒守。而云入营，更大开门，偃旗息鼓，公军疑云有伏兵，引去。云雷鼓震天，惟以戎弩于后射公军，公军惊骇，自相躁践，堕汉水中死者甚多。

释义 偃：仆倒；息：停止。放倒军旗，停止击鼓。指秘密行动，不暴露目标。也指停止战斗。现比喻休战或无声无息停止行动。

三国时期，魏、蜀两国争夺汉中，刘备和诸葛亮率兵攻打曹操。曹操因定军山一仗失败惨重，便决定屯集粮草，与蜀军决一死战。他率四十万大军到了汉水，又命令部将张郃把米仓山的粮草运往汉水北山寨屯集。在张郃到来前，曹操按兵不动。

刘备和诸葛亮分析了这一形势，诸葛亮说："现在曹操粮草未齐，是不敢轻易进兵的。不如乘机派一支兵马深入曹营，烧掉他们现有的粮草，挫伤他们的锐气。"刘备点头称是，就派老将黄忠和大将赵云一同领兵前往。

黄忠争打头阵，赵云拗不过，便说："那我就在后面接应你吧。明天中午，如果你胜利归来，我就按兵不动；否则，我就带兵去支援。"次日凌晨，黄忠领兵偷偷渡过汉水，来到北山脚下，正要放火烧粮草，魏将张郃赶到。两军杀得昏天黑地。

赵云见黄忠在约定好的时间内没有回来，知道他遇上了麻烦，急忙带领几十名轻骑兵赶去察看。没想到半路正好碰上曹操率大军出击，双方交了一阵火，赵云终因寡不敌众，冲出包围圈，退回营地。

赵云回到营寨后，部将张翼主张关紧营门，以便死守。赵云却命令大开营门，他说："当年大战长坂坡，我单枪匹马，不怕曹操百万大军；现在有兵有将，还怕他什么！"说完，下令偃旗息鼓，独自骑马提枪挺立在营门口，准备迎敌。

天快黑时，曹军赶到。曹操见赵云单枪匹马立于营门，毫无惧色，又发现他身后的营地悄无声息，疑有大批伏兵，立即调头后撤。赵云乘势而出，把枪一挥，埋伏的兵马一齐冲杀出来，一时战鼓齐鸣，喊声震天，雨点似的利箭飞向曹军。赵云紧追不舍。由于天色已晚，曹军弄不清赵云到底有多少兵马，不禁惊恐万状，纷纷逃命，死伤者不计其数。随后，赵云、黄忠合兵追杀残敌，吓得张郃弃寨而逃，曹操也丢下北山的粮草，仓皇南去。赵云攻下了曹军营寨，黄忠夺下了北山粮草，两人打了一个大胜仗。刘备夸赞道："赵子龙一身是胆！"

养虎遗患

《史记·项羽本纪》

原文 此所谓养虎自遗患也。

释义 患：灾祸，祸害。养着老虎，留下祸患。原指放纵敌人，给自己留下祸害。后多用来比喻明知错误而不加制止。

秦末，刘邦和项羽都率兵攻打秦国，刘邦先攻占了秦的都城咸阳。项羽不服，准备进攻刘邦。刘邦因为当时自己的兵力尚薄，而项羽势力很大，不敢应战，只得退到汉中一带。后来刘邦势力逐渐强大，而项羽却一天天孤立，刘邦就派人去劝说项羽，愿意在荥阳附近以鸿沟为界，订立和约。项羽明白自己很难再打败刘邦，只得接受刘邦的建议。两人分割土地，鸿沟以西的地方给刘邦，以东的地方给项羽，以后各不侵犯。

谈判成功后，项羽带兵往东去了，刘邦也感到很满足，打算撤兵回到西边去。这时张良和陈平等人却对刘邦说："现在你已占有天下三分之二的土地，诸侯又归附你。项羽的军队已经很疲劳，如果不趁这个时候消灭他，真是'养虎自遗患'呀！"刘邦听从了他们的计谋，最后消灭了项羽，建立了汉朝。

叶公好龙

汉·刘向《新序·杂事》

原文 叶公子高好龙,钩以写龙,凿以写龙,屋室雕文以写龙。于是,天龙闻而下之,窥头于牖(yǒu),施尾于堂。叶公见之,弃而还走,失其魂魄,五色无主。是叶公非好龙也,好夫似龙而非龙者也。

释义 叶:春秋时代楚国的邑名(今河南叶县),子高封于叶,故称叶公;好:爱好。比喻表面上爱好某种事物,其实却反对甚至害怕这种事物。

春秋时代,楚国叶地有个县尹叫沈诸梁,字子高,因自称"叶公",所以大家都叫他"叶公子高"。

叶公嗜龙成癖在当地是出了名的,可以说是无人不晓、无人不知。他家中的梁、柱、门、窗、桌、椅、床、柜上都雕着龙,墙上画着龙,帷帐、坐垫、衾枕上绣着龙,甚至连杯、盘、碗、筷等日用器皿上也文着龙样,简直是一个龙的世界。

一传十、十传百,叶公爱龙的美名终于传到了天上。天上的真龙听说人间有这么一位叶公竟对自己如此喜爱,如此痴迷,真是感动得无法形容。它决定下凡登门拜访,亲自去向叶公表达真挚的谢意。

真龙降临叶公家的时候,叶公正在午睡。他刚好做了一个梦,梦见自己骑在一条巨龙背上向天空飞去,身边云雾缭绕……忽然,他被一阵"轰隆隆"的雷声惊醒,猛地从床上爬起,朝窗外看去。好家伙!窗外乌云压顶,电闪雷鸣,大雨倾盆,可怕极了。他赶忙去关窗户,却不料真龙正巧探进头来,只见它双角耸立,两眼圆睁,好不威风!叶公吓了个半死,拔腿就逃,跌跌爬爬逃进堂屋,又被真龙巨大的尾巴绊了个跟头。他"啊——"地大叫一声,便软瘫在地上失去了知觉,那模样就如同死了一般。

真龙莫名其妙地看着不省人事的叶公,闷闷不乐地飞回天上去了。它兴致勃勃而来,扫兴沮丧而归,到最后也没弄明白自己究竟闯了什么祸。

左邻右舍听说了这件事,都异口同声道:"原来叶公喜爱的是那似龙非龙的假龙,而不是真龙呀!"

夜郎自大

《史记·西南夷列传》

原文 滇王与汉使者言曰:"汉孰与我大?"及夜郎侯亦然。以道不通故,各自一州王,不知汉广大。

释义 夜郎:汉代西南地区的一个小国,在今贵州省境内。比喻人无知而妄自尊大。

汉朝的时候,我国西南地区约有十几个小国。其中一个叫滇国,一个叫夜郎。

有一次,汉朝朝廷派唐蒙作为使臣,出使西南。唐蒙先到了滇国,滇国的国王问他:"你从哪里来呀?"唐蒙答道:"我从汉朝的首都长安来。"国王又问:"汉朝是一个国家吗?它有多大的地盘?与我们的国家相比,谁大一些呀?"唐蒙听了他的话,心中很纳闷:这样一个跟州郡差不多大小的国家,怎么能跟汉朝相比呢?

接着,唐蒙又来到了夜郎国。夜郎人口稀少,土地贫瘠,出产的东西也极少。至于面积,就更小得可怜,跟汉朝一个普通的县相似。唐蒙在没有去见国王之前,先来到茶馆里,向人打听国王是怎样的一个人,没想到还真听到了这位国王鲜为人知的身世。

夜郎国的国王出生后就被装进一个大竹筒里,抛到了河里。这时碰巧有位姑娘在河边洗衣,见水上漂来一个大竹筒,里面隐隐传出婴儿的哭声,就赶紧捞起来,带回家去。竹筒里的男孩长大后,生得很强壮勇敢、气概不凡,后来居然自立为王,建立了这么一个夜郎国。

唐蒙听了这段故事,心中暗暗称奇。他来到王宫,要求拜见国王。得到允许后,他便走进去,躬身行礼,道:"大汉使臣唐蒙拜见国王陛下。"国王傲慢地扫了唐蒙一眼,哼了一声,慢条斯理地说:"大汉?你的国家有多大,居然能称'大汉'？"唐蒙说："陛下，我们大汉朝是中原之主，泱泱大国呀！"国王哈哈大笑起来："泱泱大国！你那个泱泱大国还能比我们夜郎国更大吗？"旁边的夜郎国大臣们也跟着哄笑起来，把唐蒙都笑懵了。

滇国的国王就够自不量力了，谁料小小夜郎国的国王竟有过之而无不及，唐蒙真是又好气又好笑。面对这些从未跨出过山区走出过国门的君臣，他还能讲些什么呢？也许，只有四个字可以概括：夜郎自大。

夜以继日

《孟子·离娄》

原文 周公思兼三王，以施四事，其有不合者，仰而思之，夜以继日，幸而得之，坐以待旦。

释义 白天未干完的事，晚上接着干。一般用来表示不分白天黑夜，连续做某事。

周武王姬发攻灭殷商后，建立了西周王朝。但是，他没有继续完成周族的大业就去世了。他的儿子姬诵继承了王位，就是周成王。成王继位时只有十三岁，由他的叔父周公姬旦辅佐朝政。

周公旦是西周初杰出的政治家。他在哥哥姬发领导的攻伐殷商的事业中，起了很大的作用。担起辅佐朝政的重任后，他忠于职守，为巩固周王朝的统治呕心沥血。不论是在吃饭或是在做私人的其他事情，只要一有公事，他就立即停下来干公事。

立国之初，政局还不很稳定。有些贵族猜忌他，在成王面前造谣，说他有篡位的野心；还有的兄弟和纣王的儿子武庚勾结起来，发动武装叛乱。此外，东方的夷族也乘机作乱。但周公坚韧不拔，遵照武王的遗志办事。他消除了成王的误解，击败了武庚的叛乱和夷族的反抗，制定了礼法和刑律，继续分封诸侯，并建筑洛邑（今河南洛阳），设立了东都成周。

由于为国操劳过度，周公在东都建立后不久就去世了。临死前，他还谆谆告诫大臣们，一定要帮助天子管好中原的事；自己死后要葬在成周，以表示虽死不忘王命。

战国时的孟子认为，周公是统治者中的理想人物，十分推崇他为国操劳不辞辛苦的精神。为此他说了一段赞扬他的话：

"周公想兼学夏、商、周三代开国君主的贤德，来把周朝治理好。如果有不适合于当时情况的，他就抬起头来想。白天想不好，夜里继续想。等想出了好的办法，便坐着等待天明，马上去施行。"

一鼓作气

《左传·庄公十年》

原文 既克，公问其故。对曰："夫战，勇气也。一鼓作气，再而衰，三而竭。彼竭我盈，故克之。夫大国难测也，惧有伏焉。吾视其辙乱，望其旗靡，故逐之。"

释义 鼓：打鼓，擂鼓；一鼓：第一次击鼓；作：振作；气：勇气，士气。原指作战擂第一次鼓时，士气最振作最旺盛。后比喻趁着劲头足的时候，一下子把事情完成。也比喻鼓足干劲，振奋精神，勇往直前。

公元前684年，齐桓公派大军去攻打鲁国。当时，齐国十分强大，常常欺负弱小的鲁国，鲁国人个个都感到很愤怒。鲁庄公也觉得忍无可忍，就决定亲自率兵抗击，与齐军决一死战。

有个叫曹刿的鲁国人听到消息，就请求去见鲁庄公，要为鲁庄公出谋划策。他的乡亲们劝他说："国家大事有那些每天吃肉的大官们操心，你何必去插手过问呢？"曹刿说："那些当大官的人都目光短浅，不会有什么好主意。"

鲁庄公正为自己没有个得力的谋士而发愁，听说曹刿求见，忙把他请了进去。两人交谈了很久，曹刿了解到鲁庄公很关心百姓，很得民心，就很高兴地说："凭这一点就可以和齐国人打一仗。"

曹刿要求鲁庄公作战时带上自己，鲁庄公也已了解到曹刿是个具有远见卓识的人，就很高兴地答应了，并让曹刿和自己同乘一辆车。

齐、鲁两军在长勺（今山东莱芜东北）相遇。齐军仗着人多，一开始就擂鼓攻击。鲁庄公正要命令军队擂鼓反击，曹刿说："别忙，还不到时机。"齐军第二次擂动战鼓发动进攻时，曹刿仍然劝鲁庄公按兵不动。鲁军将士见齐军张牙舞爪的样子，都有些忍耐不住了，个个摩拳擦掌，士气十分高昂。

齐军见鲁军这边一直没有动静，以为鲁军胆怯，就第三次擂响战鼓，发动攻击。曹刿这时才对鲁庄公说："现在可以下令反攻了！"

于是鲁军也擂响了战鼓，士兵们早已鼓了一肚子气，个个像猛虎下山一样，奋勇地扑向敌人。齐军没有料到这一着，结果被攻得措手不及，最终抵挡不住鲁军的攻击，纷纷败退。

鲁庄公一见齐军败退，就要下令追击。曹刿又拦住他说："别着急！让我观察一下。"说完，他跳下车，仔细地看了看地上齐军留下的车辙印子，又上车爬到车杆上，望了望敌人的队形，说："主公可以下令追击了！"

于是鲁庄公下令追击，鲁军将士个个奋勇争先，把齐军打得落花流水。

得胜后，鲁庄公问曹刿："敌人进攻我们，为什么前两次我们要按兵不动，而要等到他们发动第三次进攻时，你才让我下令反击呢？"

曹刿说："打仗全凭士气，齐军擂第一次鼓的时候，他们的士气正旺；到第二次擂鼓，士气就减了一半；到第三次擂鼓时，他们的士气已经衰落了。而这时我们才擂头遍战鼓，将士们士气高涨，当然就会打赢他们。"

鲁庄公又问齐军败退时为什么不能立即追击，曹刿说："齐国是大国，兵力强大，我怕他们会有埋伏，我观察到他们的车辙纷乱，队形不整，才知道他们是真的败退，可以放心追击了。"

一箭双雕

《北史·长孙晟（shèng）传》

原文 尝有二雕飞而争肉，因以箭两支与晟，请射取之。晟驰往，遇雕相攫（争着抓取），遂一发双贯焉。

释义 雕：即鹫，一种凶猛的大鸟。一支箭射中了两支鸟。比喻做一件事情同时得到两方面的好处或达到两个目的，一举两得。

南北朝时代，北周有一员武将叫做长孙晟。他聪明好学、精通兵法、武艺高强，尤其擅长于射箭。

北周宣帝在位时，西北的少数民族突厥的可汗（突厥族的首领名称）摄图，到北周求婚。宣帝答应把千金公主嫁给他，就派遣长孙晟率领一队人马，护送公主到突厥去。可汗很敬重长孙晟，留他在突厥住了一年，还常常同他一起外出打猎。久而久之，长孙晟就远近闻名了。突厥人把长孙晟飞快驰马的姿势美誉为"闪电"，把他勇猛刚烈发箭的声响夸张为"霹雳"。

有一次，长孙晟照例同可汗外出打猎，突然间发现空中有两只大雕，正一边飞翔一边争夺着一块肉。可汗有心让长孙晟显显本领给他的随从们看，就从箭袋中抽出两支箭，笑着递给长孙晟，说："请将军把这两只大雕都射下来吧。"长孙晟接过两支箭，一催马，朝前方急驰而去。这时，两只大雕正厮打得难解难分。长孙晟搭上箭，拉开弓，趁它们紧紧纠缠在一起的片刻，"嗖"地射出一箭，一下子就把两只大雕都穿透了。

顿时，所有在场的人都欢呼起来，连连称赞道："将军一箭双雕，真不愧是神箭手啊！佩服，佩服！"可汗更是高兴，当即命令自己的子弟和部下拜长孙晟为老师，恭恭敬敬向他学习射箭的技艺。

一鸣惊人

《史记·滑稽列传》

原文 齐威王之时喜隐，好为淫乐长夜之饮……淳于髡说之以隐曰："国中有大鸟，止王之庭，三年不蜚不鸣，王知此鸟何也？"王曰："此鸟不飞则已，一飞冲天；不鸣则已，一鸣惊人。"

释义 鸣：鸟叫。一声鸣叫，就让人震惊。比喻平时没有特殊的表现，一干就有惊人的成绩。

战国时代的齐威王，继承王位时还不足三十岁，正是贪玩的年龄。他春风得意，全不把国家的安危和百姓的祸福放在心上，整天只知道在宫中吃喝玩乐，沉溺于酒色之中。这样一连三年，搞得朝政混乱，人心涣散，边境上也频频传来警报。有的诸侯国看见齐国日趋衰落，便乘机进攻齐国，侵占了不少土地。群臣百官私下里议论纷纷，都担心如此下去国家将要灭亡，可是谁也没有胆量进宫直谏。

有个叫淳于髡的大臣很善于言辞。他进宫叩见齐威王，说："臣听说国中有一只大鸟，三年来不飞也不叫，您说，这到底是只什么鸟啊？"齐威王知道淳于髡是在讽喻他治国无功，就笑了笑说："这可不是一只平凡的鸟呀，它不飞则已，一飞冲天；不鸣则已，一鸣惊人！"

从此以后，齐威王开始振作起来，他带着群臣走出王宫，到各地视察。他先来到即墨，看见田里的庄稼长势很好，百姓生活也安康，就对即墨大夫说："我在宫中天天听见手下人说你的坏话，现在却亲眼看见你的政绩，看来，你是一个正派人。"说罢，当场封给他一万户。

接着，齐威王又巡察了阿地，看见农田荒芜，百姓愁苦，非常生气，立即召来阿地大夫，训斥道："在宫里天天有人帮你说好话，我今天才知你的真相！"当即令人将阿地大夫押回京城判罪。威王又召集全国七十二个县的长官，加以考核，视优劣给予奖惩。最后，把阿地大夫和那些帮他说好话的人都扔进油锅烹杀了。

同时，齐威王又整顿了兵马，严加训练，并亲自率领军队打败了魏国的入侵军队。自此，齐国朝政清明，局势稳定，百姓安居乐业，各国君主无不惊叹道："齐威王真是'不鸣则已，一鸣惊人'啊！"

一诺千金

《史记·季布栾布列传》

原文 得黄金百斤，不如得季布一诺。

释义 诺：许诺，诺言。一个许诺价值千金。比喻说话算数，有信用。

秦末楚人季布，一向很仗义，肯助人，讲信用，在家乡楚地享有极好的声誉。他曾在项羽军中当过将领，并多次把刘邦统率的汉军打得狼狈不堪。所以，项羽被逼自杀，刘邦建立汉朝做了皇帝后，便下令悬赏捉拿季布。但由于季布威信很高，竟无人贪财告发。倒是有一位姓周的帮季布化了装，偷偷护送到鲁地，卖给朱家当雇工。姓朱的明白来人是刘邦通缉的季布，就想办法保护他，还嘱咐儿子好好款待。接着，他又专程赴洛阳，找到已被刘邦封为"汝阴侯"的好友夏侯婴。

姓朱的对夏侯婴说："季布过去是项羽的部下，能不听从项羽的命令吗？今天皇帝因为自己的一点私仇，就要杀季布，太不能容人啦！季布是有名的贤人，如果追捕得太厉害，只能把他逼到敌国去，那岂不是重演了伍子胥的故事了吗？"

姓朱的一席话，打动了夏侯婴。经夏侯婴的劝解，刘邦终于赦免了季布，并且让他做了官。

这时候，有个名叫曹丘（复姓）生的楚人，来结交季布了。此人能说会道，专门靠结交权贵抬高自己的身价，乘机再捞点好处。季布很讨厌这种人，不愿理他。可是曹丘生死缠住季布不放，侃侃而谈道："我是同乡，同乡之谊比什么都珍贵呀。您知道我们楚地有一句民谚吗？说是'得黄金百斤，不如得季布一诺'，您守信用的美德传扬得多么广远，这都是我为您做宣传的结果啊！我将您的盛名传扬天下，这份情义还不重吗？然而我听说，您还不乐意见我……"

季布架不住这番恭维，顿时改变了态度，忙说："哪里，哪里，我可是一直在等候着您的呀……"他把曹丘生当上宾招待了几个月，临别时还送了他一份厚礼。从此，曹丘生也更卖力地替季布做宣传，使季布"一诺千金"的名声越来越大。

一钱不值

《史记·魏其武安侯列传》

原文 生平毁程不识不值一钱，今日长者为寿，乃效女儿呫嗫耳语！

释义 没有一文钱的价值。比喻毫无价值。含有鄙弃的意味。

汉武帝时,有一位丞相叫田蚡。他结婚的那一天,奉皇太后命令前去贺喜的列侯宗室很多。宾客中被邀请的有一位叫灌夫的,是个硬汉子,鄙视地位比他高的大官们;对那些地位微贱而有才能的人,则非常敬重。他性情刚直,讲究义气,说出的话,一定做到。

这天酒宴上,灌夫多喝了几杯,便端着酒杯走到田蚡的面前,向田蚡敬酒,田蚡却以不能喝酒为名拒绝了灌夫的请求。灌夫见丞相不肯痛快地喝酒,心里有些不高兴。他勉强笑着说:"你虽然是个达官贵人,但也应该赏个脸吧!"

灌夫讨了个没趣,满肚子窝火,又走到临汝侯的面前要和他干杯。偏逢临汝侯这时正趴在程不识耳朵旁说话,没有理会他的要求。灌夫见状,气上加气,再也忍不住了,顿时脸色大变,骂临汝侯道:"你平常说程不识'不值一钱',今天长者在这里敬酒,你竟学妇人的样子咬耳根子!"

一窍不通

《古今杂剧·元·张国宝·罗李郎大闹相国寺》

原文 阿,这老爹一窍也不通。

释义 一点儿也不开窍。比喻不明事理,糊涂愚蠢的人。也比喻对某种技艺、学问一无所知。

殷纣王,是商朝的末代帝王,是一个被老百姓所怨恨的暴君。他整日胡作非为,不尽心朝政,沉湎于酒色,轻信宠妃妲己的谗言,过着荒淫无耻的生活。

纣王有一个臣子叫比干,是一位忠心的良臣。他看到纣王如此昏庸,心中十分着急,多次苦口婆心劝谏纣王改邪归正,为民多做好事。

有一次,纣王听信了妲己的话,下令杀害了无辜的梅伯,并要把梅伯剁成肉酱。比干知道此事后,又急忙劝谏纣王,希望他不要听信妲己的谗言,错杀无辜,并说这样下去是要亡国的。

比干一连几天极力劝谏纣王,引起了纣王的极大不满。纣王愤怒地嚷道:"我早就听说圣人的心有七窍,我要把他杀了,取出心,解剖开来看个究竟!"

纣王果真杀了比干,并挖出了他的心。

孔子说起这件事,感叹道:"纣王心窍不通,如果通了一窍,那么比干就不会被杀害了!"

一日千里

《史记·刺客列传》

原文 田光坐定,左右无人,太子避席而请曰:"燕秦不两立,愿先生留意也。"田光曰:"臣闻骐骥盛装之时,一日而驰千里;到其衰老,驽马先之。"

释义 一天奔走一千里。原形容马跑得快。现形容进步快或发展迅速。

战国时期,燕国太子丹在赵国作人质时,与同在赵国、尚未做秦王的嬴政相处很好。

后来,嬴政回国做了秦王,太子丹在秦国做人质,嬴政不但没有顾念旧情加以特别照顾,反而处处冷待他、刁难他。太子丹见此状况,便找了个机会,逃回了燕国。

回国后,太子丹一直耿耿于怀,想报复嬴政。但由于国家小,力量薄弱,难以实现自己复仇的愿望。

不久,秦国出兵攻打齐、楚、韩、魏、赵等国家,渐渐逼近了燕国。燕国国君害怕极了,太子丹也忧愁万状,就向他的老师鞠武求教能够阻挡秦国侵吞的好办法。鞠武说:

"我有一个好朋友,名叫田光,他很机智,有谋略,你可跟他商讨一个办法。"

太子丹请来了田光,非常恭敬地招待了他,并说:

"希望先生能替我们想个办法，能抵挡秦国的侵吞。"

田光听了，一言不发，拉着太子丹的手走到门外，指着拴在大树旁的马说：

"这是一匹良种马，在壮年时，一天可以跑千里以上，等到它衰老时，劣马都可以跑在它的前面。您说这是为什么呢？"

太子丹说：

"那是因为它精力不行了。"

"对呀！现在您所听说的关于我的情况，都是我壮年时的事，您不知道我已年老了，精力不行了。"

田光停了停又接着说：

"当然，虽然有关国家的大事我已无能为力，但我愿向您推荐一个人，我的好朋友荆轲，他能够承担这个重任。"

后来，太子丹结交了荆轲，派他去行刺秦王，但最后行刺以失败告终。

一网打尽

宋·魏泰《东轩笔录》

原文 刘见宰相曰："聊为相公一网打尽。"

释义 比喻全部肃清。多用在对歹徒的缉捕行动上。

北宋时，进奏院主官苏舜钦是当时著名的诗人，他少年时就胸怀大志，是被当时政治革新派首领范仲淹推荐提拔起来的。

他豪爽激进，屡次上书宋仁宗皇帝，议论时政得失，批评当时的宰相吕夷简，引起吕的强烈不满，致使吕夷简想伺机陷害苏舜钦及其改革派。

有一年秋天，恰逢赛神会。以往，各官署衙门都要在此时拿出多余的东西变卖成钱，然后大家用这些钱尽兴地吃喝玩乐。

苏舜钦为了在赛神会这天让大家玩乐得更痛快些，照例把进奏院里拆下的旧公文封套纸卖了，而且自己也拿出了一万钱来资助，作为玩乐的花费。

其他接受聚宴邀请的人，也分别拿出钱来凑份子。

正当大家吃喝得高兴的时候，苏舜钦又叫了一些歌女来陪酒助兴。

当时，有个名叫李定的太子中舍官也想参加聚会，却未被邀请。李定怀恨在心，便在京城里到处散布说苏舜钦和一批官员铺张浪费，寻欢作乐。

御史刘元喻素与苏舜钦不和，知道了这件事后连忙上奏章给仁宗皇帝。宰相吕夷简一见有机可乘，也跟着在皇帝面前推波助澜。

皇帝听了大怒，把苏舜钦卖掉拆下来的旧公文套一事定为"监守自盗"罪，免去了苏舜钦的官职。

那天参加宴会的其他人，有的免职，有的降职，有的被调到边远地方去任职，致使革新派受到沉重的打击。

刘元喻见此情况，便得意洋洋地向宰相吕夷简表功说："我总算替您把苏舜钦一伙一网打尽了。"

一字千金

《史记·吕不韦列传》

原文 吕不韦乃使其客人人著所闻，集论以为八览、六论、十二纪、二十余万言。……号曰《吕氏春秋》。布咸阳市门，悬千金其上，延诸侯游士宾客有能增损一字者予千金。

释义 一个字值千金。形容文辞精妙，价值极高。也形容书法作品十分珍贵。

秦孝文王有一个儿子叫异人，曾经在赵国当人质。阳翟的大商人吕不韦想了不少办法，花了不少金钱，不但把异人救回了秦国，而且使他当了太子。孝文王死后，异人即位成为庄襄王，吕不韦就做起了相国，并被封为文信侯。异人之子嬴政即位之后，吕不韦就更神气了，权势大得吓人，朝廷内外的人都称他为"仲父"。

那时候，"战国七雄"中，魏有信陵君，楚有春申君，赵有平原君，齐有孟尝君,都是有权有势的贵族。家里都养着几千有学问的门客,名声很大。吕不韦认为像秦国这样的强国,在这方面却不如魏、楚、赵、齐等国,是不光彩的。他便也学他们的样子,广泛招纳学者名士,给他们很高的待遇,留养起来,一时也达三千人之多。这么多门客中,各个阶层、各种经历的人都有。吕不韦就教他们发挥各人特长写作,然后将他们的作品编辑成一部巨著,分"八览"、"六论"、"十二纪",共二十六卷,一百六十篇。内容包括天地万物、上下古今,可谓是洋洋大观、应有尽有。吕不韦非常得意,把这部著作定名为《吕氏春秋》,并且下令把书挂在首都咸阳的城门上,同时宣布:"凡能指出错误、删去一字或添加一字者,赏与千金。"旁边就放着现金,表示决不食言。

颐指气使

《旧五代史·梁书·李振传》

原文 (李)振皆颐指气使,旁若无人。

释义 颐:腮、颊;颐指:用下巴的动作示意来指挥;气:神气;气使:用神情气色来指使。不说话而用面部表情来示意、指使别人。形容有权势的人傲慢的神情。

唐朝末年,朱温杀了宰相崔胤和他的亲信人员,只有裴枢、柳璨等人当宰相。接着,又叫裴枢强迫昭宗、百官和长安百姓迁往洛阳。昭宗到了洛阳,左右侍从人员都被杀死。但朱温还不放心,时常派李振到洛阳去窥察昭宗和一些大臣的动静。李振仗着朱温的权势,趾高气扬,目空一切,旁若无人。平时他都用动动下巴和盛气凌人的态度来指使别人;每次到洛阳,总要把自己看不顺眼的人骂斥掉几个。为此,人们在背后称他是"鸱枭"。

不久,朱温派人杀死了昭宗,另立李柷为帝,史称唐哀帝。宰相柳璨开出一张名单,说这批人爱成朋结党,制造是非,都该杀死。李振对朝官本来就很痛恨,因为他们多是进士及第的,因此他也对朱温说,唐朝所以破败,都是这些人违法乱纪的缘故。大王要办大事，这些人是不好对付的，不如一起杀掉为好。结果，三十多名出身高门和科第的朝官，都被扣上浮薄的罪名，全部杀死后投尸于河。公元907年，朱温废唐哀帝，自行称帝，将国号改为"大梁"，史称"后梁"，朱温则为梁太祖。李振因功当上了户部尚书，这样，便更加趾高气扬了。

以貌取人

《史记·仲尼弟子列传》

原文 孔子闻之，曰："吾以言取人，失之宰予；以貌取人，失之子羽。"

释义 以：根据，凭；貌：外貌；取：衡量。根据外表来判断一个人品行、能力的优劣，并决定取舍。

春秋时，大教育家孔子有很多学生，其中有一个叫子羽，一个叫宰予，子羽长得很丑，宰予长得很英俊。孔子对他俩的态度截然不同。

子羽因为长得很难看，所以孔子第一次见到他时对他的印象就很不好。孔子心中想：

"这个人长得像个丑八怪，一定没有什么才气。"

因此，他对子羽的态度十分冷淡，后来子羽只好退学，回去自己钻研学问。

而宰予因为长得仪表堂堂，很有风度，加上他口才好，能说会道，因此孔子很喜欢他，认为这个学生将来一定很有出息。

然而，事情的发展却出乎孔子的意料，子羽是一个热爱学问和喜欢独立思考的人。他在离开孔子后，更加发奋努力学习钻研，成为一个很著名的学者，很多青年因此而慕名到他门下求学，他的名声也在诸侯之间传开了。

相反，宰予却非常懒惰。尽管孔子非常认真地教，可是他的学习成绩极差，孔子曾再三地劝导他，但他都不听，有时甚至天已大亮了，他还在床上睡懒觉，气得孔子把他比作没有用的朽木。

后来，宰予靠着他的口才，在齐国做官，可是没多久，就因为和别人一起作乱，被齐王处死了。

孔子听到宰予的死讯，很感慨地说：

"从子羽身上使我知道，不能以外貌来衡量一个人；而宰予的事也告诉我，不能凭一个人所说的话来衡量他。"

义无反顾

《史记·司马相如列传》

原文 义不反顾，计不旋踵，人怀怒心，如报私仇。

释义 反顾：回头看。形容为正义的事业而勇往直前。

司马相如是位才子，会击剑抚琴，但最擅长的是写诗作赋。因此汉武帝很赏识他，让他在自己身边做官。这时正赶上唐蒙在修治西南蜀道。由于他征集民工过多，又杀了他们的首领，引起了巴蜀人民的惊恐和不安，发生了骚乱。汉武帝知道了这件事情，便让司马相如去责备唐蒙，并且让他写一篇文告，向巴蜀人民作一番解释。

司马相如在文告中说："调集民夫、士兵修筑道路是应该的，但是惊扰了长老、子弟并不是陛下的意思。有人不晓得国家的法令制度，惊恐逃亡或自相残杀是不对的。士兵作战的时候，应该迎着刀刃和箭镞而上，绝不容许回头看，宁可战死也不能转过脚跟逃跑。你们应该从长计议，急国家之难，尽人臣之道……"

司马相如将这件事完成得很好，修路的工程又顺利地进行了。汉武帝非常高兴，又拜司马相如为中郎将。

因势利导

《史记·孙子吴起列传》

原文 孙膑劝田忌曰:"彼三晋(韩、赵、魏)之兵,素悍勇而轻齐,齐号为怯,善战者,因其势而利导之。"

释义 因:根据,顺着;势:趋势。顺着事物发展趋势,加以引导、推动。

战国时候,庞涓是魏国的大将,因接连打了几个胜仗,很得魏惠王的赏识。

但是庞涓心中明白,他的同学、齐国人孙膑的本领比他强。孙膑是孙武的后代,只有他掌握了祖传的十三篇兵法。

庞涓设计将孙膑骗到魏国,又在魏惠王面前诬陷孙膑与齐国私通,导致孙膑受罚,被剜去了膝盖骨,从此再不能站立行走。幸亏齐国一个到魏国访问的使臣,偷偷将孙膑救回齐国。在大将田忌的推荐下,孙膑当上了军师。

公元前341年,魏惠王派庞涓攻打韩国,韩国向齐国求援。田忌与孙膑奉命援韩,但是孙膑不直接去救韩,而是去打魏国。庞涓接到告急文书,连忙退兵回国,可此时齐国的兵马已经进入魏国了,正在以逸待劳哩!

田忌向孙膑请教如何迎击魏军。孙膑说:"魏军一向轻视齐军,我们就利用它的弱点,顺应情势,采取有利于自己的办法消灭它。第一天,我们留下十万军士做饭的炉灶,第二天减少一半,第三天只保留三万军士做饭的炉灶,让魏军误以为我们的力量一天比一天削弱,放松警惕,然后我们再攻击它。"田忌非常赞同军师的谋略,照计而行。

庞涓果然上当了,他领着魏军得意扬扬地追击齐军,一直追到马陵。此时天已擦黑,而马陵地势险要,两旁尽是陡壁,中间只有一条小路,魏军只能摸黑前行。忽然,前边有兵士来报告:"山道都被木头堵住了。"庞涓一看,路边的树确实都被砍了,只留下一棵最大的立在那儿,树干上隐约有一行大字。庞涓叫兵士拿来火把，"庞涓死于此树之下"八个大字赫然入目。庞涓大吃一惊，连忙命令后撤，但已晚了。早就埋伏在两侧山沟里的齐军万箭齐发，魏兵顿时大乱，死伤无数。庞涓自知已走投无路，长叹一声，拔剑自刎了。

从此，孙膑"因势利导"的名声传遍各诸侯国，他写的兵法一直流传至今。

饮鸩止渴

《后汉书·霍谞（xū）传》

原文 岂有触冒死祸，以解细微？譬犹疗饥于附子，止渴于鸩毒，未入肠胃，已绝咽喉，岂可为哉！

释义 鸩（zhèn）：传说中的毒鸟，用它的羽毛泡的酒能毒死人。用鸩酒来解渴。比喻只图解决眼前的困难，采取有害的办法而不顾严重的后果。

东汉时，担任过廷尉的霍谞，从小勤奋好学，少年时代就读了大量儒家经书，在当地出了名。

霍谞有个舅舅名叫宋光，在郡里当官。由于他秉公执法，得罪了一些权贵，被他们诬告篡改诏书，从而押到京都洛阳，关进监狱。

宋光下狱后，霍谞的心情一直不平静，当时霍谞虽然只有十五岁，但各方面都已经比较成熟。他从小常和宋光在一起，对舅舅的为人非常清楚，知道舅舅不可能干这种弄虚作假的事。他日思夜想怎样为舅舅申冤，最后决定给大将军梁商写一封信，为舅舅辩白。信中有这样一段话：

"宋光作为州郡的长官，一向奉公守法，以便得到朝廷的任用，怎么会冒触犯死罪的险去篡改诏书呢？这正好比为了充饥而去吃附子，为了解渴而去饮鸩酒。如果这样的话，还没有进入肠胃，到了咽喉处就已经断气了。他怎么可能这样做呢？"梁商读了这封信，觉得很有道理，对霍谞的才学和胆识也很赏识，便请求顺帝宽恕宋光。不久，宋光被免罪释放，霍谞的名声也很快传遍了洛阳。

有备无患

《尚书·说命》

原文 惟事事乃其有备，有备无患。
释义 凡事有准备，就可以避免灾患。

春秋时，晋悼公当了国君以后，想重振晋国的威名，像他的先祖晋文公一样，称霸诸侯。

当时，晋国的北方有戎、狄等部落，他们经常骚扰晋国的边境。于是，晋悼公采用大夫魏绛的建议，主动和戎、狄等部落和好，使北部边境安定了下来；接着又派出使者和中原鲁、燕、陈、宋等各诸侯交好，并多次召集各国诸侯一起会盟，大大提高了晋国的威望。晋悼公实现了自己的愿望，成了中原诸侯的盟主。

这时，郑国是一个小国，它一会儿和晋结盟，一会儿又归顺楚国。晋悼公很生气，公元前562年，他集合了宋、鲁、卫、齐等十一国的部队出兵伐郑。郑简公兵败投降，给晋国送去大批礼物，计有兵车一百辆，乐师数名，一批名贵名器和十六个能歌善舞的女子。

晋悼公很高兴，他把这些礼物的一半赏赐给魏绛，说：

"魏卿，是你劝我跟戎、狄和好，又安定了中原各国。八年来，我们九次召集各国诸侯会盟，现在我们和各国的关系，就像一曲动听的乐曲一样和谐。郑国送来这么多礼物，让我和你同享吧！"

魏绛说："能和狄、戎和好相处，这是我们国家的福气；大王做了中原诸侯的盟主，这是凭您的才能，我出的力是微不足道的。不过，我希望大王在安享快乐的时候，能够多考虑一些国家的未来。《尚书》里说：'在安定的时候，要想到未来可能会发生的危险。想到了，就会有所准备；有所准备，就不会发生祸患。'我愿意用这些话来提醒大王！"

晋悼公听了很感动，说："我一定接受你的劝告。但奖赏有功之臣，这也是应该的。你也一定要接受这些赏赐。"魏绛推辞不了,只好接受了晋悼公的赏赐。

愚公移山

《列子·汤问》

原文 太形(即太行)、王屋二山,方七百里、高万仞。北山愚公者,年且九十,面山而居。……聚室而谋曰:"吾与汝毕力平险,指通豫南,达于汉阴,可乎?"杂然相许。

释义 比喻不怕困难坚持到底的精神和有志者事竟成。

传说古时候有两座大山落在冀州以南、河阳以北。一座叫太行山,一座叫王屋山,方圆七百里。山北下住着一位叫愚公的老人,快九十岁了。他每次到南面去很不方便,要绕一个大圈子才能到达。

一天,他把全家人召集起来,说:

"我准备与你们一起,用毕生的精力来搬掉太行山和王屋山,修一条通向南方的大道。你们说好吗!"

大家都表示赞成,但愚公的老伴提出了一个问题:

"你们大家的力量加起来,还不能搬移一座小山,又怎能把太行、王屋两座大山搬掉呢?再说,把那些挖出来的泥土和石块放到哪里去呢?"

讨论下来大家认为,可以把挖出来的泥土和石块扔到东方的渤海边和北方更远的地方。

第二天一早,愚公带着儿孙们开始挖山。虽然一家人每天挖不了多少,但他们还是坚持挖,直到换季节的时候,才回家一次。

有个名叫智叟的老人得知这件事后觉得愚公很可笑,特地来劝愚公说:

"你这样做太不聪明了,凭你这有限的精力,又怎能把这两座山挖平呢?你这么大岁数了,还能活几天?"

愚公回答说:

"你这个人自以为聪明，其实太顽固了，简直无法开导。即使我死了，还有我的儿子在这里。儿子死了，还有孙子，孙子又生孩子，孩子又生儿子，子子孙孙、世世代代是没有穷尽的，而山却不会再增高，为什么挖不平呢？"

当时山神见愚公他们挖山不止，便向上帝报告了这件事。上帝被愚公的精神感动，派了两个大力神下凡，把两座山背走了。从此，这里不再有高山阻隔了。

欲盖弥彰

《左传·昭公三十一年》

原文 或求名而不得，或欲盖而名章（同"彰"），惩不义也。

释义 弥：更加；彰：明显。想要掩盖真相，结果反而暴露得更加明显。

崔杼是春秋时齐国的大夫，他掌握着齐国的军政大权。

棠公是齐国棠邑的大夫。棠公死后崔杼去吊唁。棠公的妻子棠姜是个绝色美人，崔杼一见到她，就给迷住了，便不顾众人的劝阻，娶了棠姜。

齐国国君庄公，也是个好色之徒，他明知崔杼娶了棠姜，却与棠姜私通。事情给崔杼知道了，崔杼非常气愤，便有意谎称自己有病，待在家不去上朝。

不久，庄公借探视崔杼的机会，来会棠姜。于是崔杼就设计把庄公杀了。

庄公死后，崔杼立景公为齐国国君，自己做了丞相。齐国负责撰写国史的官员是个正直的人，崔杼多次暗示，要他把这事搪塞过去，他却仍以一个历史家的耿直，如实记述，说："崔杼杀了他的君主。"

杀掉自己国家的君主，乃是十恶不赦之罪，为万人所不耻。崔杼看后自然十分气恼，他想："你既然不能网开一面，那我岂能给你生路。"就把那个史官杀了。

谁知继任的史官牛性不改，仍秉笔直书。崔杼想："既然杀一还不足以堵住你们的嘴，我又何妨再杀一个，看你们怕不怕。"崔杼就又把史官杀了。

接着他又杀了第三任史官。

到了第四任史官,仍坚持原则,不为所动。老杀人总不是个事呀,没办法,崔杼只好放弃了自己的努力。

后代阅读历史的人看到这一节,都说,崔杼想把自己的丑事掩饰过去,但实际效果却适得其反,这真是欲盖弥彰。

约法三章

《史记·高祖本纪》

原文 如秦重宝财物府库,还军霸上。召诸县父老豪杰曰:"……与父老约,法三章耳:杀人者死,伤人及盗抵罪。"

释义 约:约定;法:法令;章:条款。泛指订立简单的条款,供大家共同遵守。

在秦末的反秦义军中,项羽与刘邦的力量最强。那时,以项羽为首的起义军在河北一带全歼了秦将章邯率领的主力军;同时,以刘邦为首的义军长驱直入,攻下了秦朝首都咸阳。

刘邦的军队进咸阳后,将士们纷纷争着去拿皇宫里的金银财宝,闹得乱哄哄的。刘邦来到阿房宫,见宫殿那么豪华,宫女那么美丽,简直都不想离开了。

这时,他的部将樊哙(kuài)闯了进来,说:"您是要打天下,还是要当个富翁呀?正是这些奢侈华贵的东西使秦朝灭亡的,您还要它们干什么?还是赶快回军营吧!"刘邦不听劝告,说:"让我歇歇吧。"碰巧张良也进来了,听到樊哙的话,也说:"樊哙说得对啊!"刘邦一向很尊重张良,就下命令封存皇宫的仓库、财物,任何人不得擅自动用,自己则率领大军退出城外,驻扎在灞上。

为了严明法纪、安定民心,刘邦召集关中各县父老、豪杰开会,说:"你们已被暴秦折磨惨了,现在我宣布废除秦的一切严刑苛法,地方官吏照常各行其职。我们是为父老们除害来的,不是来欺压你们的,请大家不必害怕!"

刘邦还与众人约法三章：第一，任意杀人的，要判死刑；第二，伤害别人的，要办罪；第三，对偷盗抢劫的，也要惩罚。这三条法律被广泛宣传，受到老百姓的一致拥护。他们拿着牛肉、羊肉和酒食来慰劳刘邦的部队，刘邦不收，说："我们的军粮很充足，岂敢烦劳父老们破费？"从此，刘邦得到了老百姓的拥护和支持，威望更高了，最后夺得天下，建立了西汉王朝。

运筹帷幄

《史记·高祖本纪》

原文 高祖曰："公知其一，未知其二。夫运筹策帷帐之中，决胜于千里之外，吾不如子房。"

释义 运筹：策划；帷幄：古代军中帐幕。在军帐内筹谋战略。比喻在后方决定作战策略。现泛指策划、指挥。

张良是汉朝的开国功臣。他本是韩国人，祖父、父亲都做过韩国的相国。韩国被秦国灭掉时，张良还年轻，为了替韩国报仇，他变卖家产，到外面去结交英雄好汉。后来，他果然认识了一位勇士，就随他去刺杀秦始皇。张良为此专门铸造了一个重一百二十斤的大铁椎。遗憾的是，这次刺杀行动失败了，张良受到通缉，便逃到下邳（今江苏邳县）。他在下邳隐姓埋名，一面钻研兵法，一面等候时机。

下邳距刘邦的家乡沛县很近。刘邦起兵后，张良就参加了他的部队。张良身体不好，从未带兵作过战。但他足智多谋，为刘邦出了许多好主意。因此，他和萧何、韩信被称为"汉初三杰"，成为刘邦的主要谋士。

公元前202年，刘邦正式当上皇帝，称汉高祖。汉高祖举办了一次盛大的庆功宴会，席间他对大臣们说："我们今天欢聚一堂，说话不要有顾忌。你们说说，我是怎样得天下的？项羽又是怎样失天下的？"

大臣王陵等说："皇上对将士有封有赏，所以大家肯为皇上效力；项羽嫉贤妒能，打了胜仗，忘了人家的功劳，所以失去了天下。"

汉高祖笑了笑。说:"你们只知其一,不知其二。要知道,是成功还是失败,全在用人的得当与否。运筹帷幄之中,决胜于千里之外,我不如张良;镇守国家,安抚百姓,供应军饷,不绝粮道,我不如萧何;统领百万大军,无战不胜,无城不克,我不如韩信。这三个人,都是当代的人杰,我能用他们之所长,正是我取得天下的根本原因。项羽连一个范增都不能用,还谈什么拥有天下呢?"

大家都佩服汉高祖的高见。一年后,张良被封为"留侯"。

凿壁偷光

晋·葛洪《西京杂记》

原文 匡衡,字稚圭,勤学而无烛。邻舍有烛而不逮,衡乃穿壁引其光,以书映光而读之。

释义 凿穿墙壁以借邻家的光亮。形容勤奋好学,刻苦读书。

汉朝时候,有个叫匡衡的人,非常喜欢读书。但他因家境贫寒,买不起蜡烛,夜间无法照明读书。

匡衡的邻居家里日子过得挺好,每天晚上都点起蜡烛,屋里照得通亮。他想到邻居家里去读书,可是遭到了拒绝。

后来,匡衡想出了一个好办法。他偷偷地在墙壁上凿了一个小洞,邻居家里的亮光就透过来了,他把书本对着透过的光亮,读起来也挺方便。

匡衡读的书愈来愈多,可是他没有钱去买书,怎么办呢?有一天,他发现县里有一个财主,家里堆放着许多书,他就去帮助财主家干活,不要工钱。

财主很奇怪,问他:"小伙子,你为啥白白给我家干活呀!"

匡衡也不隐瞒,就说:"我给你干活,不想得到工钱,只想借你家里的书看看,不知你答应不?"

财主非常高兴,就把家里的书全都借给他。后来,匡衡成了一个有学问的人。

昭然若揭

《庄子·达生》

原文 今汝饰知以惊愚,修身以明污,昭昭乎若揭日月而行也。

释义 昭然:明显、显著的样子;揭:原意为高举,现也指揭开。原指非常明显,好像是高举着太阳和月亮在行走一样。形容真相大白、暴露无遗。

在春秋时期,鲁国有个叫孙休的人,他经常和他的老师扁庆子探讨修身处世的问题。

有一次,他来到了扁庆子的家,一进门他就唉声叹气地说道:"我的命真苦啊,我做什么也不顺利:我在田里种庄稼,却得不到好的收成;我出去做官,却又遇不到英明的国君;我被放逐到乡间,还要受到乡官的嫌弃。我到底有了什么过错而得罪了老天,要遭到如此报应呢?"

扁庆子十分同情他,因此安慰他说道:"你不知道圣人怎样确定自己的行为吧?他们是十分清高的,所以他们能忘记腹中的肝胆;他们对外面的事情,能够视而不见,听而不闻,所以他们的心胸之中能够坦坦荡荡,不容纳一粒灰尘,好像生活在尘世以外。可是你呢,天天想着俗人的事,满足自己的欲望,表现自己的才能,是那么明显,就像高举着太阳和月亮走在人群之中,一点也不掩饰。这怎么能做到像圣人那样呢?你的身体、五官长得非常健全,生下来以后也没有因为生病或天灾而变成了聋子、瞎子和跛子。你还生儿育女,享受人间的天伦之乐。这不是已经非常好了吗?难道你还有工夫埋怨老天吗?我劝你赶快回家去,别再浪费时间啦!"

孙休被扁庆子教训了一顿,低着头回家去了。

朝三暮四

《庄子·齐物论》

原文 狙公赋芧（xù），曰："朝三而暮四。"众狙皆怒。曰："然则，朝四而暮三。"众狙皆悦。名实未亏，而喜怒为用，亦因是也。

释义 朝：早晨；暮：晚上。原意为变换手法骗人。现比喻反复无常。

战国的时候，宋国有一位老年人，非常喜欢猴子，家里养了好大一群，整天跟前跟后，围着他转悠，同他闹着玩，就像他的孩子一样。所以，左邻右舍都称他"狙（jū，古书里指猴子）公"。狙公很会揣摩猴子的心理，猴子也听得懂狙公的话。他们和和睦睦地生活在一块儿，十分快乐。

狙公的家境不太好，口粮也不多，而猴子们吃东西时总是狼吞虎咽，一个比一个胃口大。狙公宁愿自己勒紧裤腰带，也不忍心让猴子们饿着，就这样，斗里吃完了，吃瓮里的；瓮里吃完了，吃罐里的……眼看一个个都底朝天了，这可怎么办呢？

狙公犯了愁，想来想去只有忍痛减少猴子的粮食了，但他又担心猴子们不乐意，就哄骗它们说："以后，给你们吃橡栗，早上三颗，晚上四颗。够吃了吗？"猴子们听说早上只吃三颗，都生气了，"吱吱"乱叫，左窜右跳，有的去抓狙公的手指，有的去拽狙公的胡子，有的去挠狙公的痒痒，还有的干脆把狙公的鞋子藏了起来，弄得狙公哭不得笑不得。

狙公琢磨了好一会儿，突然灵机一动有了主意。他和颜悦色地对猴子们说："好了，好了，别吵啦，我改正还不行吗？以后给你们吃橡栗，干脆早上四颗、晚上三颗算了，这样总可以了吧！"说完，还亲切地拍了拍一只小猴子的脑袋。

猴子们一听，早上增加了一颗，非常满意，摇头摆尾，好不开心。老猴子一声召唤，群猴一齐伏下身子，不住地给狙公磕起头来——它们是在向狙公谢恩哩。狙公看着这情景，也捋着长胡子高兴地笑了。

枕戈待旦

《晋书·刘琨传》

原文 （刘）琨少负志气……与范阳祖逖为友，闻逖被用，与亲故书曰："吾枕戈待旦，志枭逆虏（枭：悬头，这里指杀头示众；逆虏：敌人），常恐祖生先吾着鞭，其意气相期如此。"

释义 戈：古代一种兵器；待：等待；旦：天亮。头枕着武器等待天明。形容杀敌心切，毫不松懈，随时准备战斗。

西晋时，有个魏昌人叫刘琨，他精通武艺，能诗善赋，青年时代就有为国立功的大志。他和祖逖同为"司州主簿"，两人有很深的友谊，常常同卧一床，闻鸡起舞，互相激励。后来，祖逖被朝廷封为奋威将军，派到北方抗击异族侵略者去了。刘琨心急如火，写信给亲戚说："我每日都是枕戈待旦，等待杀敌立功、报效朝廷的机会，可惜让祖逖先行一步了。"

刘琨不久被派往并州，当了刺史。当时那一带正在闹灾荒，饿死的人遍地都是，百姓流离失所，外出逃荒。盗贼也猖獗起来，搅得地方上很不安宁。刘琨招募了一千人，领他们去平定盗匪，保护群众不受骚扰；同时，又动员百姓掩埋尸体，耕种土地。社会终于渐渐安定下来。

后来，胡人骑兵来侵犯并州，包围了晋阳城。城内兵力很少，难以退敌，老百姓都十分着急。刘琨却非常镇静，晚上他趁着月光，登上城楼，吹起箫来。那箫声悲悲切切、如泣如诉，勾起了胡兵的思乡之情。他们静静地倾听着，百里营地竟没有一点声息。半夜，刘琨又吹起了胡笳，这边塞异族的乐曲更引得胡兵喟然长叹，不少人流下了眼泪。天快拂晓的时候，刘琨再一次吹响了箫，那哀婉凄楚的曲调牢牢牵动着胡兵支离破碎的心，他们不忍再听下去，纷纷骑着马奔驰而去了。

直言不讳

《晋书·刘波传》

原文 臣鉴先征，窃惟今事，是以敢肆狂瞽，直言无讳。

释义 直言：坦率地说出；讳：忌讳，避忌。指坦率地讲话，毫不隐讳。

公元383年，东晋军在淝水之战中大败前秦军，取得了决定性的胜利。为此，孝武帝命令熟悉北方情况的刘波坐镇北方，统督淮北各军。这时刘波正患着重病，接到皇帝诏书后，觉得以自己目前的身体状况去北方改变动乱的局面，实在是无能为力；但朝廷对自己又寄予厚望，内心矛盾。

考虑到自己将不久于人世，刘波决定上一道奏疏，坦率地把自己的希望和建议等写出来，供朝廷参考。他在奏疏中写道："我想起本朝开国的历史，联想起如今的国事，所以不顾自己放肆和愚妄无知，直率地、毫无忌讳地把话说出来。"

接着，刘波建议孝武帝应该怎样治理好国家，怎样使用人才，希望重用能人守疆土，等等。不幸的是，奏疏写好不久，刘波就去世了。

指鹿为马

《史记·秦始皇本纪》

原文 八月己亥，赵高欲为乱，恐群臣不听，乃先设验，持鹿献于二世，曰："马也。"二世笑曰："丞相误邪？谓鹿为马。"问左右，左右或默，或言马以阿顺赵高。或言鹿（者），高因阴中诸言鹿者以法。后群臣皆畏高。

释义 指着鹿说是马。比喻有意颠倒是非，擅作威福，倚仗权势欺人。

秦始皇死后，宦官赵高想乘机图谋不轨，篡夺朝中大权，因此他与李斯隐瞒了秦始皇的死讯,并且假传圣旨,令秦始皇的长子扶苏自杀,立次子胡亥为太子,然后才宣布国丧。这以后,赵高就扶助胡亥当上了皇帝(即秦二世),而他自己,则当仁不让地做上了丞相,掌握了秦朝的军政大权。

赵高的野心越来越大,逐渐起了篡夺皇位的歹念。但他尚存顾虑,摸不透朝廷上的百官会不会服从他。于是他日思夜想,绞尽脑汁,终于想出了一个坏主意。有一天上朝的时候,赵高牵来一头鹿,对秦二世说:"我将这匹马献给皇上。"秦二世笑道:"丞相在跟我开玩笑吧,明明是一头鹿,怎么说是一匹马呢?"

赵高严肃地说:"谁敢同皇上开玩笑呀!这明明就是一匹马嘛。皇上如果不信,可以问问朝廷上的百官,看我说得对不对。"

秦二世胡亥这一下可真的怀疑起自己的眼睛来了。他用征询的目光扫了一周,然后问道:"你们看这究竟是一头鹿还是一匹马呢?"

赵高的亲信和许多趋炎附势的臣子一迭声答道:"丞相说得对呀,这的确是一匹马!""没错,就是一匹马嘛!"另一些正直的臣子,不愿说昧良心的话,颠倒是非,却又怕得罪了赵高会惹出大祸来,便干脆不做声。只有少数不惧怕赵高的大臣,敢于在朝廷戳穿赵高"指鹿为马"的谎言。赵高恨得咬牙切齿,暗暗记下了他们的名字,后来就千方百计地整治他们,陷害他们,使他们一个也没有逃脱死亡的厄运。

纸上谈兵

《史记·廉颇蔺相如列传》

原文 蔺相如曰:"……括徒能读其父书传,不知其变也。"赵王不听,遂将之。赵括自少时学兵法,言兵事,以天下莫能当。与其父奢言兵事,奢不能难,然不谓善。

释义 纸上:书面上,文字上;谈:谈论;兵:用兵。在纸上谈论用兵打仗。比喻只会空谈教条,却不能从实际出发解决问题。

赵奢是战国时期赵国的著名将领,他曾为赵国立下过汗马功劳。他的儿子叫赵括,从小就熟读各种兵书,常与父亲谈论如何用兵,口若悬河,滔滔不绝。赵括的母亲见儿子这样,很高兴,赵括当然更是十分得意,自以为天下无敌。然而赵奢却很替儿子担心,认为赵括只不过是纸上谈兵,甚至说:"将来赵国不用赵括便罢,若用他为将,一定大败无疑!"

因此,赵奢临终前,特地把赵括唤到床前训导:"你不是当大将的材料,千万不可勉为其难。"又嘱托妻子说:"日后如果赵王想叫赵括当将军,你一定要推辞,否则会丧军辱国!"

公元前260年,秦军出兵攻打赵国,赵军由廉颇指挥,在长平(今山西高平县)坚持抵抗,三年时间秦军不能取胜。廉颇虽已年老,但作战经验丰富。他见秦军实力强,不能硬拼快攻,就采取以守为攻的策略,任凭秦军怎样挑衅,也不出战。秦军怕久拖不决难以应付,便派出奸细,到赵国去散布廉颇的谣言,说廉颇老了,胆子小了;秦军最怕的人是赵括,别的将军都不行……赵王信以为真,就把廉颇召了回来,改派赵括任大将。蔺相如当时正在病中,听说了此事很着急,说:"赵括只不过死读了一些兵书,并无实战经验,更不懂得灵活运用,派他统率三军,怎么行呢!"

赵括的母亲也亲自上殿面见赵王,说她的儿子不能当大将。然而赵王主意已定,不管别人怎么反对,他也听不进去。就这样,赵括终于当上了赵军的主将。

赵括威风凛凛地来到长平,立刻改变了廉颇持久战的策略,又更换了大批将官。然后,他率领三军主动出击,杀出了赵营。秦将白起非常高兴,设下圈套引诱赵括。两军对阵时,秦军伪装失败,赵括率兵猛追,结果被秦军团团围住。接着,秦军又截断了赵军的粮道。一个多月后,赵军粮绝,赵括被迫突围,被秦军乱箭射死,四十多万赵军也被坑杀。

众志成城

《国语·周语下》

原文 谚曰:"众心成城,众口铄金。"

释义 众志:众人的志向、意志;城:城墙。众人意志统一,就能像坚固的城墙一样不可摧毁。比喻大家团结一致,力量就无比强大。

周朝末年，周景王即位以后，他为了能多搜刮到一些钱财供他享用，下令废除了当时流通的小钱，重新铸造一种大钱。大夫单穆公劝谏说：

"大王，废小钱，铸大钱，受到损失的是老百姓；老百姓穷了，国家就会没法治理呀！"

可是，周景王不听，仍我行我素。这样，他从老百姓那里掳掠到了一大笔财富。

过了两年，他又为了个人行乐，下令把全国的好铜收集起来，铸造两口大钟。单穆公又功谏说：

"大王，你两年前铸大钱、废小钱，使百姓受到很大损失，现在又要造大钟，这不仅劳民伤财，而且用大钟配乐，声音也不会和谐。"

但周景王仍不听，下令继续铸造。过了一年，两口大钟铸成了，一口叫"无射"，一口叫"大神"。

一个敲钟的人为了奉承景王，谄媚地说：

"新铸的大钟，声音非常好听。"

于是，周景王就命他敲击，他听了后，对司乐官州鸠说：

"你听，这钟声多和谐呀！"

州鸠深知景王铸钟给百姓带来的苦难，便回答说："这算不得和谐。如大王铸钟，如果天下的老百姓都为这件事高兴，那才算得上和谐。可是，您为了造钟，弄得民穷财尽，老百姓人人怨恨，所以我不知道这种钟好在什么地方。俗话说：'众心（志）成城，众口铄金。'大家万众一心，什么事情都能办成；相反，如果大家都反对，就是金子，也会在大家口中销熔。"

专横跋扈

《后汉书·梁冀传》

原文 帝少而聪慧，知冀（梁冀）骄横，尝朝群臣，目冀曰："此跋扈将军也。"

释义 专横：专断蛮横，任意妄为；跋扈：霸道不讲道理。独断专行，恣意妄为，蛮不讲理。

东汉时期，有一个狂妄自大、凶悍蛮横的将军，名叫梁冀。他凭着妹妹是汉顺帝的皇后，担任过黄门侍郎、虎贲中郎将、执金吾等职务。

汉顺帝永和元年，梁冀被任命为河南尹，他上任以后，为非作歹，贪赃枉法，声名狼藉。当时，梁冀的父亲、大将军梁商有位老朋友吕放，是洛阳令，吕放在一次进京的时候，拜会了梁商，把梁冀的所作所为告诉了他。梁商很恼火，就把梁冀找来，严厉地训斥了一顿。

梁冀怀恨在心，暗中派出刺客，把吕放杀了。他怕父亲知道，又借追捕凶手为名，把吕放宗族亲友一百多人全部冤杀。

不久，梁商病死，汉顺帝让梁冀接任了他父亲大将军的职务。从此，梁冀掌握了朝廷的军政大权。

公元144年，汉顺帝病死，汉冲帝即位。那时冲帝还是个两岁的幼儿，由梁太后代为执政。梁冀根本不把自己的妹妹放在眼里，更加专横跋扈。

过了一年，冲帝又死了。梁冀为了继续操纵朝廷大权，便立当时只有八岁的刘缵做皇帝，便是汉质帝。

汉质帝虽然年幼，人却很聪明。他知道梁冀非常骄横，心中很不满。一天，质帝坐朝，百官朝见毕，他看着梁冀说：

"他可真是个蛮横无理的大将军呀！"

梁冀听了，又气又恨，害怕质帝日后会对自己不利，就指使爪牙把毒药掺在汤饼中送给质帝吃，把质帝毒死了。

接着，梁冀又立刘志为汉桓帝。从此，他更加骄蛮凶横，不可一世。他用各种卑劣手段诛灭异己，前后共专权二十多年。最后，汉桓帝决心诛灭这个"跋扈将军"，梁冀因而自杀。

自惭形秽

宋·刘义庆《世说新语·容止》

原文 珠玉在侧，觉我形秽。

释义 惭：惭愧；形秽：形态丑陋不洁，引申为缺点。自觉长相难看而羞愧。泛指相比之下，自愧不如别人。

晋朝时候，有个骠骑将军叫王济，相貌英俊，待人接物也很有风度。虽然是个提刀弄枪的军人，但平时读书论经，才学很好，在城里也颇有名声。一向与王济一起享有大名声的，还有王澄、王玄两人。这三王漂亮的外貌和不错的学识，常常是全城议论的中心。

有一年，王济的外甥卫玠母子前来投靠王济。王济一见卫玠如此眉清目秀，风度翩翩，简直惊呆了。他对卫母说："人家都说我相貌漂亮过人，现在与外甥一比，就像把石块与明珠宝玉放在一起，我真是太难看了。"

过了几天，王济带着卫玠，骑着马去拜见亲朋好友。走到街上，看见卫玠的人都以为他是白玉雕成的，大家都争着围观，你挤我拥，几乎轰动了全城。

好不容易到了亲戚家，亲友们都对卫玠的相貌赞叹不已，问卫玠平时读些什么书？卫玠说他在研究玄理。亲友要请他谈谈研究玄理的体会。卫母听了连忙劝阻说：

"玄理很深奥，恐怕不是一时能讲清楚的，小儿体质较差，以后有机会再讲吧！"

可是亲友们都想了解一下卫玠学问是否出众，便坚持要他讲解。卫玠见推辞不了，便讲了起来。讲的时间不长，听的人却没有一个不称赞他讲得精深透彻的。王济、王玄和王澄也惊服得说不出话来。人们嬉笑着说：

"看来，你们三王还抵不上卫家的一个儿郎啊！"

王济说："是啊，和我这外甥一起走，就像有明珠在我身旁发光。"

卫玠后来到了都城建邺（今南京），那里的人早就听说他相貌秀丽出众。不管他走到哪里，都有一大群人围着看他。他二十七岁就死了，人们都说他是被看死的。

罪不容诛

《汉书·游侠传序》

原文 况于郭解之伦，以匹夫之细，窃杀生之权，其罪已不容于诛矣。

释义 容：相合；诛：处死。罪行不能与死刑相合，即处死也抵不了所犯的罪行。形容罪大恶极，死有余辜。

西汉时，河内轵县有个以"侠义"闻名的人，名叫郭解。他生性勇悍，爱交亡命之徒，拦路抢劫，任意杀人，甚至私铸货币、藏匿罪犯，可以说是无恶不作，成为中原地区的一霸。只是他非常狡诈，靠人掩护，所以一直没有被官府捉拿归案。

公元前127年，汉武帝为了抑制地主豪强，缓和农民的反抗，下令将各郡国的豪强大族以及家产在三百万钱以上的吏民，迁居到京城长安北面的茂陵去居住。郭解的家产虽不到三百万钱，但他势力大，影响广泛，所以也得迁居。

地方上的官吏对这件事很难处理，郭解也托人到京都去打通关节。最后大将军卫青出面向武帝奏告说，轵县的郭解家境贫困，似乎不应迁居。不料，武帝对郭解的情况早有所闻，当即回答说，他的权力大到可以驱使将军，由此可见他家境并不贫困。

由于武帝表了态，郭解只得举家迁居。各地来送行的人络绎不绝，赠给他的钱竟达一千多万。有个官员怕朝廷追究为什么这么多人向郭解送了这么多钱，便把这些钱暂时封存起来。不料，郭解的侄子当天就把那个官员杀了。不久，那个官员的父亲也被暗杀。家里派人上京城上书，结果派去的人也被谋杀。

武帝很快知道了这件事，下令立即捉拿郭解归案，并调查他的罪状。郭解被捉入监狱后，办案的官员找了一些人来询问，询问中，有人说郭解是贤人，但也有人说他非常奸诈，不配称贤人。第二天一早，人们就在街上发现了那个说郭解坏话人的尸体。

办案的官员把几件谋杀联系起来审问郭解，郭解否认自己参与这些谋杀事件。由于找不到确凿的证据，办案的官员只好向朝廷称郭解无罪，请求开释。

御史大夫公孙弘，是个精明能干的官员。他仔细看了奏书和有关文书材料后认为，虽然没有材料证明郭解知道或参与这些谋杀事件，但它确实是由郭解引起的，祸根就出在他身上，他犯的罪比杀人罪还大，理应处死。在公孙弘的坚持下，郭解终于被满门抄斩。